艺术人类学文丛　总主编：方李莉

U0722740

后现代文化背景下的
文化艺术区比较研究
——以北京798艺术区和首尔仁寺洞为例

A Comparative Study on The Art&
Culture Districts Under The Postmodern
Cultural Context ： Focusing On The
Cases Of "Beijing 798"and"seoul
Insa-dong"

[韩]金纹廷/著

中国文联出版社
http://www.clapnet.cn

图书在版编目（CIP）数据

后现代文化背景下的文化艺术区比较研究 ： 以北京
798 艺术区和首尔仁寺洞为例 ／（韩）金纹廷著． -- 北京：
中国文联出版社，2021.11
（艺术人类学文丛 ／ 方李莉总主编）
ISBN 978-7-5190-4733-7

Ⅰ．①后… Ⅱ．①金… Ⅲ．①城市文化－文化艺术－
对比研究－北京、首尔 Ⅳ．① G127.1 ② G131.262

中国版本图书馆 CIP 数据核字（2021）第 233603 号

著　　者　（韩）金纹廷
责任编辑　阴奕璇
责任校对　祖国红
装帧设计　肖华珍

出版发行　中国文联出版社有限公司
社　　址　北京市朝阳区农展馆南里 10 号　　邮编　100125
电　　话　010-85923025（发行部）　　　010-85923091（总编室）
经　　销　全国新华书店等
印　　刷　中煤（北京）印务有限公司

开　　本　710 毫米 ×1000 毫米　　1/16
印　　张　15.25
字　　数　244 千字
版　　次　2021 年 11 月第 1 版第 1 次印刷
定　　价　59.80 元

《艺术人类学文丛》总序

　　非常高兴能在中国文联出版社的大力支持下，推出这样一套国内目前为止内容最完整、规模最大的《艺术人类学文丛》（全套共有二十余本，其中《虚拟艺术的人类学阐释》一书由文化艺术出版社出版）。我想，这不仅是在中国，在国际上也是史无前例的。说其内容最完整，是因为这套丛书包括艺术人类学教材、中国艺术人类学理论、外国艺术人类学理论（系列译著）、田野考察（包括乡村与城市），还有中外艺术人类学家对话、中外艺术人类学讲演集、会议论文集等。

　　如果这套文丛能全部按计划出版，将是学界的一件大事，也是艺术人类学学科建设上的一件大事。艺术人类学是一门跨学科的学问，仅从字面上来看，就包括人类学和艺术学两个学科，但有关这方面的理论研究，不仅会影响到人类学和艺术学，还会影响到相关的一些领域，如非物质文化遗产保护、文化产业等。这是因为，如果仅仅从艺术理论的角度来研究艺术，很容易将其局限于艺术的形式与审美、艺术品与艺术技巧的分析等方面。但如果引入人类学的视角，艺术的研究就不仅与艺术品有关，还与艺术审美、艺术技巧有关，因为艺术是潜在的社会和文化的代码及表征符号①，所以其还与许多的社会与文化现象有关。

　　在工业文明走向后工业文明、地域文化的再生产走向全球文化的再

---

　　① Robert Layton, *Material Culture Lecture 4*, November 2014 in Duham University.

生产、资本经济走向知识经济等人类社会面临急剧转型的今天，艺术在其中所起的作用远远超越我们已有的认识。因为艺术具有表征性、象征性和符号性，将会越来越成为趋向于精神世界发展、趋向于人的身体内部发展的后工业社会中的文化、政治、经济变革的引擎。因而，新的时代，需要我们从更深刻和更广泛的角度去理解人类的艺术，以及艺术与社会、与文化发展之间的关系，也因此，笔者认为这套文丛的出版意义巨大。

纵观人类社会发展史，我们会发现，每一次的社会转型是由科学技术的变革引起的，但每一次文化转型，包括对世界图景的重新勾勒，都是从艺术的表达开始的。文艺复兴时期，艺术是时代的先锋，这是因为艺术的感知来自人的直觉。理性也许稳妥，但却往往迟缓于直觉。就像"春江水暖鸭先知"一样，艺术也是时代的温度计，是最早敏感地察觉到社会气候变化的一种文化表征。以往，社会科学，包括人类学，对艺术研究重视不够，希望这套文丛的出版会纠正学界一些曾有过的对艺术认知的偏差。

这套文丛是中国艺术研究院艺术人类学研究所师生们十几年来积累的研究成果。除了教材和理论部分之外，它还包含了十几本田野著作，它们是这套文丛的核心部分。因为人类学研究是以田野见长，也是以田野来证实自己的观点的。这里的田野著作分为三部分：第一部分是关于梭嘎苗寨田野考察系列的。2001—2008年，笔者及研究所的全体师生一起承担了国家重点课题"西部人文资源的保护、开发和利用"（由笔者担任课题组组长），而对梭嘎苗寨的考察是其中一个子课题。在2005—2006年，笔者带领本所师生（杨秀、安丽哲、吴昶、孟凡行，还有音研所的崔宪老师）组成的子课题组在那里做田野。安丽哲、吴昶、孟凡行是我带的硕士生和博士生，现在他们已经毕业，在不同的大学当老师，在这个系列里能出版他们的成果，我很高兴。

第二部分是关于北京"798艺术区"的。2006年，受民盟北京市委的委托，中国艺术研究院艺术人类学研究所做了一个有关北京"798

艺术区"的研究报告，并对其未来走向做一个判断，因为当时北京市委对是否保留"798艺术区"有所犹豫。我们研究的结果是："798艺术区"是后工业社会发展的产物，是一个城市文化发展的象征，所以必须保留。自那以后，我们所的艺术田野开始从农村转向城市，从研究"798艺术区"开始，后来扩展到宋庄艺术区，这里除了有刘明亮、秦谊的博士学位论文以及我们所共同撰写的研究报告外，还有我指导的一位韩国博士生金纹廷做的有关"798艺术区"和韩国仁寺洞艺术区对比研究的博士学位论文。这一系列课题研究得到文化部国家当代艺术中心的支持，因此，研究成果也是属于文化部资助课题共享的。

第三部分是景德镇陶瓷艺术区的考察。从1996年开始，笔者就在那里做田野，持续到今天已近二十年。开始只是自己在做，后来带领学生们（先后参与过这一课题的研究生有王婷婷、陈紫、王丹炜、白雪、张欣怡、张萌、郭金良、田晓露、陈思）一起研究，这是中国艺术研究院艺术人类学研究所持续研究时间最长、花力气最大的田野考察点。最初关注的是20世纪90年代以后国营工厂改制下当地传统陶瓷手工艺的复兴问题。2006年以后，发现那座古老的陶瓷手工艺城市又发生了巨大的变化，其不再是一座仅靠当地手艺人创造当地文化经济而发展的城市，而是加入了许多外来的艺术家（包括来自世界不同国家的艺术家）和年轻的刚从艺术院校毕业的学生们的城市。他们利用当地的陶瓷手工艺生产系统和当地传统的手工技艺，创造了新的艺术品及新的艺术化的生活日用瓷。他们的到来不仅复兴了当地的传统文化，还创造了新的具有地方特色的当代文化和艺术，让景德镇又重归世界制瓷中心的地位。如果说在历史上景德镇是世界日用陶瓷生产的中心，那么现在它已经成了世界艺术瓷的创作中心。其之所以能有如此转变，是因为当地流传了上千年的生产方式和生产技术成了可供外来艺术家们开发和利用的文化资源。现在，当我们来到景德镇，以往那里废弃的国营大工厂以及周边的村庄都被开发成类似"798"、宋庄的当代艺术区。这些艺术区里聚集了许多传统的手艺人和外来的艺术家，是他们和当地的手艺人

总序

003

共同开创了景德镇新的文化模式和经济模式。

　　笔者花了八年的时间和国家重点课题组（"西部人文资源的保护、开发和利用"）的成员们一起，在西部（包括梭嘎苗寨）做田野，最后完成了一部题为《从遗产到资源——西部人文资源研究报告》的专著①。其中许多观点不仅出现在西部考察的专著中，还一直贯穿在我们后来所做的有关景德镇乃至"798"、宋庄艺术区的研究中。因为，在这些不同的地方，我们都看到了从"遗产（传统文化）到资源"的文化现象，即人们将传统作为资源再开发和利用的文化现象。

　　如刘明亮在他的有关"798"研究的专著中，描述"798"留下的巨大厂房空间："看到其在新时期的区域功能和文化功能的转变：它是新中国工业文明和历史发展的见证，同时也保留了工业化时期和'大跃进''文革''改革开放'等时期的痕迹，使之一方面成为历史的见证者，另一方面又成为北京市文化产业的先行者。从这一点来看，它又是一个典型的'从遗产到资源'的案例。"② 也就是说，当年"798"工厂遗留给北京市的不仅是一个时代的物质空间，还包含了整个计划经济时期甚至"文革"时期的许多非物质的文化遗产。进驻在那个空间里的艺术家、画廊，不仅有效地利用了其高大的厂房，还有效地利用了一段"红色"的记忆，创造了其特有的记忆文化。金纹廷也在其专著中写道："'798艺术区'和仁寺洞文化区的共同点在于，传统和现代、艺术产业和观光产业共存一处。同时，两个地方都受到全球化浪潮的巨大冲击，在艺术区的构成和系统上都发生了重大改变，其变化速度之快远超出人们的预测。"③

　　通过这些田野我们看到：第一，当今人类社会最重要的一个标志就

① 方李莉. 从遗产到资源——西部人文资源研究报告［M］. 学苑出版社，2010.
② 刘明亮. 北京798艺术区：市场化语境下的田野考查与追踪［M］. 中国文联出版社，2015.
③ 金纹廷. 后现代文化背景下的文化艺术区比较研究——以北京"798艺术区"和首尔仁寺洞为例［M］. 即将由中国文联出版社出版.

是"传统与现代不再对立"①，它们正在共同建造一个新的人类的社会文化；第二，以往人们是通过开发自然资源来创造文化，而现在的人们则是通过开发"文化资源"来"重构新的文化"；第三，知识社会和知识经济正在取代传统的资本社会和资本经济②，其证据是，越来越多的人在从事与知识、智慧、经验和信息有关的工作，这些人是艺术家、设计师、手艺人、建筑师、工程师、广告策划师、网络工作者、金融家、科学家等。也就是说，今后社会的竞争不再仅仅是资本和生产工具、生产资料以及生产规模的竞争，而是知识、技艺、信息、经验、策划能力、思考能力、创新能力的竞争。而这所有的能力，不在人的身体外部，而在其内部。也就是说，身体与劳动工具、与资本合而为一的时代又要来临，好像是对传统的回归，实际上是一种新的社会的来临，一种新的竞争方式的来临。笔者看过一部书——《第三次工业革命——新经济模式如何改变世界》③，因此，我们不妨将我们看到的这些新的文化现象命名为"第三次工业革命中的文化变革或社会变革"。

这一切变革都与艺术有着密切的联系，传统和现代是以艺术作为桥梁，才把它们关联在了一起。如所有的传统手工艺，在机器生产取代手工生产的今天，只有变成艺术，或者为艺术化的生活服务，才能保存下来。正因如此，景德镇才从传统的日用瓷中心发展成当代的艺术瓷中心。另外，艺术是重构传统景观和传统文化的最直接手段，正是这种重构激发了文化产业的向前推进，也填平了传统与现代之间的鸿沟。

同时，当文化重构成为一种当代的文化再生产方式时，艺术在其中起的作用也是不言而喻的。笔者在西部做考察时发现，所有的非物质文化遗产，只要能转化成艺术，不仅不会消失，还能够继续发展。这种发展不仅重新模塑了当地的文化符号与文化认同，也重新模塑了当地新的

① ［美］马歇尔·萨林斯.甜蜜的悲哀.王铭铭、胡宗泽，译.生活·读书·新知三联书店，2000.

② ［日］堺屋太一著.金泰相译.知识价值革命.东方出版社，1986.

③ ［美］杰里米·里夫金.第三次工业革命——新经济模式如何改变世界.张体伟、孙豫宁，译.中信出版社，2012.

经济发展模式。①

　　以贵州的梭嘎苗寨发展为例，2005 年我们到那里考察时，当地的村民生活很困难。近十年过去了，不少的村民已经脱贫了。他们将自己的文化变成艺术出售，如他们的歌舞、刺绣等。这是一种文化再生产的新方式，这种方式使得人类创造文化不再仅仅是人与自然的互动、人与物的互动，而且是人与文化的互动。其生产的结果是，人们不仅是在消费物质，也是在消费符号和形象，从而构建了文化产业兴起的社会基础和经济基础。所以我们看到，许多的传统成了文化和艺术再创造的资源，所以我们还看到所有的非物质文化遗产都成为可供展示和可供表演的符号，而非物质文化遗产传承人也几乎都成了民间艺术家。可以说，没有艺术的表现，人们是很难认识到非物质文化遗产的珍贵性的，也可以说，如果没有艺术的表现也就不会有今天红火的文化产业。

　　其实，这种现象不仅表现在农村社会、传统手工艺城市里，即使在现代大都市、在当代的艺术创作中也一样。人们也不再以再现自然景观或现实生活为目标，而是不断地在原有的文化中寻找重新创作的符号。如当代艺术家张晓刚、岳敏君、王广义等，他们都是在不断地利用计划经济时期和"文革"时期的政治符号作为自己的创作资源，徐冰的《天书》则是在中国文字的历史中寻找资源，吕胜中铺天盖地的"小红人"却是在陕北的民间剪纸艺术中寻找资源，等等。在未来的后现代社会或信息化社会中，艺术作为人类文化代码所体现出的价值会越来越重要，以后，笔者会有专门的论著来讨论这一问题，并将其纳入这套文丛中出版。

　　社会的发展是迅速的，人类正在进入一个由互联网和智能系统组成的新时代。在这样的时代里，人类不仅要面对一个实体的物理世界，还要面对一个新出现的非物质的虚拟世界，那就是虚拟的网络世界。在这样的虚拟世界里，人的存在多了一个维度；在这样的维度里，同样有艺

---

① 方李莉. "文化自觉"视野中的"非遗"保护［M］. 北京时代华文书局，2015.

术的存在，我们如何认识它？我们是否也可以在虚拟世界中做田野？如何做？王可的专著《虚拟艺术的人类学阐释》进行了一系列的发问，将艺术人类学的研究带入一个全新的学术领域。

总之，田野工作是令人兴奋的，其会为我们呈现出许多鲜活的社会知识和智慧，所以，这套文丛是以艺术田野为重头的。当然，理论总结也同样重要，在这套文丛中还会有罗易扉的《20世纪90年代以来西方艺术人类学思潮》和王永健的《新时期以来中国艺术人类学思潮》。他们都是我带的已毕业的博士生，出版的也都是他们的毕业论文。另外，为了便于教学，笔者在学生们的帮助下，还会将自己多年的教学大纲编著成《艺术人类学十五讲》出版。

艺术人类学是一门外来的学科，因此，翻译介绍或与西方学者合作研究是必不可少的。近年来，中国艺术研究院艺术人类学研究所的李修建研究员，一直在组织大家翻译一些非常经典的艺术人类学论文，将这些论文汇集成两本《国外艺术人类学读本》译著，并在文丛系列中出版。另外，本文丛还收录了刘翔宇和李修建译、李修建校、凯蒂·泽尔曼斯和范丹姆编著的《世界艺术研究：概念与方法》和刘翔宇译、李修建校、萨莉·普利斯著的《文明之地的原始艺术》这两本译著，以及关祎译、罗伯特·莱顿著的《艺术人类学的理论与田野——罗伯特·莱顿文集》等。罗伯特·莱顿教授和范丹姆教授经常来中国参加我们所和学会共同组织的中国艺术人类学年会，与我们有着广泛而深入的学术交流。尤其是莱顿教授，作为外籍专家受国家外国专家局的聘请在我们所工作三年，在此期间，他一直参与我们的教学工作和景德镇的田野考察工作。所以，景德镇的相关成果也要部分归功于莱顿教授，是他和笔者一起指导学生，共同完成了许多研究。在共事中，我们打算以艺术人类学的田野工作为主题，出版一本对话录——《东西方学者不同的田野工作方式与体验》，这应该会是一本有价值的书。另外，范丹姆一直在研究审美人类学，在这方面他是世界级的权威。他一直希望和笔者有一个对话，对话的主题是通过田野来讨论不同地方文化中的不同审美取向，以及这种审美取向背后所生成的社会结构等。如果能完成这一对话录，其也将会被收录进这套文丛。

时代的发展需要不同国家的学者共同探讨、互补和互动，加深彼此间的共同理解，同时携手研究或解决一些世界性的问题。也因此，这套文丛的作者，不仅有中国艺术人类学研究所的师生以及曾在该所受过教育、如今已在全国不同高校担任教学与研究工作的学者们，还有多位与我们所长期合作的外国学者。

现在这套文丛有的已经完成并即将出版，有的还在修改之中，还有的刚开始撰写，因此，若要全部完成，可能要持续两三年的时间，也许还会更长。但这是一套有价值的文丛，希望出版后能够引起国内外学术界的关注，同时，也希望通过这套文丛的出版能够推动艺术人类学这门学科在中国的发展，奠定中国艺术人类学在国际上的学术地位。

最后还要声明的是，这套文丛的成果不仅来自我们所的学者以及中国艺术研究院培养的硕士生、博士生的共同努力，还要归功于中国艺术人类学学会的鼎力支持。此后，学会每年的年会论文集也将放在这个系列中出版，势必增添这套文丛的学术分量。

再次感谢中国文联出版社的大力支持！也由衷地感谢编辑们的辛勤劳动！

方李莉

2018 年 10 月 18 日

目　录

绪　论

一、选题意义与研究思路

本文立足于艺术人类学的观点，对位于中国北京的 798 艺术区和位于韩国首尔的仁寺洞文化区进行对比研究。798 艺术区和仁寺洞文化区作为本次研究对象，可以称得上是两个国家最具代表性的艺术区。作为一个综合性的知名场所，它们最明显的共同点在于拥有数量众多且分布密集的画廊，并可以接纳大量游客。本文所指的艺术区是文化艺术创意产业区的一种形式，特指画廊及艺术家工作室聚集区以及相关的文化消费场所。艺术区既是文化艺术创意的生产场所也是消费场所。

艺术区作为一个既具有普遍性又极为独特的文化现象，不断涌现在包括中韩两国在内的美国、德国、英国等许多国家。如今，全世界范围内还不断有新的艺术区出现。这些国家的艺术区的产生背景和变迁过程或大相径庭或极为相似。一个艺术区不可能独立存在，它必然从各个方面受到其所属的社会、政治、文化、制度背景的影响。因此，在分析研究一个艺术区时，不能够单纯地从视觉角度、以数值化的形式，抑或是科学统计的方式定量地分析艺术区的物理性特征，还应追根溯源地研究其内在的各种作用、原理及意义。在当今社会的后工业化、全球化时代背景下，艺术区的研究则更加复杂。国家、地区差异成为影响艺术区的各要素之一，在分析艺术区中的个别现象时，也不得不通过国内的与国际的、普遍的与个别的、共时的与历时的等多个角度进行分析。

798 和仁寺洞曾经多次作为文化胜地出现在各国主要公众媒体上，人们可以很方便地了解到两个艺术区的近况和相关新闻。本次研究主要探讨的 798 和仁寺洞的变迁所带来的功能和特征的变化，与大众媒体所报道的内容大致相同。但新闻报道的叙述方式偏重于对 798 和仁寺洞所发生现象进行片面性描绘，而本文则基于艺术人类学的观点与方法，始终关注对隐藏的表象背后的内在意义进行阐释，并赋予意义。在艺术人类学的研究中，将人类创作出的各种艺术作品放置于其创作者所处的环境、文化、历史、传统等关系中进行分析研究，从而获得更加丰富的解释。对于这一点，方李莉认为："艺术人类学更关注的是艺术的全球性和全人类性以及社会性与文化性。如果用这样的观点来认识艺术人类学的话，它对艺术的研究视野就更加的开阔，开阔到超越我们以往世界艺术史中所描述的空间上和时间上的范围，也跨越了学科的局限，关注到艺术与文化与社会发展之间的关系。"

正如一提及人类学家，人们眼前就会浮现出那些调查非洲蛮荒地区原始部落或者发掘古代遗迹的人一样；当提及艺术人类学时，人们总是将其狭义地理解为第三世界少数民族的传统工艺或与原始艺术、土著艺术、民间艺术相关的东西。但这并不意味着艺术人类学只是研究这些艺术而不涉及其他诸如精英艺术、都市大众艺术、前卫艺术的研究。只是由于人类学研究具有全球性和全人类性的整体观，因此，其研究范围更多地倾向于那些较少受到关注的弱势艺术群体，但它的目的却是为了对人类的艺术有一个更全面和更整体的认识。从该层面上看，本次研究选题将当代艺术所处的独特环境作为原生态呈现的空间作为研究对象，具有一定的学术意义。艺术区内不仅包括精英艺术，还将各种多层次的文化艺术都包含在内。在这里可以欣赏到最高端的画廊，也不乏出售廉价手工艺品的店铺，可以说包容力极强。因此，解读艺术区这一文化现象最好的研究方法必然是艺术人类学。

艺术人类学，简单说来就是用人类学的方法研究艺术。艺术人类学的产生与发展既源于人类学也源于艺术学，是两者的相互需要而产生的一门跨学科的研究。无论是泰勒、马林诺夫斯基、博厄斯、列维－斯特劳斯还是格尔茨等，几乎没有一位人类学家没在自己的著作中讨论过艺术。这是因为，在任何一个没有文字或文字不发达的民族或社区中，艺术往往是其传递信息、表达文化和认知世界的一个重要方式，也是他们最重要的文化符号体系。因此讨论他们的文化，就不可能不涉及艺术的问题，即使不直接涉及也会间接涉及。艺术区中有许多问题无法单纯用艺术学的理论来解释，因此要从经济、政治、社会、心理、文化等多个角度对其进行分析。

这不仅仅因为艺术区空间具有综合性特征，更是因为艺术自身已经具有多重含义和价值。然而，艺术内在的含义和价值在不同时代被理解或关注的部分始终发生变化，在当今的后现代时期、后工业时代中，比起艺术、艺术品自身，人们更重视的是在与社会、环境、接受者等周边事物的联系中探索艺术的功能和作用，以及由此所衍生出的价值。

与其他学问不同，人类学研究的中心是人。人类学的研究对象、研究方法、研究结果，一切学术活动归根结底在于人。因此本论文的选题与研究者本人的身份和兴趣密切相关。2014年正值中韩建交22周年，在此期间两国之间的合作与交流不管是从数量上还是从质量上都得到较大提升。经济上的合作交流已是有目共睹，而艺术文化上的交流的重要性也愈来愈被人们所认识。在这种时代背景下，笔者作为一名韩国留学生，对于中韩文化比较研究始终满怀兴趣，因此本文的选题正是想将自己长久以来感兴趣的话题和思考内容通过学术研究的方式进行阐释，这对笔者来说也是意义深远的选择。

在对798艺术区和仁寺洞文化区进行比较研究时，观点和方式的不同可能导致阐释维度（spectrum）上的巨大差别。艺术区不再被局限在艺术世界（art world）的范围内进行探讨。想象一下被我们称为艺术区的地方，其理由就显而易见了。在艺术区的道路两旁不仅仅排列着大大小小的画廊，还密布着各种装修风格独特的咖啡厅、餐厅，紧跟时尚潮流（trend）的小店，游客们不但可以在画廊里欣赏画展，还可以尽情购物游玩。由此可见，一个艺术区的构成与运营，与文化、经济、政治等各种要素复杂而紧密地联系在一起，它们之间的相互关系就像高级生物体的生态系统一样有机紧密地联系在一起，无法脱离其他要素而单论其一。因此，本研究将当代798艺术区和仁寺洞文化区的各种不同特征和现象进行总体分析比较，旨在从中发掘出有意义的解释。

正如下文研究现状中将要提到的，学界有关韩国仁寺洞文化区的研究范围相对狭窄，大多偏重于某个明显的特征，或者只关注于符合研究目的的方面，将仁寺洞文化区理解为韩国传统文化的象征、国家代表性旅游胜地，以及席卷全球的资本化、商业化浪潮下的牺牲品。同时，关于中国798艺术区的研究也大多与中国现代美术史变迁中，中国画家获得社会地位的过程联系在一起；或是从结构上对798艺术区进行分析，关注其内在的各种权力作用。本研究的选题试图填补以往研究的一些空白，对 798 艺术区和仁寺洞文化的各个层次和特征予以充分的捕捉。

798 艺术区在 2006 年被中国政府认定为首批北京市文化创意产业集聚区，2002 年仁寺洞文化区也被韩国首尔市政府指定为最早的文化区，两者都是各自国家文化艺术具有代表性的聚集地。由此可见，两个地区都处于最早的国家指定艺术区的光环下。本文选择两者作为研究对象的原因，也在于通过对两国不断发生变化的艺术区进行比较研究，从而更加宏观、整体地把握中韩现代艺术的对比特征。当然，为了更好地论述其空间性特征与美术史脉络相关联的发展过程，文中将采用许多学者的理论进行严谨的理论化研究。然而，艺术区空间中各种不同要素复杂地糅合在一起，视觉上呈现出的"景观"（landscape）将为本文的论述提供丰富且足以唤起人们好奇心的各种证据。不仅如此，本文所探讨的艺术区的特征与中韩两国现代美术史的主要批判性意识同出一辙，或许它能够反过来在各自艺术区的具体变迁过程和发展方向的设定上产生巨大的影响。

798 艺术区和仁寺洞文化区的共同点在于，传统和现代、艺术产业和观光产业共存一处。同时，两个地方都受到全球化浪潮的巨大冲击，在艺术区的构成和系统上都发生了重大改变，其变化速度之快远超出人们预测。如今，798 和仁寺洞不仅仅要举办优秀画家的展览，它们更重视是否能够满足来自全世界的游客的需要。街头上遍地都是为游客准备的工艺品店、商店、餐厅、咖啡厅，数量绝不亚于画廊。到访此地的人们不再是单纯地消费、欣赏文化艺术，他们更喜欢的是 Loft 生活方式等日常生活中的潮流与时尚。如今，798 艺术区和仁寺洞文化区更加注重的是可以吸引游客、娱乐大众的一些东西。

由此可见，在市场机制的作用下，798 和仁寺洞迅速地走向商业化的道路。因此，两个艺术区中一些看似难以共存的要素——商业的、文化的、艺术的、历史的、官方的，糅合在一起，呈现出极为复杂的现象。在一些先行研究中，这种糅合被认为是两个艺术区所面临的严重身份（identity）危机。这种情况出现的大致原因在于艺术区被看作一个统一整体，人们赋予其明确且稳定的身份之后，所观察到的特定现象是否符合该身份就成为了讨论的中心。然而由于全球化、信息化的发展，如今全世界的城市、空间、场所不再是固定不变的，而是呈现出十分灵活的特征。

全球化的发展导致空间的壁垒崩塌，以个人经验为基础的具体性场所显得越来越重要。另外，空间之间的生存竞争变得更加激烈，因此需要尽可能多的资本。这些资本以高度的循环性、流动性为特征，为了将这些资本揽入囊中，艺术区也和其他空间一样，用尽全力充分利用自身独特的文化和历史资源。资本和文化艺术复杂地纠缠在一起，各种权力形式与资本一同介入，即使在相同的艺术区空间内，不同的利害关系彼此竞争、对立。如今，所有的问题都在不断地变化、移动。简而言之，我们现在所处的世界没有什么是永恒不变的。

与艺术区具有各种利害关系的人站在各自的立场上描述艺术区这一空间的特征，并不断地重构（reconstruction）其功能，而本研究正是试图通过实证研究阐释这一事实。在验证该假设的过程中，并没有从艺术区的结构性层面上，而是从使用者的体验、心理层面上进行分析，这与关注个人身体性体验和经验的"后现代（post）语境"在许多地方不谋而合。然而，本文最终要阐明的一点是，798和仁寺洞两个艺术区中所呈现出的许多东西与中韩两国现代美术史的主要批判性意识联系在一起，两者在艺术区的发展过程中持续保持着紧密的相互影响关系。换句话说，这也奠定了在面对艺术区这一空间问题时，可以通过美术史或者美术学这些看似相距甚远的理论进行阐释的基础。因此，在对其进行阐释的过程中，本人采用了被认为是现代美术史上最为重要的概念之一"互动"（interactivity）作为中心理论。

本研究将对798艺术区和仁寺洞文化区进行对比分析，同时以中国艺术研究院2010届申请博士学位论文——刘明亮的《北京798艺术区：市场化语境下的田野考察与追踪》作为论述的出发点。该论文已经对798进行了包括田野调查在内的详细研究，因此本文将重点反映这四年期间所发生的变化，并从刘明亮的论述中发现是否有待补充完善的部分。事实上，随着时间的不断发展多次对一个研究对象进行深度探究的追踪研究，这在艺术人类学的观点上是一个极为重要的研究方法。因此，本文不仅是对798艺术区的追踪研究，同时也是第一次站在艺术人类学的立场上研究韩国的仁寺洞文化区。刘明亮的论文中将798的建构和解构看作东西方文化艺术的融合或竞争，将问题的核心归结到权力或结构的观点上。与之不同的是，本文更进一步地站在以积极的相互作用机制为基础的"心理层面"

上，分析 798 和仁寺洞的建构和解构过程。

在这里，着重考虑的是两个艺术区所处的时代背景和具体空间范畴的特殊性。换句话说，本文主要关注的是，在后工业时代的全球化、信息化的时代背景下，798 艺术区和仁寺洞文化区空间中所表现出的各种现象性征兆与特征。包括艺术区在内的后工业时代城市空间为了争夺资本而上演了一场场激烈的角逐，并在此过程中用尽各种手段和战略。历史、文化、艺术、乡土性等都可以作为优秀的生存战略被运用。随着资本的入侵，两个艺术区在景观、氛围、功能和作用上发生了巨大的变化，这一现象至今仍在持续。因此今天在定义两个艺术区的特征和意义上多少有些困难。然而，我们可以明确看到不断发生在两个艺术区中的充满活力的流动和变化，这种持续的活力可以称之为两个艺术区最核心且富有创意性的特征。事实上，两个艺术区的流动性同时呈现在各个不同的层次和方面上，艺术区空间和游客之间、艺术区景观上、各式各样的入驻机构之间、人和人之间、各种大众媒体报道中，它们不断地相互介入并产生影响与变化。如今，798 艺术区和仁寺洞文化区不再被单纯地看作坚固的物理结构，而是被理解为具有流动特征的可变性物体，较容易被解构与重构。

最后要提到的是，本文最大的特点是在不同层次和方面上采用了循环性的结构，这与本研究的主题密切相关。研究对象的特征以及由此所衍生出的各种阐释必然有着深刻的关联。首先，从空间理论和心理层面上来看，具有物理性规模及体积的 798 艺术区和仁寺洞艺术区的"空间"，被到访此地的游客从视觉上进行感知与体验，成为一种"景观"。由于个人兴趣和立场不同，多少带有一定主观色彩的这种"景观"再次转变成为与个人的身体经验同行，并带来满足感的"场所"。一个巨大的"空间"被分割成大量的"场所"，这些碎片化的"场所"再次反过来重新阐明了 798 艺术区和仁寺洞艺术区的"空间"特征。这种循环性同样也出现在 798 艺术区和仁寺洞文化区的景观中所探讨到的表象化问题上。另外，以两个艺术区的使用者自身的积极体验和沟通为前提所进行的"艺术区空间内的互动实践"部分也用到"循环性"这一概念。由此，论文的内容与结构得以保持一致，同时希望能使本次研究中所尝试的整体性、立体的研究方法更加具有说服力、感染力。

二、国内外研究现状

（一）中韩 798 艺术区研究现状

在关于 798 艺术区的各种研究中，本文参考比重最多的是刘明亮的《北京 798 艺术区：市场化语境下的田野考察与追踪》。原因在于该研究是着手进行 798 艺术区和仁寺洞艺术区的田野工作和比较研究的出发点。他在文中运用人类学的田野考察方式和社会学的统计法，在全球化背景和市场化语境下，对北京 798 艺术区的内部及其与外界社会形成多元互动关系的过程进行了深刻剖析。刘明亮的另外一个研究成果是，他明确地指出北京 798 艺术区的变迁史事实上正是中国现代美术发展历程的一个缩影，该研究成果也成为本文的一个重要论点。刘明亮在论文中同样提到，艺术区的形成和发展过程中呈现出的多种动因，与该国的美术史发展和重大事件有着不可分割的密切联系。遗憾的是，文中并没有对这一点展开具体的探讨和论证。尽管如此，在笔者试图通过追溯美术史发展脉络而把握艺术区空间特性的过程中，该论文仍起到了较大的帮助作用。

另外，他把 798 艺术区的变迁史看作在市场环境影响下不断建构（construct）和解构（thesis）的过程。从全球化的角度来看，这是"东西方文化艺术交流与融合的过程"，或者"文化之间的竞争与角逐"。由此可见，刘明亮更多的是站在结构方面对艺术区进行剖析。不同的是，比起从结构上易于把握的艺术区自身的物理特征，本文更注重的是试图了解那些生活在艺术区内、享受并体会它的人，通过他们的内心变化展开进一步的探讨。这就像观众们在欣赏一件美术作品时，他们会以自身的经验和知识积累诠释并欣赏该作品，艺术区亦是如此。可以说，笔者通过对 798 艺术区和仁寺洞文化区进行田野考察和个案研究最终想要表达的是，艺术区不仅仅是各种形态的文化与艺术生产、消费的场所，更是一些与中韩现代艺术相关的范围宽广且意义深刻的论题，在朝着特定的方向不断地被生产并重构的场所。

除此之外，孙萌于 2009 年在《国际城市规划》上发表的《后工业时代城市空间的生产：西方后现代马克思主义空间分析方法解读中国城市艺术区发展和规划》一文中，利用空间理论对 798 艺术区进行阐释，该文同样是一个重要的先行研究成果。在这篇论文中，孙萌采用著名理论家亨利·列斐伏尔在《空间的生产》中所提出的空间理论作为分析方法，在后资本主义的背景下将北京理解为全球化的都市。同时在后工业化的背景下，作者站在"空间再造"的角度解释798艺术区从废弃工厂到文化消费区的变迁过程。文章指出，艺术区空间是后工业社会的产物，它形成于城市且丰富了城市文化生活，这一点在本文中将重新进行详细探讨。孙萌在观察798艺术区过去十年间的蜕变过程后，发现基本上符合北京这一城市的变迁主流方向，因此她认为这是政治与资本合谋的结果。然而，将798艺术区和其他城市空间一概而论为相同的形成过程，对于该观点本人不敢苟同。诚然，如孙萌所指出的，如今的798越来越接近于其他建立在资本之上的消费空间。然而，其内部肯定存在着不同于其他城市空间的运作原理。这些可以从美术、艺术家、观众之间的有机关系中了解，正是他们的存在才使得艺术区变得名副其实。如果不把这些特殊的原理和观点考虑在内，一味地将其归类于普通的城市空间，必然会遗漏许多重要问题。

另外，随着798艺术区规模的扩大、资本流入速度的进一步加快，针对798艺术区逐渐变为综合性的旅游景点这一现象，最近几年出现了一系列的研究成果。王凯、唐承财、刘家明于2011年在《旅游学刊》上发表的《文化创意型旅游地游客满意度指数测评模型——以北京798艺术区为例》一文站在观光学的角度上，对798艺术区游客的满意度进行了详细调查分析。这些研究比较片面化地呈现了798艺术区向旅游地转变的过程。除此之外，张骁鸣、陈熙于2012年在《旅游学刊》上发表的《北京798艺术区旅游发展背景下的边缘化现象及其解释》一文则是对朝向商业化迅猛发展的798艺术区与该地区原厂工人发生矛盾摩擦进行的个案研究，文章通过社会交换理论，对原厂工人的生活空间、收入分配、文化认同等多方面遭受的"边缘化"现象进行了剖析。该研究摆脱了既往站在观光学角度研究798艺术区的局限性，表明了人们开始尝试对其进行社会学、经济学等之间的跨学科研究。

韩国国内学术界对于北京798艺术区的研究大多是始于2009年以后，数量也不多，而且大部分只是停留在相关介绍与说明上。其中值得借鉴的论文有金成喜于2009年在《艺术经营研究》上发表的《由北京798艺术区的变迁过程所观察到的艺术市场形成过程的研究》，以及2011年在《艺术经营研究》上发表的《对于艺术区的形成要素以及文化艺术主题（theme）的研究——以北京798艺术区为中心》。除此之外，金泰万于2012年在《现代中国研究》上发表的《北京798艺术区，城市的痕迹与记忆的空间》一文也具有一定参考价值。首先，金成喜在上述两篇论文中通过将798艺术区与纽约的苏荷艺术区进行比较，对其市场性特征进行分析。他认为，798艺术区的多种文化要素利用自身的创意性和技术，转变为创造高附加值的文化主题内容，展示了中国所特有的现代文化的复杂性特征。其次，金泰万的研究更关注的是社会主义开展之前与之后的面貌，以及原封不动保留着北京记忆的798原工厂的再建。表面上类似于美国苏荷艺术区"废弃工厂的艺术性重生"，然而由于798艺术区保存并渗透着一代中国人的记忆和情感，因此呈现出来的也是一种独特的艺术性重生。

（二）中韩仁寺洞研究现状

韩国学界对于仁寺洞艺术区进行了大量的个案研究，这些研究大多出现在20世纪90年代以后，主要包括场所宣传营销、城市规划研究、旅游地开发研究等。即研究成果主要集中在建筑学、造景学、城市学、观光学、行政学等一些实用性较强的学科上。中国并未有人总结过韩国对于仁寺洞文化区的先行研究成果分析，因此在这里有必要详细地进行介绍。笔者将一些具有代表性的研究成果进行了整理，结果如表0-1。

表0-1 关于仁寺洞的先行研究

		研究者	主要内容
城市学领域的研究	关于仁寺洞用途的研究	尹政燮，黄喜莲（1986）	仁寺洞商业功能的渗透
		卞炳雪，黄喜莲（1998）	仁寺洞一带土地使用变化的预测及考证
		金惠兰（1999）	仁寺洞地区优势店铺用途的变化分析
		申幸宇，金英煜（2003）	城市空间结构和仁寺洞优势店铺位置
		金智慧（2012）	仁寺洞地区行业分布及使用状况
		金气浩，朴贤政（2012）	由仁寺洞身份性要素所观察到的用途变化

续表

	研究者	主要内容
城市学领域的研究 仁寺洞的形象评价	赵廷淑，金南造（2002）	仁寺洞的物理性、心理性形象评价
	金英荷（2004）	仁寺洞街头景观的分析
	郑技皇（2011）	由传统文化区保护政策的批判所观察到的仁寺洞
文化区管理规划评价研究	姜成原（2007）	仁寺洞文化区指定效果分析研究
	长长莲，金气浩（2008）	仁寺洞地区单位规划的规划过程个案研究
	金洙然（2010）	仁寺洞街边景观主要用途及满意度研究
	申铜好（2011）	文化政策的施行对该地区土地使用带来的影响
观光学领域的研究	赵廷淑，金南造（2001）	传统文化空间作为城市旅游地的形象研究
	李美惠（2002）	关于仁寺洞文化区观光动机的研究
	朴淑真（2004）	关于打造仁寺洞文化观光街战略的研究
	银年正，金示重（2010）	仁寺洞场所宣传营销与游客满意度及重游意向的关联性研究
	李慧美，李忠器（2012）	以仁寺洞文化区游客为对象进行的旅游地身份的研究
民俗学领域的研究	金承琉（2011）	对于传统文化的象征性空间——仁寺洞的历史性反思
造景学及设计领域的研究	任宪赫，姜新奕（2005）	关于仁寺洞店铺招牌上体现的印刷排版的研究
	金材原（2006）	采用韩国素材的仁寺洞店铺招牌设计研究
	李载益，吴然州（2008）	仁寺洞的空间营销设计研究
	金演金外（2009）	仁寺洞景观的社会构成论阐释
	玄优程，郑真禑（2010）	为了打造仁寺洞地点性特征的环境设计要素研究

城市学（urbanology）领域的研究占据了仁寺洞研究成果中的大部分，这类研究主要包括详细地分析仁寺洞文化区内建筑物的用途，或者比较仁寺洞各个时期的用途变化。同时，通过问卷调查分析人们心中仁寺洞地区形象的变化，以及文化政策对土地使用变化带来何种影响。关于仁寺洞管理规划的研究主要包括在文化区政策实行3—4年之后，在文化区支援方面的业绩和成果分析，还有通过问卷调查进行的评价。

观光学领域的先行研究主要是将仁寺洞设定为代表韩国的一个旅游胜地，进而分析游客的情况，旅游胜地的打造战略，以及对于仁寺洞作为旅游地的自身特征进行研究。另外，在造景学及设计领域的研究更多关注的是为了强化仁寺洞"传统"这一象征性要素而进行的造景设计（landscape architecture）。随之进行的还有环境设计研究，为了设计招牌而进行的印刷排版研究，空间设计营销研究等。

从上述各领域的研究中我们可以发现其中的一个共同点，即为了推导出一个明确的研究成果，他们将仁寺洞文化区放在一个固定的框架内进行研究，从而呈现出将研究对象简单化的倾向。如果是城市学领域的研究则将仁寺洞文化区看作一个实际的行政区域，关心的重点是与其相关的政策和空间使用上的变化。而观光学领域的研究则将仁寺洞文化区限定在旅游地这一特性内，主要讨论的是"吸引游客方案""旅游地发展探索"等内容，具有一定的局限性。

此外，尽管历史学、艺术学等人文学领域以及追求定性研究（qualitative research）的民俗学、人类学等社会科学领域的研究同样不够完善，仍然有几篇论文值得一提。首先是韩国国立民俗博物馆研究员金承玧的《传统文化的象征性空间，仁寺洞的历史性再思考》，该论文追溯了仁寺洞文化逐渐被赋予"传统"这一象征性的过程，并以批判性眼光探讨了"传统文化"这一论题。该论文关注的是大量传统形象在仁寺洞被生产并消费的这一事实背景。曾经的仁寺洞拥有着各种不同的形象要素，然而20世纪80年代以后被赋予了"传统文化之街"这一新形象，之后其他的各种形象也逐渐统一于此，结合"传统文化"论题的出现背景，在文中作者对于这一现象从整体上进行了分析。金承玧在文中对于仁寺洞文化区被统一赋予的象征性提出质疑，这一点与笔者在研究798和仁寺洞问题上思路相同。因此，笔者认为不能用统一的功能和作用来描述798艺术区和仁寺洞文化区，并在此前提下提出假设，而应站在与艺术区具有一定利害关系的当事人角度分析艺术区的空间性特征，其自身功能将变得多元化。

韩国学界尚未出现站在人类学观点探讨仁寺洞文化区的论文，只有一篇站在文化人类学的观点上研究仁寺洞的论文，是朴祥美于 2000 年在《历史文化研究》上发表的《传统、权力及味道：由仁寺洞的饮食文化所观察到的该地区身份性的形成》。然而，此文将仁寺洞地区韩国传统饮食文化分为几种类型进行研究，结果却更加强调了仁寺洞文化区的"传统"这一既存特征，由此可见，该论文并没有摆脱研究的片面性。除此之外，值得一提的还有金演金、金慧景、崔气水于 2009 年在《韩国造景学会志》上共同发表的《仁寺洞景观的社会建构论解读》。该论文试图利用社会建构论来解释仁寺洞的景观，这一方法论在对仁寺洞的社会、文化性空间进行观念性解读上提供了一个良好的模式。

中国学界中也出现过一些关于仁寺洞文化区的研究论文，其中比较有意思的是几篇比较研究论文。裴奎河于 2003 年在《中国书画》上发表的《韩国"琉璃厂"——仁寺洞》一文关注的是仁寺洞文化区的景观中所呈现出的一系列特征，即"最具有韩国形象代表性，古书画作品和古书店最多的地方"，并提到"仁寺洞的外形和北京的琉璃厂相似"。考虑到如今仁寺洞文化区"传统"的这一身份性特征在公众视野不断被强化渲染，裴奎河的观点无可厚非。然而，仁寺洞文化区入驻了韩国最早期的近代商业画廊，此后一直持续到 20 世纪 80 年代，仁寺洞文化区都一直是韩国现代美术的中心。考虑到这种情况，如果因为仁寺洞文化区的传统要素就单纯地将其与琉璃厂一并进行对比，可以说是犯了轻率的简化论（reductionism）错误。

另外，太晨华于 2011 年在《建筑设计管理》上发表的《韩中城市中心历史文化区域的历史性保存发展的比较研究——以韩国仁寺洞与中国太平桥新天地为例》一文中，以韩国的仁寺洞和上海的新天地为例，最终得出的结论是"物质和非物质方面的历史文化保存和发展是融化在一起的"。值得注意的是，该研究的目的定位与比较两国的城市中心历史文化区域的历史性保存发展手法上的差别。太晨华认为，仁寺洞更多的是立足于市场规律，注重内在价值的保护，而上海新天地则较多受到政府管理和政策方面的影响。事实上，政府在对仁寺洞管理过程中也制定了各种政策制度，只不过见效不大。如今的仁寺洞受市场环境的影响不断发生变化，在此情况下该论文所提出的观点具有一定意义。然而，该论文的局限在于未能充分地反映出仁寺洞的各种特征和价值。

（三）其他艺术区研究现状

西方最早的艺术区当数 19 世纪 80 年代巴黎的蒙巴纳斯（Montparnasse），其次是 20 世纪 20 年代伦敦的切尔西（Chelsea），60 年代纽约的苏荷（SoHo）。至此，艺术区的出现不再是一个新现象（phenomenon）。之后不断出现的艺术区也被人们看作城市空间的一种类型，同时被定义为文化艺术在此生产并消费的一个复杂空间。文化艺术逐渐变得制度化，资本主义之后的城市内出现了各种不同形态的文化艺术空间。这些文化艺术空间中有些自然而然地呈现出一定的面貌与规模，有些按照城市规划随着该地区的需要而建立。798 和仁寺洞都属于前者，最初都被赋予其他用途与特征，经历了后来的重建才成为今天的文化艺术空间。在这里，我们可以参考一下景德镇樊家井村的情况。方李莉在《传统与变迁：景德镇新旧民窑业田野考察》中对樊家井村进行了考察，并明确指出艺术区这一文化、艺术现象，在与自身文化融合的过程中会产生极为独特的价值和意义。在本文对 798 和仁寺洞进行比较过程中，方李莉的这一观点极为重要。

樊家井村的农民在 20 世纪 90 年代以前还是以种蔬菜为生，可 90 年代以后大批的人来到村里开陶瓷作坊，使樊家井村农民的生活发生了翻天覆地的变化。现在这里的农民们一般不种地了，村里的农民除开作坊，就是在村办企业工作。附近有瓷厂和车站，家家户户院子的规模也较大，十分适合开陶瓷作坊，正是这些有利条件使得樊家井村成为一个生产并销售陶瓷的艺术区。但是，樊家井村这些制瓷作坊基本都是属于家庭手工艺式的生产方式，许多生产都是以家庭为单位的。然而若是不仔细观察，可能会将这种生产方式误认为是樊家井村回归传统的表现。因为在工业化的社会中基本的生产单位就是企业，家庭通常只是消费单位，而不是生产单位。但是，地区经济结构的特殊性、经费的节省、劳动力提供方式、数量少种类多的陶器生产方式所有这些因素考虑在一起，这是一个极为合理又经济的选择。

樊家井作为景德镇一个最大的仿古瓷的生产和销售的集散地有着几百户各类不同的陶瓷作坊，这里没有长期固定的领导系统，政府也未设立专门的管理机构。事实上，对于樊家井村的管理和统治是通过市场、市场经济来实现的。对于这一点，方李莉认为："樊家井村通过一系列的价格和市场策略，无意识地协调着这里人们的经济活动，它又是一具传达信息的机器，把许许多多具有不同的个人知识和技术及行为的人会合在一起，最后形成了这样一个集市。"同时，樊家井村并不是一个闭塞或静止的农村，它呈现出类似于大城市的流动性特征。"行业与行业之间，阶层与阶层之间的通道都是敞开和互通的。个人在社会空间的流动阻力是较小的。个人施展才能的机会是较多的，也就是说在这里个人的角色不再是按固定不变的血缘、地缘、种姓或等级的归属来确定，而是以个人的成就为基础的自由流动。"樊家井村的市场经济和"自由流动"这些重要特征在后面要介绍的 798 和仁寺洞两大艺术区时也将提到。尤其在后工业社会，信息社会中，比起重视功能的"物体"，迅速生产并消费信息、知识，进而符号、形象的环境重新登场，毋庸置疑这种环境对包括樊家井村在内的 798 和仁寺洞都产生了莫大的影响。

三、研究方法

在对本文的具体研究方法进行介绍之前，首先分析一下本文需要重点解决的几个问题，这也是为了更好地梳理清楚思路并使阐述内容更具有说服力。研究过程中需要解决的问题主要有以下四点。

第一，虽然 798 艺术区和仁寺洞文化区在历史出发点和发展过程上互不一致，但如今两个艺术区在功能和景观变化上呈现出许多共同之处。对于这一点该如何解释？ 798 曾经是生产军需物资的工厂，随着时代变化逐渐沦为一片废墟，之后因为该地区价格的低廉吸引了一批艺术家的入驻，从而蜕变为中国代表性艺术区。而仁寺洞在朝鲜时代曾经是士大夫阶级居住的高级住宅区，到了日本殖民统治时期则成为没落贵族们将物品进行廉价交易的古董街，直到 20 世纪 70 年代随着韩国第一家现代画廊的入驻，这里正式发展成为艺术区。考虑到艺术区是后工业时代的城市空间，因此本文将对中韩两国在近代化过程之后所面对的全新时代变化，以及其产生原因进行重点探讨。

第二，在全球化、市场化的影响之下，艺术区在景观上不断发生变化。特别是在该过程中，入驻与出走的问题反复地发生。那么，在该问题上 798 艺术区和仁寺洞文化区有哪些共同点和不同点，同时应该如何对其进行合理解释呢？今天的城市不同于过去的农村，它十分开放且流动性极强。人们逐渐认为，根据自身目的和需要随便对空间进行选择和移动是一件十分自然的事情。这里重要的不再是个人特征和民族性，而是空间有多么符合个人（集体）的实际目的和需求。如今，空间被看作是可供利用的资源，更进一步来说是根据需要可以进行重构的对象。因此，为了更加具体地分析 798 艺术区和仁寺洞文化区中为什么不断发生流入和流出的现象，本文将对该地区所实施的调查结果从多个角度进行分析，并在此基础上明确地指出两个地区的共同点和不同点。

第三，798 艺术区和仁寺洞文化区的景观再现是否可以看作"边缘"和"传统"的表象化战略呢？事实上，798 艺术区和仁寺洞文化区中不断发生变化的景观虽然看起来毫无规律且杂乱无章，但如果深入观察可以发现，该地区的景观都是朝向巩固自身身份特征的方向而进行重构的。具体来说，早期的 798 艺术区集中了一群难以进入社会主义体制内的中国艺术家们，他们在周边地带的废弃工厂中进行创作。而韩国经历了日本殖民统治时期，未能形成自发的现代化，仁寺洞文化区则将现代美术和韩国传统美术之间的连续性明确地呈现了出来。因此，这两个地区的景观可以看作"边缘"和"传统"的表象化战略。然而，要想把景观看作一种表象化战略，首先对于景观能否被解释为一种视觉性再现对象的问题应该明确其理论依据。在这一部分中，起到决定性理论支撑的是卡斯格拉夫（Cosgrove）和丹尼尔斯（Daniels）的著作《景观图像学》（*The Iconography of Landscape*, 1988），书中从阿比·瓦尔堡（Aby Warburg）、潘诺夫斯基（Erwin Panofsky）和克利福德·格尔茨（Clifford Geertz），到约翰·拉斯金（John Ruskin）和肯尼思·克拉克（Kenneth Clark），根据各种不同学科的研究动向，对如何用图意学的方法对景观进行了解释与严谨的论述。在本文对两个艺术区的景观进行解释过程中，该书成为重要的理论背景，文中将进行详细讨论。

第四，艺术区由于各种不同性质的入驻机构和商业场所在表面上显得杂乱无章，除了将其评价为过度商业化的副作用之外，是否可以看作一种全新状态且更加活跃的艺术环境呢？包括 798 艺术区和仁寺洞文化区在内的分布于全世界的各种或大或小的艺术区，大部分都不是单纯只供欣赏美术作品的地方，还是一个汇集了别具风情的餐厅和咖啡厅、标新立异的服装和设计品，以及高端品牌店的消费区。由此可见，艺术区是一个极为复杂的空间，因此片面地认为只有画廊等艺术相关行业的发展才是艺术区最重要课题的观点，使人难以认同。事实上，在讨论艺术区的功能发展方向时，首先应该考虑的就是游客、购物者这些艺术区的实际"使用者"的观点。将讨论的重点从艺术区这一结构性层面转向各种使用者的心理层面上来，才能实现深层解读。在这一研究中，主要运用到艺术学和美学上的最新概念"互动"（interactivity），此概念对于"互动艺术"（interactive art）的成立和发展都极为重要。文中除了互动的概念之外，对互动艺术生产和欣赏的独特方式也一并进行分析，从而试图发现两个艺术区的全新价值和意义。

下面为了对本文研究方法进行系统性论述，将根据本文目录介绍一下研究的进行过程。本文是站在比较分析法的基础上所进行的一种跨学科研究。事实上，艺术人类学本来就是一门跨学科的研究，其研究的对象和内容是艺术学的，但研究的方法和视角却是人类学的。其研究较多地吸取了人类学的田野工作方式，这是一种实践性、经验性较强的研究方式。大体来看，笔者针对798艺术区和仁寺洞文化区进行了人类学调查，而第一章到第三章主要对该调查结果进行了研究，其中包括个案研究、访谈、问卷调查，以及文献研究。第四章、第五章从艺术学、美术史学、社会学、地理学、传播学等领域进行各种理论性探索，从而对798艺术区和仁寺洞文化区进行真正的阐释并赋予其一定的含义。

首先，第一章由北京798艺术区的发展与变迁、入驻画廊的个案研究、问卷调查结果统计构成。本章在基本叙述结构上参考了刘明亮的论文。由于本文是对798艺术区和仁寺洞文化区进行的比较研究，同时也是对798艺术区所进行的追踪研究，所以将2010年刘明亮的论文中已经明确提到的798艺术区的特征与4年之后所发生的各种变化进行第一次对比后，再次与仁寺洞文化区进行比较研究，也是本次研究的核心所在。

第二章和第三章是对仁寺洞文化区的现状研究。这部分将对仁寺洞文化区的发展与变迁、入驻画廊的个案研究、问卷调查结果统计相关的内容进行分析，考虑到这是第一次正式地站在艺术人类学观点上向中国学术界介绍仁寺洞文化区，因此在调查研究过程中尽可能地做到真实和充分。另外，在每个章节的末尾都将对 798 艺术区和仁寺洞文化区的共同点和不同之处进行明确的比较分析，同时为更好地探讨本文论题打下基础。

综合第一章到第三章中通过艺术人类学研究方法得出的结果，首先将798 艺术区和仁寺洞文化区放置于共同点和不同点这一大的对比性范畴之内，这是最简单且明确的研究方法。两个艺术区中所发现的各种不同点将在第四章进行讨论，而关于共同点的分析将出现在第五章中，文中的所有论述都将旨在明确体现本文的主题。

第四章中关注的是 798 艺术区和仁寺洞文化区景观不断发生的变动和重构，在景观的视觉性这一层面，两个艺术区的景观可以解释为以绘画的方式呈现出象征价值的再现原理，本文对该假说进行了证明。文中首先明确了研究空间理论时所用到的基本概念（场所，空间，景观），之后对于景观是否可以被解释为一种再现的视觉形象的问题进行理论性探讨。因此，艺术区景观的变化不是单纯地将各种不同的要素无秩序地混杂在一起，而是在后工业时代背景下为了实现特定目的而实施的表象化战略，本文对该事实也将进行论证分析。另外，两个艺术区的景观通过表象化战略所获得的"边缘"和"传统"这一象征价值将再次与中韩现代美术史上的话题联系在一起。还有一点要关注的就是，中韩现代美术和其他亚洲国家一样，都无法摆脱西方文明和艺术的流入这一文化接受方面的问题，因此构成他们美术史流向的核心话题始终与其根源和身份特征的问题紧密联系在一起。

最后，在第五章中对 798 艺术区和仁寺洞文化区的各种共同点重新进行综合考虑，试图通过互动概念赋予两个空间一定含义，并探寻具有建设性的发展方向。这与目前对于包括艺术区在内的城市空间研究相差甚远，目前的城市研究大多是在结构层面描绘内部各种权力的斗争，或者考虑到全球化这一时代背景进行政治性、经济性分析，而本文关注的是空间和实际使用者之间发生的各种相互作用。这里的相互作用由使用者的身体性经验作为催化剂，大部分源于心理层面。在具体研究阶段中，首先对互动概念进行了解，之后将分析该概念在艺术学和美学领域中扩大为传播问题和接受者体验的过程。因此，正如欣赏和创作的二分法在新的互动艺术中，通过观众的活跃参与被瓦解一样，两个艺术区的游客每个人都根据自身的喜好和兴趣对艺术区这一空间进行重构并享受。在此过程中，艺术区从物理层面转移到了心理层面，在转移的过程中发生了无数的解构和重构。再次以空间概念进行审视时可以发现，一个空间是由无数个割裂的场所重新组合而成的。因此最终可以得出的结论是，在798艺术区和仁寺洞文化区中，互动实践能够实现对艺术沟通与共享的真正价值的深层发掘。

第一章 北京 798 艺术区的现状研究

第一节 北京 798 艺术区概况

一、北京 798 艺术区的区域特征

中华人民共和国成立初期，按照当时国家的战略规划，要在北京建一家电子元件厂，命名为 718。将北京城市东北边缘的大片空地选为厂址，城市的东北边缘，正是现在的酒仙桥大山子地区。酒仙桥在明、清时属大兴县，多为农村旷野，有效建筑仅 95 平方米。1950 年，酒仙桥建立村政府，所辖住户 300 余户，几座村落隐现，小桥流水，稻田飘香，芦苇丛生，南坝河时有泛滥，农田苦于受涝。东赵家村南坝河有座三孔桥，相传酒仙掉下酒篓，河水溢香，故又称酒仙桥，演变成地名沿用至今。

当时的北京还没有现在的规模，人口也相对较少，大山子地区在当时是一片庄稼地，这个地方大约有 70 座坟。其中一个大户人家的坟按照旧俗，在坟头背后围了一个"U"字形的山包，在这片洼地里，俨然是座"山"，所以才被当地人称为"大山子"。当时北京城的城墙尚未拆除，对于当时的北京人来说，出了城门就是郊区，所以新中国在北京城市规划中，将电子工业区放到大山子，目的就是希望其远离市区。

798 艺术区位于北京东北方向酒仙桥街道大山子地区，现在这块区域属于北京市朝阳区，798 得名于 20 世纪 50 年代建成的一个工厂。此区域西起酒仙桥路，东至京包铁路，北起酒仙桥北路，南至将台路，紧邻东坝河。后来随着北京城市交通规划，靠近北京四环路，旁有机场高速通过，交通非常便利，与当年的交通情况相比，有着天壤之别。

50 年代在苏联和东德的帮助下，这里的厂房建成了包豪斯式，曾盛极一时，供应着全国的电子元件产品。到了 70 年代，随着半导体时代的

到来，电子管产品逐渐衰落，这家工厂也大不如前。90年代出现闲置的厂房并开始出租。由于这里空间宽阔适合创作且租金低廉，加上798艺术区大规模的包豪斯建筑群，且地理位置靠近中国著名的艺术学府——中央美术学院，所以吸引了许多艺术家纷纷到此，这里便自发地形成了798艺术区，逐渐成为中国先锋艺术的聚集地。同时这里也是北京市的CBD商业圈区域，随着这里逐渐为人所知，也吸引了许多画廊、餐馆和商铺入驻。随后，至2008年奥运会，北京政府又对此地进行规划，使其成为著名的旅游胜地。现在许多游客已把故宫、长城和798作为北京旅游的"新三大景观"。

优越的地理位置、有特色的建筑环境，加上政府的扶持，是798在短短十几年时间内发展迅速并产生巨大影响力的重要原因。

自2008年北京地铁10号线通车以来，地铁三元桥站就是离北京798艺术区最近的地铁站，很多初次来北京的游人都选择从这里再换乘公交或者出租车去798艺术区。从这里直达798艺术区的401次公交车，经常人满为患。公交车会将游客带到离798艺术区最近的公交站——大山子路口南站。走出站台，满眼临街的店铺，服装店、眼镜店、宾馆和饭店，远处高耸着居民楼或者写字楼，走在这里你看不出这里与北京其他的街道有什么不同。穿过天桥到达马路对面，再走几步就看到了巨大的798三个红色数字，这是798的大门之一。由于艺术区内"井"字形直通南北的道路，798艺术区有好几个这样的大门。不同于北京其他旅游景点通常会根据不同的方位给各个大门取名，如东门、西门、南门和北门等，798艺术区的大门如798艺术区的名字也是按数字取名的，如1号门、2号门、3号门和4号门等，具有鲜明的798特色。

进入大门，马路不宽，只够两辆汽车并行，两边为了游人通行安全都设了矮的护栏和人行道。往里走，两边的建筑逐渐不同了，原来现代化的高大的玻璃火柴盒，逐渐被两三层楼高的红砖墙的建筑所取代，颇有年代感，再往里走可以看到许多横七竖八、粗细不一的银色水管暴露在外，还有几个高高的已经不再冒烟的烟囱，这些标志都告诉走进798艺术区的人们，这里曾经是一个大型工厂。斑驳的墙上经过风霜雨雪依然残存着那个时代的标语："社会主义万岁！""毛泽东思想万岁！"等，厚重的历史感向人们袭来……

笔者走访时遇到一个第一次来798艺术区的游人，我询问她对798艺术区的感受，她说："走进798艺术区就像走进了一个大工厂，可以看到高耸的烟囱、宽阔的厂房，但马上就意识到798不仅仅是这样，这里有很多雕塑、展览，有很多具有创造性的艺术家和美术展，来参观的人也很多。"

　　是的，简单地从外观上看，这里的建筑和20世纪六七十年代中国各地普通的民居或工厂厂房无大的区别，至今中国许多其他地方也保留了这样的建筑，可是来到这里的人们都不会轻看它，因为这里是中国当代艺术的风向标，是中国当代艺术的聚居地，许许多多著名的艺术家都是从这里走向世界。

　　一直从事景观设计研究的北京大学俞孔坚教授分析说：厂房之所以赢得艺术和文化创意产业的青睐，是因为工业建筑有别于日常生活空间的建筑和景观，因而可容纳各种非日常的活动，为艺术家的个性设计和创造提供非同寻常的体验；旧建筑是有历史和故事的，通过物质的元素，给空间带来一种非物质的氛围，并弥漫四周，创造出一种独特的场所感。这是新的建筑设计所不能带来的。

　　再往里走，道路两边逐渐出现许多路标、展讯、小商店、餐厅、画廊，还有雕塑和随处可见的涂鸦作品，许多游客喜欢和这里的雕塑、涂鸦作品以及798独具特色的建筑合影，以至于到了旅游旺季，想要和某个作品合影甚至是要排队的，平常的日子里也经常看到一些人专门到这里来拍摄婚纱照、影集，等等。

　　笔者在走访调查中也有机会与许多路过的游客交谈，他们有些是798艺术区的常客，有些是第一次来798艺术区的，他们表示，798艺术区给他们一种混杂的美感，把传统与现代、东方与西方杂糅起来。正是因为如此，798才彰显出自身独特的魅力。

　　也有民众称，"与三里屯酒吧或后海那儿比，这儿的空间和距离更充裕一些，没有一点儿拥挤和压抑的感觉，可以长时间地待；很多看上去完全没有用的东西，像破房子、旧台子什么的，好像都是你的。很多男孩子天生都有机械情结，都挺迷恋工业氛围的，老厂房能让他们撒点野。"

　　北京798艺术区除了有艺术家工作室、画廊、艺术空间等艺术类机构，还有许多创意商品小商店、陶瓷工艺、原创服装、书店、咖啡馆、酒吧、餐厅、设计工作室、摄影工作室等。笔者在798走访中，采访了许多早先进驻 798 的机构或者是熟悉 798 的游人，笔者了解到早先 798 并没有这么多游客，也没有这么多商铺。2008 年，随着北京奥运会的成功举办，798 逐渐为国人所知，也被世人瞩目，于是许多商业机构看到了这里的商机纷纷进驻。

据 2005 年 3 月的不完全统计，在进入 798 艺术区的 103 家机构中，主要包括创作展示和交流类、设计类两大类，其中属于艺术创作、展示和交流的有 59 家（占全部机构的 57.3%），设计类（包括空间设计、广告设计、家居家具设计和服装与形象设计）有 29 家（占全部机构的 28% 以上）。此外，还有传播发行和书店及餐饮酒吧一类的跟艺术创作沾边的一些小门类。

根据刘明亮在《北京 798 艺术区：市场化语境下的田野考察与追踪》一文中对 798 艺术区内机构做的统计，2009 年 798 艺术区共有机构 306 家，其中艺术机构 168 家（约占 55%），商铺 64 家，餐饮 38 家，和其他与艺术沾边的机构 36 家。据《广州日报》对北京 798 艺术区管委会常务副主任张国华的采访中所透露的数据，2013 年 798 进驻了 500 多家机构，包括265 家专业画廊，其中 50 多家为境外机构。画廊的数量占据了所有机构总数的半壁江山。

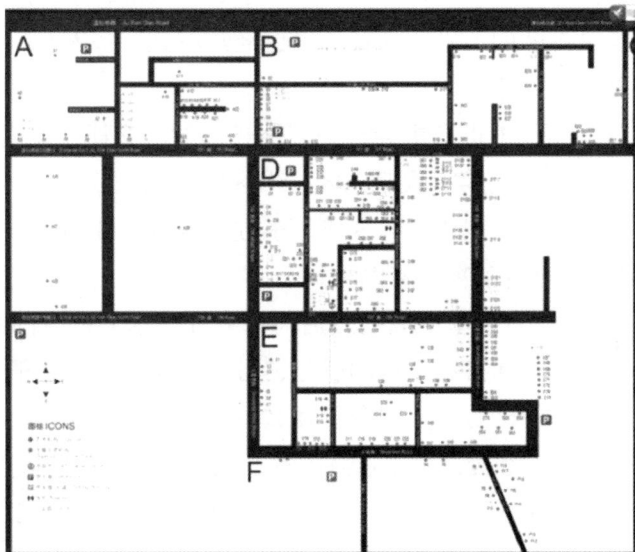

图 1-1　798 艺术区入驻机构位置示意图

二、北京 798 艺术区的变迁

北京是中华人民共和国的首都，有着深厚的历史和丰富的文化遗存，不同时期的文化遗存都一一展现出其时代精神与风貌。随着社会不断发展与变迁，在社会不断现代化进程中，这些历史遗存逐渐老去，与现代化的生活显得格格不入，于是就需要选择性地保存一部分文化遗产，或保存，或重新规划、功能置换，挖掘出其在新时代的文化价值和经济价值。798艺术区并非一开始就是一个艺术区，而是随着历史逐渐变迁，对其所在地区加以改造形成的，也是这些改造中具有代表性的。

（一）718 联合厂的组建和建筑设计

798 艺术区所在地原是新中国"一五"期间（20 世纪 50 年代）建设的"北京华北无线电联合器材厂"，即 718 联合厂（中国当时许多工厂都以数字命名）。718 联合厂是由周恩来总理亲自批准，王净部长指挥筹建，由苏联援助、东德负责设计建造的重点工业项目。1952 年，718 联合厂在京郊毫无工业基础的大山子地区筹建，1954 年开始土建施工，1957 年 10月开始生产，当时中国的国家领导还参与了开工典礼。其建造速度之快在中华人民共和国成立初期是罕见的，它凝聚着老一代领导及建设者的辛勤付出。在大山子地区，与 718 联合厂同时筹建的还有 774 厂、738 厂，这三个厂的建成，不但改变了大山子地区的面貌，而且是中国电子工业大发展的开头，这一开头永远载入了中国电子工业发展的史册，不仅影响了许多中国其他地区电子工业的发展，还影响了当时许多第三世界国家的电子工业发展。718 联合厂建成后对国家的经济建设，特别是对电子工业的建设、国防建设、通信工业的发展做出过卓越的贡献。到了 1964 年 4 月，四机部（第四机械工业部）撤销了 718 联合厂建制，成立部直属的 706厂、707 厂、718 厂、751 厂、797 厂和 798 厂，今天的 798 艺术区的名字就来自这其中的一个厂。

图 1-2　718 联合厂全景图

718 联合厂是中国国家"一五"期间 156 个重点项目之一，也是社会主义阵营对中国的援建项目之一。由于在这个阵营中电子工业的领先地位，原德意志民主共和国（下文简称东德）被赋予了建设联合厂的重任。当时，东德副总理厄斯纳（福来特·厄斯纳）亲自挂帅，利用全东德的技术、专家和设备生产线，完成了这项工程。因为东德不存在同等规模的工厂，所以厄斯纳组织东德 44 个院所与工厂的权威专家成立了一个 718 联合厂工程后援小组，最后集全东德的电子工业力量，包括技术、专家、设备生产线，完成了这项带有乌托邦理想的盛大工程。718 联合厂的首任厂长李瑞在回忆文章里说："我看过德国二十多个厂，其中没有单独一厂具有如此规模的。据我所知，在苏联和社会主义其他阵营的国家中，此类规模的工厂也实属罕见。"

德国德绍一家建筑机构负责 718 联合厂庞大的建筑设计，它和当年的包豪斯学校在同一个城市，两者在建筑理念上相同。1919 年，沃尔特·格罗皮乌斯（Walter Gropius，1883—1969）在德国魏玛市成立了"公立包豪斯学校"。在抽象艺术的影响下，一种新的工艺美术风格和建筑风格诞生，其主要特点是：注重满足实用要求；发挥新材料和新结构的技术性能和美学性能；造型简洁，构图灵活多样。以此为基础，新的现代主义建筑风格形成，主张适应现代大工业生产和生活的需要，以讲求建筑功能、技术和经济效益为特征，后来被称为"包豪斯学派"。

718联合厂的建筑设计具有典型的包豪斯风格，是实用和简洁完美结合的典范。从设计到建造过程虽然一波三折，不过在精益求精的德国专家的指导下最终保质保量地完成了。而且德国人在建筑质量上追求高标准，比如，抗震强度的设计在8级以上；为了保证坚固性，使用了500号建筑砖；一些当时中国没有的材料，如耐火砖、通风筒等，便专门从东德经西伯利亚由铁路运过来。而且德国的设计非常注重细节，比如：厂房的所有窗户一律向北开设，而当时一般建筑物的窗户都朝南，这种设计可以充分利用天光和反射光，这就保持了光线的均匀和稳定，保证在里面工作的工人不受过强光线的干扰，从视觉感受来看，恒定的光线又可以产生一种不可言喻的美感。

图1-3　当年修屋顶的照片

北京798艺术区最具标志性也最具特色的建筑是锯齿形屋顶的厂房。718联合厂设计之初，德方就将建筑设计委托给德国德绍设计院，德绍设计院秉承了包豪斯学派的建筑理念，厂内一切建筑一律采用包豪斯风格。在所有的厂房中，有六七处厂房的屋顶设计采用了锯齿形设计。即使用今天的眼光来看，这种锯齿厂房的设计也很独特。厂房的屋顶是弧形的，叫"薄壳屋顶"，最薄的地方只有6厘米。可以想象这样的设计在当时的中国施工起来具有多大的难度，当时的中国刚解放不久，建筑队也都是普通工人，能盖的都是普通的民房，见都没见过外国人设计的大型工厂。不过在德国专家的细心指导下，这些当时中国人想都没想过的大型厂房都一一建好了。

图1-4　锯齿形厂房外部（修建时）

许多年以后，许多外国建筑界人士来到798艺术区时惊讶地发现，在中国北京，居然存在着世界上规模最大的包豪斯建筑群，绝对称得上人类工业发展史上的珍贵文物。

（二）718联合厂的全盛时期

1959年，到最后一名东德专家离开时，718联合厂已经是一个占地面积50万平方米，建筑面积达14.98万平方米，铺设管线13.22万米，修筑道路6.51万平方米，修建铁路1.32万米，砌围墙3156米，总投资1.46亿元人民币的庞然大物。

《人民日报》将718联合厂称为"我国第一座规模巨大的现代化的制造无线电元件的综合性工厂"，还说，"它将同已经投入生产的北京电子管厂（774厂）一起，基本上改变我国无线电工业依靠外国零件由国内装配的状况。这个工厂的产量将基本上满足目前国内市场的需要，有些产品还可以出口"。

到1960年，工厂已累计生产无线电元件26580.5万件，产品品种发展到203项，生产远远超出了设计能力。两年多实现利润20511.3万元，大大超过建厂投资。职工人数也由初期的6510人，增加到11811人。718联合厂进入了全盛时期。

我国第一颗原子弹和第一颗人造卫星的许多关键元件、重要零部件就于此生产，因此这里被称为"新中国电子工业的摇篮"。718联合厂还是中国电子元件行业的"黄埔军校"，为陕西、山西、贵州等其他省市建立电子元件三线厂输送人才，并像东德援助中国一样，去援助其他社会主义国家。

图1-5　当年718联合厂工人做体操

（三）从718到798：艺术区开始孕育

时代发展至20世纪70年代初，随着半导体时代的到来，电子管时代产品逐渐开始走下坡路，718联合厂的境况大不如前了。

从20世纪80年代初至90年代末，中国国内经济体制改革不断推进，中国大部分行业都经历了由计划经济向市场经济的转变，798厂（北京第三无线电器材厂）的业务范围也由原来的以生产为中心转变为分厂制承包经营，后又到股份制改造。可是这些改革都没有拯救798厂由盛而衰的趋势，到了90年代，798厂开始对外出租闲置厂房。

无独有偶，20世纪90年代中期，中央美术学院正从繁华的王府井迁移至当时还比较荒凉的四环东北角花家地。花家地距离798厂只有3千米左右的距离，对于偌大的北京城来说，二者的距离非常近。在中央美术学院从老校区向新校区搬迁的过渡阶段，由于缺少教室，曾将 798 闲置的厂房作为临时的教室，至今在美院的历史影像中还保留着这一段艰苦而浪漫的日子。如果不是中央美院的搬迁，我不知道 798 还会不会是后来我们看到的 798，总之，从这时起，两个看似不相关的事件，就这样关联起来了。

也大概在这个时间，中央美院雕塑系雕塑家隋建国接到了纪念抗战群雕《卢沟桥抗日群雕》的任务。"那时美院搬到酒仙桥地区，我们需要一个大的工作空间，就在原 718 联合厂的三分厂 798 里，找到了一个 3000 平方米的闲置仓库。"这个事件开启了 718 厂从厂区走向 798 艺术区的先河。据网络上的一些报道，当时隋建国所租的 798 的房租是 0.3 元 /（平方米·天），这时的 798 的租金相当便宜，加之厂房空间大，符合创作需要，群雕任务完成后，美院一些师生仍选择继续留在这里租房子搞创作。

雕塑家李向群是其中之一，李向群在 798 艺术区有个"0 工场"，现在叫"0 艺术空间"，在一篇采访中，李向群回忆说，"当时中央美院做抗战纪念馆的雕塑作品，知道这里有闲置厂房，就租下来做雕塑放大工厂，那大概是 1998 年的事情。"回忆起当年 798 的样子，他说，"这儿给我的印象很冷清，有点儿像今天阴天的感觉。我刚来时，雕塑工厂对面的厂还在生产，后来就停了。与五六十年代的辉煌期相比，早已今非昔比了。"

到 2000 年 12 月，原 700 厂、706 厂、707 厂、718 厂、797 厂以及 798 厂等六家单位整合重组为"北京七星华电科技集团有限责任公司"（以下简称七星集团）。七星集团对原来的六家单位的资源进行重新整合后，一部分厂房被闲置了下来，为了使这部分厂房得到充分的利用，七星集团将这些厂房陆续进行了出租。后来 798 艺术区的厂房就一直由七星集团成立的物业公司负责出租、管理。

从此，进驻 798 艺术家群体就像滚雪球一样滚了起来。这里的厂房典型的现代主义包豪斯的独特建筑风格，整个厂区规划有序，吸引了许多艺术家前来工作定居。于是，一边工业生产一边艺术创作、一边井然有序一边率性随意的 798 艺术区的雏形逐渐孕育成形。

（四）798 艺术区形成

20 世纪七八十年代，随着传统电子工业的退化，798 厂衰微也是国营老工厂从计划经济到市场经济转变的必然。由于工厂难以适应市场经济环境，产品不能适销对路，这里的工人大批下岗，各厂均出租部分闲置厂房以渡难关。可是，也正是由于它的衰落，才给了艺术家进驻的机会。

2002年2月，美国人罗伯特·博纳欧租下了这里约120平方米的回民食堂，在他的精心策划下，将其改造成了一个名为"八艺时区"的艺术书店。他是798艺术区内入驻的第一位境外客人，这家书店也是798第一家艺术书店，而且是一家专业的艺术书店。罗伯特本人是做艺术网站的，许多通过网站交流平台与之交流的艺术家随后也受其影响，更是通过交流看中了当时798艺术区内宽敞明亮的空间、低廉的租金和风格独特的建筑，他们陆续走进了798，创立起自己的工作室或展示空间。

之后，许多艺术家寻寻觅觅纷纷找到了798的旧厂房，当时的租金是每平方米六毛钱一天，对于北京这个城市来说，已经是租金低廉的宝地了。值得一提的是，当年的10月，摄影艺术家徐勇租用了1200平方米的厂房，将其改造成了一个巨大的展览空间，此后这个名为"时态空间"的展区作为798艺术区的地标显得格外引人注目，不仅因为它头顶着"厂区内最大的展览空间"的名号，更是因为它赋予了厂房一种新的诠释方式。而后，名副其实的工厂旧址式的艺术家工作室或展示空间就在798艺术区里诞生了，并随之批量呈现，有了一定的聚集效应并随之产生了一定的影响力。

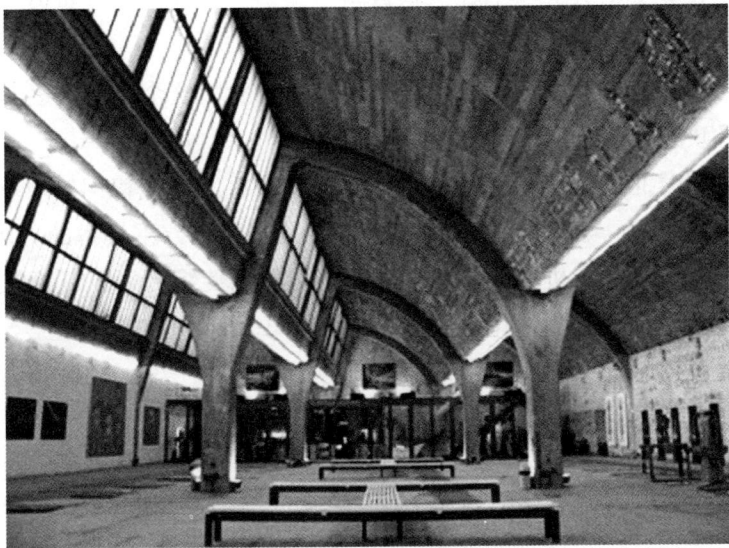

图1-6　时态空间内部

当回忆起为什么要在 798 租厂房做展示空间时，徐勇说，"当时租金很便宜，6 毛多一平方米。我觉得这里的厂房和胡同很像，它们在我眼里都是一种可利用的人文资源。这个厂按照它原来的价值，经过 50 年的折旧，它的资产价值已经为零了，但经过 50 年的积累，它的内涵反而更丰富了。所以一进入厂区，不管是中国人还是外国人，都有一种感动在里面，在这里体验到的不仅是现代的艺术，还有中国的历史。"

时态空间是典型包豪斯风格的厂房，厂房内部几乎没有任何装饰。可是当时来的时候这里还不是这样的，徐勇当时租这个厂房的时候，这个厂房已经闲置了 5 年，一片破败，没有一块玻璃是完整的，到处是油垢、尘土。当时工厂正在转型，按原有的规划，这里是要被拆除的，改造成一个电子城。

的确，798 艺术区经历过一个拆除与保存的生存争议期，2004 年，作为房东的七星集团不甘于收取低廉的房租度日，继而希望能够将现有的厂房拆除，建起电子商贸中心，这一构想引发了当时社会的争议。

听说厂房要拆除后，时为人大代表的李向群先生回忆说，"大家都紧张了，开始出谋划策想办法。当时我正好要去开人代会，决定把这件事作为一个议案提上去。我还清晰记得那是 2 月 18 日，是提交议案的最后一天，我把议案交给人大秘书处，题目叫'保护一个老工业建筑遗址，保护一个正在发展中的文化产业'。"

拆与不拆好似对 798 艺术区生存命运的考验，这个争论也逐渐升级成了朝阳区政府乃至北京市政府的抉择。

其实当时北京还有一些别的工厂，如北京机床厂或首钢，谈及 798 作为艺术区的优势，李向群说，"798 的条件是其他地方不具备的。798 位于朝阳区，这里离首都机场、艺术学院、东部新的使馆区、CBD 都很近，这意味着它更容易走向国际化。以前艺术家比较集中的地方像宋庄等地，位置比较偏远，而且那个地方是属于内向、封闭型的，798 是开放和外向型，是展示给大家看的，所以能留住人。"

798 艺术区能够保存下来，并发展到如今的规模，离不开当初李向群先生的议案，也离不开当时租用 798 厂房的艺术家和机构。如果不是他们积极组织、参与 798 的艺术活动，使得 798 的影响力不断扩大，也没有后来的 798。这些入驻的艺术家的成功之处在于发现了这片北京城中被遗忘的"历史",并积极改造它,以他们独特的艺术眼光及其自身的艺术影响力使辉煌过的建筑再度变为世人的焦点。

2003年,798艺术区被美国《时代》周刊评为全球最有文化标志性的22个城市艺术中心之一。同年,北京首度入选《新闻周刊》年度12大世界城市,原因在于798艺术区把一个废旧厂区变成了时尚社区。2004年,北京被列入美国《财富》杂志一年一度评选的世界有发展性的20个城市之一,入选理由仍然是798。

同时,自2004年起在798艺术区内连续三年举办了民间性质的大山子国际艺术节,更加使得798艺术区声名远播。在中国当代艺术界,798艺术节的存在有着不可磨灭的社会意义,也产生了不小的经济效益。

此后,798艺术区被北京市文化创意产业领导小组认定为市级集聚区,正式成为了北京城不可替代的地标,也成为了政府政绩工程中重点发展的文化项目。2005年12月14日,798艺术区成为北京市政府首批授牌的文化创意产业集聚区之一。2006年3月,朝阳区政府成立了798艺术区建设管理办公室。2006年7月17日,朝阳区文化创意产业"十一五"规划出台,认定了798艺术区、潘家园古旧文化园区、北京图书批发交易市场等11个文化创意产业聚集区和发展基地。

关于工厂拆与留的问题已经是过去时了,曾经的包豪斯式的厂房、标志着那个时代的墙上的标语、高耸的烟囱、错落的水管都被一一保存了下来,如果说北京的故宫唤起了人们对明清两代的记忆,这里无疑唤起了人们对六七十年代的记忆,远处的玻璃外墙的高楼大厦与这里的斑驳的红砖瓦房形成了鲜明的对比,标志着一去不回的时光。漫步在这里,墙上保存下来的标语和新创作的涂鸦,强烈地碰撞着、融合着,冲击着人们,让人们反思。自此,曾经辉煌过的718联合厂,以另一种方式获得了新生。

(五)当商业掺入艺术

其实,北京现有不同规模的艺术区十几个,著名的有798艺术区、宋庄画家村、环铁艺术区等。它们是在中国改革开放后,随着社会经济文化的发展和城市转型而相继出现的。随着798艺术区声名鹊起,除了艺术家,一些画廊、艺术空间、设计公司也争相进驻798,随后餐饮、酒吧、创意产品商店和服装店也纷纷进驻798,使798逐渐发展成为画廊、艺术中心、艺术家工作室、设计公司、餐饮酒吧等各种空间的聚合,引起了相当程度的关注。

另外，由于外在诸多因素的干预和各种商业机构的入驻，到2006年末，798艺术区的功能也发生了巨大的改变，此地已不再单纯是艺术家创作的集聚地，也成了艺术交易场所。

随着中国政府对文化产业的重视和文化产业规划的出台，798艺术区由民间性质转变成了准官方性质。同时，随着北京申奥的成功，为了成功举办这一盛会，政府通过多种手段对798艺术区予以干预和规范。这种干预和规范主要表现在两个方面：一方面，政府对其配套设施与文化环境进行了整改，经过整改后的艺术区在配套设施和文化环境上，都有了很大的改观；另一方面，有组织性地筹划艺术活动，为中国当代艺术发展提供指导规范。

随后，迎来了2008年北京奥运会。北京成了世界人眼里最闪亮的焦点，亿万观众涌入北京分享这一盛况，798艺术区也成为奥运会期间北京市重点推荐的旅游景点。据媒体报道，在2008年北京奥运会期间，多个国家的领导人都把798艺术区作为了自己的必游之地。

2008年10月23日，在798艺术区举行了北京艺术节名为"艺术是什么"的主题展，这一展览让涌入北京城观看奥运会的人们补了节艺术大课。而在同一时间，798艺术资本论坛的举办，吸引了不少圈内外专业人士，论题"问题是什么？"让专家们把目光聚集到了中国当代艺术市场与当代艺术本身的可持续发展问题的考量上。奥运会不仅为798艺术区带来了空前的人流，也为这里披上了崭新的盛装。

到2008年末，在奥运效应的辐射下，北京的文化市场依然红透了半边天，是奥运会给中国带来了真正意义上对人文关怀存在价值的思考，也正是这段时期关于大力发展文化产业的口号在中国越喊越响。政府给予了文化产业发展最优质的温床，而在这个过程中作为范例的798艺术区更是得到了很大的支持。但是，随着艺术区内艺术氛围在经济驱动下的变味，曾经质朴的创作集聚地已经变成了果不其然的"画廊街""休闲街"或者"商业区"，商业味过甚开始严重影响艺术家们的生存环境。

许多常来这里的人一时却无法适应这种变化。常年来这里参观的陈先生说："我很喜欢绘画，特别喜欢到798来，感受这里的文艺气息。闲暇时来这里看看画展是我最大的乐趣。可最近园区内多了好多旅行团，让我觉得这里的感觉变了。"一名喜欢艺术的女青年更是直接表示："现在这里突然来了这么多游客，让我感觉这里的味道变了。798最特别的地方就是独特的艺术氛围，但现在这里给人的感觉却像西单、王府井，成了人们参观游览的景点。"

面对游人如织的798艺术区，不少专家、学者对它进行了深入的讨论。笔者在798做调研时也体会到，不少进驻798的艺术家、画廊等艺术机构，都期望798能恢复到当初艺术区的状态，而非旅游区或者商业区。

越来越多的商业掺入798艺术区，自有其利弊。经济带动艺术市场的蓬勃发展，促进了社会大众对艺术的关注和参与；反过来说，过多的经济利益并不是件好事，无论对画廊还是对艺术家而言，它会逐渐影响到整个艺术区的性质。经济从来是把双刃剑，艺术家找到安静和便宜的地方，一旦形成规模，就带动了当地消费，使那个原本荒芜的地方变得光鲜，成了世人瞩目的商业或者时尚的消费圈；一旦艺术家聚集的地方成了时尚热点或观光景点，艺术家们就开始逃离，到那时艺术区也就名存实亡了。

（六）2009年至今

截至2009年11月底，朝阳区文化创意产业实现收入已经接近1200亿元，实现增加值占朝阳区生产总值的比重已接近11%，促进就业达16.5万人。798艺术区作为北京文化创意产业的发展重心，作为北京文化的一张名片，产生了强大的社会效应，带来了巨大的经济效益。

2009年，对于全球经济来说，是一个噩梦时期，因为美国次贷危机而受影响的全球经济萎靡在这个时期凸显得尤为重要。由于艺术在经济社会是以有形的艺术品进行交易而发生经济价值的，必然金融危机对艺术品市场的打击就变得不可忽视了。经济衰落，798艺术区的画廊很多倒闭关门，展览的交易额度下降，艺术品拍卖市场出现危机，画廊、展示空间门可罗雀。

不仅是金融危机的影响，房地产的泡沫经济也严重影响了798艺术区，这一时期迅猛增长的租金价格和日渐融入繁华地段的区位优势，已经让798艺术区入驻的艺术机构丧失了生存保障。一些艺术家已经无法承担起798艺术区的房租和日常开销，而随之逐步代替的便是一些餐饮、休闲、娱乐、商贩机构。这个时候的798艺术区不啻成为了一个鱼龙混杂的商贸集散地，只不过在此地交易的商品打上了"艺术"二字的标签罢了。

在798艺术区内部逐渐商业化的同时，798本身作为一个品牌也变成人们的消费对象，任何商品打上798的标签也增添了另外一层属性。似乎在798艺术区，艺术氛围有渐渐远离的趋势，而贴上"艺术"或者"798"标签的商品却越来越多地充斥进来。

经济效益的增加大幅度减少了798艺术区的艺术特质。曾获得2008年中国十大画廊的"站台中国"已将画廊位于798艺术区的项目空间撤出，而腾出的空间也已改建成咖啡厅。对于这种改变，许多游客并不领情，事实上他们对这里艺术氛围的减弱和日益充斥着的商业气息也有些许不满。

近年来，这里一个明显的特征就是房租猛涨。冯羽毕业于中央美院雕塑系，和许多热爱艺术的人一样，毕业后他来到了离学校很近的798艺术区，想在这里实现自己的艺术梦想。最初，他租用了一间中意的厂房，但几个月后他便搬到了另一间更小的厂房，因为负担不起租金。然而这还仅仅是个开始，高涨的房租不断考验着冯羽，现在他只能租住在798南门外一间偏僻的厂房里创作。面对这样的困境他颇感无奈，"我只希望有一个安静的地方能投入创作。"冯羽现象是许多艺术家在798境遇的缩影，而更多的艺术家选择了悄然离开。798的租金在几年间涨了十几倍，这对于并无稳定收入的艺术家、私人工作室或小书店经营者等来说，无疑是巨大的负担。虽然798艺术区建设管理办公室规定的租金价格并未高得"离谱"，但实际上这样的价格根本无法租到相应的地皮，很多慕名来开画廊的商人只得从"二房东"手里以更高昂的价格租到地皮，重新装修，以求盈利。

房租提高，导致许多艺术机构撤离，撤离风波中最受瞩目的就是徐勇的"时态空间"，由于租金问题关闭，一时在798闹得沸沸扬扬。

徐勇是798艺术园区"时态空间"的负责人，也是最早一批来到798"拓荒"的艺术家，对798发展起了重要的作用。2012年11月1日凌晨，其经营10年之久的"时态空间"被物业强行封闭。

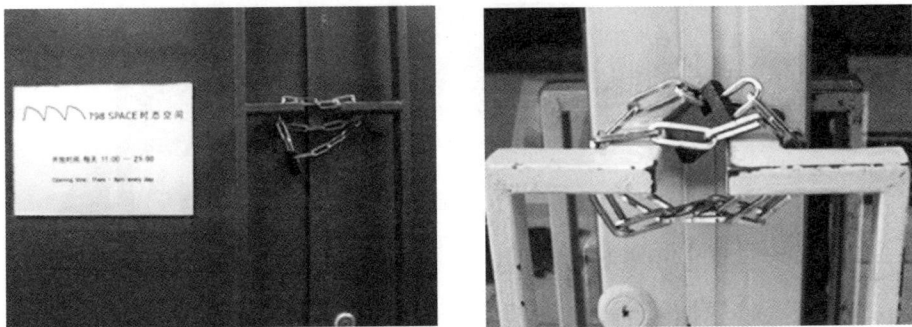
图 1-7　时态空间被物业强行封闭

　　据徐勇在博客中所撰《透过时态空间封门引发的十八大前一桩危险事件，看 798 的发展危机及深层次管理结构问题》所述，2012 年 10 月 31 日下午接近 5 点，在毫无预兆的情况下，时态空间大铁门上突然被贴上 798 物业 11 月 1 日收回空间经营管理权的通告，致我空间全体职工措手不及，当时职工们正为 11 月 3 日晚 6 点 30 分要举行的"第五届欧盟国际电影节开幕式晚宴"紧张筹备。……封门的原因是时态空间原租房协议去年（2011）底到期，今年（2012）初 798 物业的新协议纯房租部分租金涨到以前房租的 2.5 倍。原本在 2008 年底签订 2009 年至 2011 年协议时物业公开说好的，因为当时经济形势的特殊性，在这份协议具体执行中对时态空间每年再优惠半年的房租，即实际上一年只要半年房租。……物业这种突然改变前任政策、不遵守原先所作承诺要多收房租的情况，798 里有好几个空间在 2011 年底都遇到了，如不按新政交齐协议约定的房租就会遭遇突然封门。两个月前一家外籍画廊被突然封门即此原因。由此，徐勇在文章中还探讨了物业管理的深层问题，他认为 798 深层次的问题在于，作为职能或利益主体的三方：工厂、政府、艺术家（机构）三者间的权益关系严重失衡，三方利益诉求和目标极为不一致。

　　对此，徐勇在其微博中透露，"11 月 21 日，798 艺术家针对近两年来园区频发的物业任意封门上锁断水断电驱赶租户事件，在洞房咖啡举行维护自身权益议事会议，通过讨论达成共识并一致决定：筹备建立 798 艺术家艺术机构团结自助性的联合协商代表会，尝试在 798 园区构建一种民主协商机制。"

图 1-8　当时的街头示威

封门之后，时态空间还抗议七星物业的封门，一时此事闹得沸沸扬扬，时态空间也得到了许多入驻艺术机构的支持。针对此次事件，七星物业也通过网络、媒体"揭露"此次事件。根据网络上的一篇报道，七星物业对此次事件做了如下解释：

"鉴于徐勇先生在其微博、博客及其他平台、网络媒体发布了大量不实言论，妄图抹黑 798 物业、博取同情，针对其在博客发布的《透过时态空间封门引发的十八大前一桩危险事件，看 798 的发展危机及深层次管理结构问题》这一文章中的虚假言论，798 物业做出如下揭露：

1. 徐勇先生在文中称'贴通告原因是去年底空间与物业旧租房协议到期，新协议房租价格上涨 2.5 倍，年初以来一直未谈妥'。

事实：事情的真实起因是在 2010 年 1 月 1 日至 2011 年 12 月 31 日这段有效合同期内，徐勇没有履行相关租赁协议，拖欠了巨额房租所致。

物业方考虑到时态空间对于 798 原生态的保护做出过贡献，在相关政策的支持下，给时态空间的租金是远低于 798 内租金市场价的。时态空间的租金基本是 798 房租市场价格的三分之一。由于 2008 年的金融危机，物业方在原本房租已经大幅优惠的基础上，签订优惠协议对徐勇 2009 年的房租又给予了大幅减免，这个减免幅度是园区之最。

这份减免优惠协议的有效期是 2009 年 1 月 1 日至 2009 年 12 月 31 日。而 2010 年至 2011 年徐勇先生并未履行双方租赁合同约定的义务，拖欠了巨额房租。物业方进行了多次催缴，截止到目前为止，徐勇先生仍未支付该笔欠款。

2. 徐勇先生在文中称'10 月 31 日下午接近 5 点，在毫无预兆的情况下，时态空间大铁门上突被贴上 798 物业 11 月 1 日收回空间经营管理权的通告，致我空间全体职工措手不及'。

事实：2012 年 1 月 1 日至 2012 年 10 月 31 日徐勇其实已经丧失了对原时态空间房屋的使用权，无权对外短期出租场地。所以 10 月 31 日 798 物业发通告表示收回的举动也非突然，此前 10 个月物业方一直与徐勇先生在协商，到最后强制收回，也是迫于无奈。

时态空间最后一份有效期为 2009 年 1 月 1 日至 2011 年 12 月 31 日的租赁合同到期后，物业方抱着很大的诚意与徐勇先生进行了多次协商，也提出了很多建设性意见，希望徐勇先生能先解决以往的欠费问题，但是一直没有结果，双方也因此没有续签租赁合同。考虑到徐勇先生是 798 园区较早的租户，物业方在 2012 年 1 月 1 日并未强行收回房屋。这表现了物业方的诚意。……"

此事，已经上诉法庭，徐勇说，"一审在酒仙桥法院，我们的确败诉，但随即提起了上诉。受理该案的二中院对我们进行了调解，双方也签订了调解协议。我们只支付了部分房租，不是物业起诉时说的 105 万。"

这次撤离事件，归根结底是由于 798 艺术区租金上涨造成的，就 798 的租金问题，笔者也采访了 798 物业的工作人员，工作人员表示，租金上涨他们也非常无奈，并非有意而为之，而是近几年北京整体房价上涨，而且他们对艺术机构都有优惠，相对于其他的商铺、餐馆、咖啡厅，艺术机构的租金的确优惠了不少，这一点笔者在对 798 艺术区所做的关于租金的调查中也得到了确证。商业化的进程导致这个地段房价越来越高，越来越多人想进来导致许多艺术家离开，他们也非常惋惜。

在与物业工作人员的交谈中，笔者发现，其实他们也理解如果房租上涨过快，势必导致 798 变成以艺术为外包装、以商业为实质的场所，而艺术也将会"迁徙"。这一点物业方面也理解，可是在商业利益驱动下，在当前中国的经济形势下，房租上涨不可阻挡，尽管他们已经在租金方面对艺术机构有一定的优惠，但不能阻止的是如今798游人如织，10年前的冷却景象已经不再，这种情况下也不再适合艺术家安静地创作了，艺术家撤离也势所难免。不过对于房租过高的问题，798一负责人说："北京798艺术区管委会要做的是提升服务，让企业得到服务方面的收入，而不是从增加房租给艺术家和艺术机构更多压力上寻求发展。"

高昂的房租把越来越多的艺术家拒之门外，他们只得另辟天地。一些艺术家选择主动离开，向798周边的草场地、环铁甚至更远的宋庄等艺术区转移。画廊巨大的先期投资一般都要经过两三年固定运营才能收回，但作为798管理者的七星集团近年推出的"合同与业主一年一签"的租赁制度，使得许多画廊对在此扎根的计划摇摆不定。七星集团及其下属的物业公司则认为，艺术家和艺术机构对他们有误解，物业为艺术家们服务的努力并没有得到理解。而实际上，如何实现物业与业主的良好沟通，在切实落实政府政策扶持艺术行业的同时实现科学的规划管理、协调艺术与商业的矛盾，才是真正亟待解决的问题。

2013年，798正在谋划新的规划方案，即要把798打造成艺术品展示、交易的公共平台，未来的798要将艺术品国际展览、交易、拍卖的功能集于一身。目前，798管委会已经将五星级拍卖大厦的修建方案提交北京市政府。按照方案，拍卖大厦既可以为国际藏家提供住宿、拍卖的场所，又配备了艺术品的仓储、安保措施，为收藏家们提供全套服务。与此同时，公益性的当代艺术博物馆也在筹划建设中，将对重点艺术品进行收藏、展示和研究。未来，798的交易区将占到园区10%—15%的面积，实现以功能提升带动产业升级。我们拭目以待。

第二节　北京798艺术区的画廊

一、入驻画廊的现状

（一）综合情况描述

798艺术区是知名艺术机构聚集地和前卫艺术活动的重要举办地。一些知名画廊，如尤伦斯艺术中心、林冠画廊、佩斯画廊、伊比利亚当代艺术中心等在内的知名艺术机构在798艺术区都有办公和展示场所。许多前沿性的文化艺术活动在此举办，使798艺术区具有专业性和国际性。经过多年的努力、政府的支持和自身的发展，798已经成为北京的一张名片，一个品牌。也因为经济利益的驱使，导致798艺术气息的淡薄、商业氛围的浓重。

笔者在对798艺术区的实地调研中也体会到，虽然来798艺术区参观旅游的人不在少数，整个氛围也热闹非凡，来798艺术区的人已经分不清究竟是过来看艺术品，还是过来逛街的，各大创意、手工艺品店内都挤满了人，但真正来看艺术品的却很少，画廊里显得冷冷清清，虽然一些画廊仍在组织策划展览，但数量和质量已大不如前。在对一些艺术机构经营者的采访中，笔者也感受到这些艺术创作者和经营者斥责过度商业化的强烈情感。

2013年初，AMRC艺术市场分析研究中心发布的北京主要艺术区内画廊变动数量显示，2012年北京各大艺术区画廊均有相应的减少，其中798艺术区由207家画廊减少至173家，是画廊变动数量最多的艺术区，如老牌画廊世纪翰墨2012年夏天宣布撤出798艺术区。并且由于整体经济环境的不景气，798艺术区最多的业态形式——画廊正面临着经营的困境。

笔者在采访时，许多画廊的负责人认为"798现在就是个旅游区"，并且对此深恶痛绝，他们中有些人甚至认为，这样继续商业化下去，会影响到798的根基，"艺术生存不下去，798也就不存在了"。798艺术区职能的转变也令艺术家和画廊面对最多的是游客而不是购买作品的人群。颐和悦馆的张根俊说，"现在去798的人主要是参观游玩的人，这些人到那里去拍照、合影、游玩，喝一杯咖啡，买点小纪念品等。目前798已经脱离了它自身的形成原点，而且，现在有些画廊频繁地接待参观游览的人群，而这些人大多又没有购买力。但是这些人对艺术品却不是很尊重，很多人拍照的时候用闪光灯，有些甚至用手去触摸作品。所以现在有些画廊收门票，也是很无奈的事情。"

还有许多画廊、展示空间这样的艺术机构为了生存，无奈之下把原先展示的部分空间改成参观区、咖啡馆或者书店以获取盈利。所以在798，你常常能看到许多带有咖啡馆、酒吧或者餐厅的画廊。

游客数量的不断增加，也导致798附近的小贩数量增加，39岁的郑立每天都出现在 798，他不是艺术家，而是在这里摆地摊卖书。他每天在这里的时间和地点并不固定，但却乐此不疲。行情好的时候，他保守地讲，自己每天能赚到 100 多元，一个月下来就是 3000 多元。如今在 798 艺术区，像郑立这样摆地摊的人有不少，他们之中有给人画肖像的，有设计艺术字的，还有卖各种饰品的。

从小吃到纪念品再到售卖书籍、陶瓷、廉价画像的小摊位，一度数量非常多，后来经过七星物业的整顿，小摊的数量得到了控制。

（二）入驻画廊个案研究

798 艺术区的画廊经营方式各有不同。有一些知名画廊，如尤伦斯艺术中心、佩斯北京画廊、百雅轩等，还有数不清的小型画廊，有些以租赁场地为主，有些出售一些已经成名的艺术家的作品，也有一些，专门发掘、培养新艺术家，具有强烈的实验精神，还有一些是中外合资的画廊，拥有强大的海外收藏家群，资金雄厚，展览的学术水平也相对较高，也有画廊由于不断上涨的租金无奈之下把画廊和咖啡厅或餐饮结合在一起。笔者对 798 艺术区的一些画廊进行了实地探访，下文中笔者选择了一些具有代表性的，同时为了本书能更真实更充分地呈现 798 艺术区画廊的真实状态，笔者还研究了画廊展览相关的各类刊物。不过笔者在此不得不说明一下，由于笔者是一名外国人，而 798 画廊众多，其中的竞争也相对比较激烈，在采访的过程中，有些画廊并不是非常配合，对于笔者的问题只是给出了简单、相对比较模糊的答案，不过笔者相信这些模糊、不甚具体的数据足以让大家了解 798 艺术区画廊的基本状况。由于在采访中受访者再三说明不希望画廊的具体名称出现在文章中，所以以下文章仅以 A、B、C 三个字母代替具体画廊名称。

表 1-1　个案研究对象分析

画廊名称	A	B	C
地区	法国画廊	中国台湾画廊	中国画廊（雕塑）
成立时间	2009 年	2001 年	2003 年
展馆面积	约 300 ㎡	约 800 ㎡	约 1200 ㎡
展馆楼层	2 层	1 层	共 3 层

画廊名称	A	B	C
主要从事内容	联展、个展	联展、个展	联展、个展
主要收入来源	出售艺术家作品	出售艺术家作品	出售艺术家作品
从业人员数量	4人	6—7人	6—7人
经营艺术品类别	水彩、水粉、油画以及素描	油画、丙烯以及水墨	当代雕塑为主以及有艺术品功能的衍生品
展览形态	个人展、群展	个人展、群展	个人展、群展、毕业展、学术展等
主要支出	租金、人力费用以及展览费、宣传费用	租金、人力费用、运输费、保险费、媒体宣传费用等	租金、管理费、人力费用、包装费、运输费用等

　　笔者采访的这三家画廊位置基本都处于798艺术区的核心区域，只有A画廊位于798一个车间的二楼，一楼只有一个简单的标牌，相对"隐蔽"一些，其他两家相对来说都很容易发现。由于采访过程中画廊工作人员再三要求对画廊的信息保密，所以此处笔者隐去画廊的名称以及画廊负责人的姓名。

　　这家位于二楼的A画廊，老板是一名法国人，面积大概300平方米，一共有四名工作人员，成立于2009年，笔者采访的这名工作人员，主要负责该画廊的媒体联络与宣传。这家画廊主要经营纸上艺术，主要涉及水彩、水粉、油画以及素描。其经营范围既包括中国20世纪三四十年代的老艺术家的作品，也有中国当代艺术作品，推出并挖掘一些新锐中国当代青年艺术家。

　　笔者采访的时候画廊正在做一个外籍艺术家的水彩作品个展，作品独具风格，具有创新性，非常时尚、前卫。工作人员介绍说，上一次展览正好是中国20世纪三四十年代出生的老艺术家的创作手稿（主要是素描稿），影响非常好，其中一些是中国早期非常有名的设计手稿，非常具有历史价值和收藏价值。据工作人员介绍，画廊也推广当代艺术，推出一些青年艺术家，比如：毛燕、孙逊等，工作人员说接下来正在筹备做的一个展览是中国70年代出生的艺术家的新水墨的联展。这家画廊每一个半月至两个月会举办一次展览，除了为这些新艺术家举办展览，画廊也会带着这些艺术家的作品参加中国香港、巴黎以及其他地方的博览会。参与博览会既可以提升画廊的知名度，也能更好地推介与画廊合作的艺术家。

不过据工作人员说尽管画廊运营情况不错，但是画廊并没有签约代理的艺术家，展览也只是跟艺术家合作，画廊的收入就靠展览中售出的作品再收取一定的佣金。在笔者的采访中，这个现象并不是存在于这一个画廊中，而是大部分画廊的普遍现象，原因主要是，中国的艺术品市场发展相对滞后，还没有比较详细、系统的运营机制，画廊与艺术家之间的诚信关系还没有建立起来，往往是画廊花了大价钱捧红了艺术家，艺术家看到自己的市场建立了起来，作品价格提升了，就离开了画廊，所以，大部分画廊不代理艺术家只是跟艺术家合作。在笔者的询问中，工作人员透露一般画廊会收取作品价格 30%—50% 的佣金，并且在笔者采访的画廊中，大部分画廊也是如此，收取多少一般取决于艺术家的知名度，有一定知名度的艺术家，画廊收取佣金的比例也会相对减少，一些青年艺术家，需要更多的宣传、推介力度，收取的佣金比例也相对更高。

问到画廊愿意挑选什么样的艺术家时，画廊的工作人员回答说，"我们选择艺术家并不追随市场，关键看艺术家自身，我们会看艺术家是不是具有扎实的绘画功底、良好的学院教育背景、宽阔的知识视野、深厚的文化底蕴、创新的艺术思维，是否具有艺术创作的激情以及对艺术的不懈追求，等等。"

当笔者询问当初这家画廊为什么选择 798 时，工作人员表示，798 艺术区在海内外知名度都非常高，拥有非常优越的地理位置，交通便利以及包豪斯风格的建筑，经过这些年的发展，也具有良好的基础。的确，经过这些年的发展，798 逐渐形成一个集画廊、艺术家工作室、文化、创意、时尚为一体的多元艺术空间，产生了一定的聚集效应，具有一定影响力，但这样的聚合，同时也造成了一定的竞争压力。面对这样的竞争压力，画廊的工作人员说，"画廊的生存在于是否具有自身的特色，能否建立起自己的收藏家系统。"这家画廊由于老板是法国人，除了拥有一批中国收藏家、国外收藏家，也拥有一些国际艺术家资源，具备一定的优势，发展情况也比较乐观。当问及对 798 游客越来越多的看法时，工作人员认为，游客多也并非坏事，言语中对 798 艺术区未来的发展充满信心。

B 画廊是一家中国台湾画廊,是中国台湾到北京的第一家画廊,2001年来到北京,最初选择了北京东四的秀水街附近,到 2011 年才搬到 798 艺术区。中国台湾画廊产业大约崛起于 20 世纪 70 年代,当年中国台湾画廊的兴起是整个华人地区最早、最具规模的,经过"黄金十年"的成长,许多画廊都顺利发展起来,可想其中的竞争压力,能发展至今并具有一定规模的都是其中翘楚,这家画廊就是其中之一,这家画廊在中国一共拥有三个空间,分别位于北京、台北和台南。

这家画廊选择了 798 艺术区一处比较核心的区域,是一个非常宽敞的约 800 平方米的矩形空间,798 艺术区内的空间多是原先工厂的厂房,B 画廊租用的这个空间也不例外,内空很高,整个空间内部几乎没有任何装饰,空间高处依稀可见工厂当年的排水管道、钢筋支架,地上还有工厂曾留下的排水沟,墙壁是普通的水泥毛坯,显得非常粗犷,窗户的位置偏高,却也正好不妨碍艺术品的展示,整个空间非常宽敞、明亮。空间门口设一个宽大的柜台,工作人员在这里接待前来参观的游客,桌上摆放着许多艺术家展览画册,有兴趣的游客可以在此欣赏或者购买。

B 画廊拥有员工 6—7 人,工作仍然比较忙碌,画廊主要经营中国当代艺术,包括油画、丙烯和水墨。一般以经营一些有一定影响力的艺术家作品为主,也推出一些新艺术家,但比较少,工作人员表示,毕竟推出新人总的来说风险相对比较大,一般会选择一些有一定市场基础的艺术家。经营方式主要是代理和合作,以合作为主,如果是画廊代理的艺术家,一般会为代理的艺术家举行个展,而合作的艺术家举办群展。对展览中售出的作品,会从中收取一定的佣金,这一点和 A 画廊一致。工作人员告诉笔者,选择合作的艺术家,比较多的会通过策展人推荐,然后举办展览。这家画廊也有自己的收藏家群体,主要以国内的收藏家为主。经营的时候会利用北京、台北、台南三个空间的优势,把北京优秀艺术家的作品介绍到台北,也会把台北优秀艺术家推介到北京,形成优势互补。

当问及为什么 2011 年画廊要从秀水街搬到 798 艺术区,画廊工作人员说,"798 艺术区是中国大陆北京艺术的代表,可以说得到了国内和国际上的关注,我们把画廊搬到这里,也希望通过国内外人们对 798 艺术区的关注,提升人们对我们画廊的关注度。"关于画廊的发展情况,画廊透露,今年的情况比去年好。面对 798 艺术区日益商业化的现状,工作人员表示，"798还将是艺术区，但是会越来越商业化，租金升高，游客多，收藏家受众少，不过这有可能是艺术市场这几年本身就不景气的原因，和游客多少并没有直接联系，而且游客也能对艺术家和画廊有一定的宣传作用，但是太多游客，而且尤其国内游客的素质普遍不高，确实会对画廊的维护增加困难。"其对798未来的前景并不太看好。

C画廊是一家中国画廊，成立于2003年，是798艺术区最早成立的一批画廊之一。这家画廊位于798艺术区的核心区域，知名度较高。主要是针对当代雕塑艺术进行收藏、研究、梳理、档案整理、展示与推介，也进行销售，并力图促进中国当代雕塑艺术的试验性与前沿性发展，具有较高的学术水准。经负责人介绍，C画廊的目标是通过举办具有学术深度的展览，推动学术交流和研究，致力于打造一个国际化的当代雕塑艺术的交流、展示平台。C画廊的展厅空间高度为7米，整体空间以及超大面积的露天展示平台能够满足绘画、雕塑、影像、装置、行为艺术等展览以及各类文化活动的需求。

关于画廊的经营，C画廊负责人表示，他们正在努力打造一个文化品牌，积极与美术馆、艺术学院、艺术协会、艺术集团以及艺术家进行交流，积极举办学术展览，并建立艺术家和收藏家们的交流平台。选择艺术家时，多来自推荐，一般都是来自中国各个美术学院的雕塑系主任推荐，负责人解释道，"雕塑与其他艺术门类不同，没有良好的功底无法创作，自学起来也相对比较困难，而且普通的综合性大学一般不设雕塑系，只有美院有，所以我们选择的艺术家主要来自各个美术学院，合作的艺术家绝大多数都有美院的经历。"所以这家画廊与学院联系紧密，学术性也相对较强，负责人透露他们这几年连续办了某美术学院的研究生毕业作品展，打造自己的品牌。

同前两家画廊一样，与艺术家主要是合作关系，同样对展览中售出的作品也收取一定的佣金，不过和绘画作品收取佣金略有不同，负责人说，"雕塑作品相对于其他艺术作品创作成本较高，尤其对一些新锐的刚从学校出来的艺术家，我们要支持他们创作，所以佣金比例一般相对少些，不过也不是所有的，视情况而定。"

关于未来的发展，负责人一直强调重学术轻经营，把推广雕塑这个艺术门类作为工作的重心，培养雕塑门类的消费群体，负责人说，"雕塑作品不同于其他艺术作品，有些雕塑作品体积比较大，运输、包装也相对昂贵，比起绘画作品个人购买比较少。任何一种艺术作品消费者去接受都需要一定的时间，极端一点说，我往展柜上放一块砖头，消费者能接受吗？能，但是可能会比较慢，所以消费者需要引导，更需要培养，所以我们做高水平的学术展览。我们还推出了一些衍生品，不是普通的钥匙扣、手机壳这样的衍生品，而是限量的、具有艺术品功能的衍生品，就是一些艺术家亲自做的大型雕塑作品最初的小样，这个销售得不错。"画廊的收藏家来自世界各地，以包括中国台湾、中国香港在内的中国收藏家居多，还有来自新加坡、欧洲和蒙古的收藏家，中国收藏家与国外收藏家的大致比例是 8∶2。

798 艺术区如今的商业化程度加深，面对越来越多的游客，画廊负责人说，"有总比没有好，如我所说，消费者培养是一个过程，798 早先没什么人知道，没有游客，发展到如今是一个从无到有的过程，而下一步应该努力培养消费者，做到从有到优。"关于画廊的发展，负责人谈到，虽然798 艺术区有政策扶持，798 物业公司对艺术机构比较支持，尤其 C 画廊是早期来到 798 的，租金也相对其他商业机构有很多优惠，但是由于各种原因总的来说经营压力比较大。

二、入驻画廊的特点分析

（一）发展速度快，聚集程度高

从 2002 年第一家机构入驻 798 开始，从最初的一文不名，到现在蜚声海外，只有短短 10 年时间。最开始艺术家自发进入并"改造"这个旧工厂，从最初零星的几家小画廊入驻，到后来尤伦斯、佩斯这些知名大型画廊入驻，从自发到政府介入管理，开始把 798 作为重点扶持的文化创意产业，提供优惠政策大力发展文化产业，这 10 年 798 飞速发展。

从行业分布上看，798 这一代艺术家、画廊、艺术空间密集。从最近的统计数据可以看出，2013 年 798 进驻了 500 多家机构，其中有 265 家专业画廊，这里画廊行业非常密集。当然密集程度高也会造成一定竞争，在采访许多画廊负责人时，他们非常担心笔者会泄露该画廊的商业机密，也由于笔者不是中国人，他们对笔者的问题常常给予简单回答而没有深入合作。

（二）国际化程度高

据统计，这 265 家画廊中有 50 多家境外机构（不包括中外合资机构），笔者在走访调查中也感到，随便走访的几家画廊中就有一半是合资或者境外画廊，包括日本、法国、韩国等。还有一些中国台湾、中国香港、中国澳门的画廊，这些国家或地区的画廊相对于中国大陆的画廊起步较早，可以说这些画廊的进入给 798 带来了活力，使之成为一个非常国际化的地方，也给中国大陆刚刚起步的画廊树立了典范和榜样。而且 798 发展包括中国当代艺术能有如此快的发展都离不开外资的支持。也有一些外资画廊把中国的优秀艺术家推介到国外，让世界看到中国艺术的发展，这些画廊功不可没。

（三）变换

由于近年的经济危机加上 798 租金飞涨，不断有一些小的经济实力不够的画廊关门或被迫离开 798，又有一些画廊进入 798；也由于近年来 798 的七星物业公司对租户采取的是"合同与业主一年一签"的租赁制度，使得许多画廊无法在此扎根，所以常来 798 的人们会发现一些画廊尤其一些小型画廊经常变换。

2008 年的经济危机之后，2009 年画廊进入最惨淡的时期，很多画廊因无法持续经营而倒闭，同时，很多等位置的人也趁机迁进来。798 一位负责人说："总是在这样的交替当中，这跟经济、艺术市场都有关系。"

在《798 艺术区，何去何从》一文中，记者采访了从 798 退出的一位业内人士，他向记者诉说了一些艺术家之所以撤离 798 的原因。他说主要还是 798 艺术园区的业态发生了明显的变化。自从 798 知名度提高以后，798 已经从纯粹的艺术区转变为商业区和旅游区，随之而来的就是房租的增加。

（四）画廊层次不一

在 798 各色画廊中，有知名的大型画廊，也有名不见经传的小展示空间，有经营名家的大型画廊，也有不断推出新人的画廊，还有类似"二房东"一样靠出租展厅过活的展示空间，总之，各种各样，良莠不齐。也许想在画廊里买杯咖啡只有 798 艺术区才能办到吧，不过这并非什么创新，而是由于租金上涨，导致一些中小型艺术机构渐渐无法承担承受昂贵的租金和经营压力，撤出了 798，还有一些继续坚持的不得已将画廊腾出一部分空间做起了副业经营，如装饰品、咖啡餐饮、礼品或与艺术相关的创意产品等。

第三节　入驻机构与游客对 798 艺术区的评价

根据中国文化部文化市场司《2011 中国艺术品市场年度报告》，经过 2000 年至 2007 年的极速发展和 2008 年至 2010 年面对全球性金融危机的严峻形势之后，中国画廊行业在 2011 年整体上呈现良好发展的势头，但是市场竞争更为激烈，经营状态两极分化。2011 年 798 艺术区 300 余家画廊共举办艺术展览 1000 余个，参观人数自 2008 年以来逐年增加，年增长率达到 20%，2011 年北京 798 艺术区的参观人数为 260 万，成为国内外知名的文化休闲旅游的新地标。

同时，随着 798 艺术区名声的不断增长，最早进驻 798 的艺术家工作室、艺术机构因租金等问题面临退出 798 的局面。798 艺术区的时态空间被物业封锁，面临被逼退的局面。目前除了自早期入驻至今的个别艺术家工作室房租稍稍涨到了 1.2—1.7 元 /（平方米·天）以外，其他的房租从 0.6—0.7 元 /（平方米·天）涨到如今 6—7 元 /（平方米·天）。

据《中国文化报》报道，2012 年盈利画廊仅占画廊总体数量的 7%，亏损并勉强处在维持及半歇业状态的约占总数的 35%。据艺术市场研究中心统计，截至 2012 年 11 月北京 798 艺术区内画廊由 207 家减少至 173 家。同时截至笔者写作之时，雅昌画廊黄页能查到的 798 艺术区的画廊数量是 157 家。

商业性经营机构的入驻等导致地价开始暴涨，除此之外，环境随之产生变化，商业化气氛的增强和旅游功能的开发，不仅使艺术家在 798 难以生存，也使画廊等开始面临诸多困境。艺术区的一些主要问题也开始呈现，尤其是 2012 年，以画廊为代表的初级市场颓靡，使得这里的问题更加突出，艺术区的可持续发展成为面临的首要问题。

一、入驻机构的评价

根据中国文化部文化市场司《2011 中国艺术品市场年度报告》，2011

年798艺术区300余家画廊共举办艺术展览1000余个，参观人数自2008年以来逐年增加，年增长率达到20%，2011年北京798艺术区的参观人数为260万，成为了国内外知名的文化休闲旅游的新地标。这不禁让许多人对当前798艺术区的定位产生了一定的怀疑，798还是艺术区吗？还是已经沦为了名副其实的"景点"？许多艺术家、记者、画廊经营者大呼798已经被完全商业化了，或者干脆说798就是个旅游区。

因此，当前798艺术区的问题焦点主要集中在对目前798艺术区的定位。笔者希望通过在798艺术区走访、调查、发放的问卷所采集到的相关数据对这些相关问题进行分析，以期对此做出较为客观的评价。笔者采集的数据是根据今年五一期间对798艺术区进行的访谈和问卷调查而来，为了问卷结果相对真实，笔者选择了四种代表着不同势力的个人或机构，分别是：画廊、展示空间、艺术家等艺术机构（下文简称艺术机构）；商铺、餐饮类等以商业盈利为主的机构（下文简称商业机构）；国外游客；国内游客。每种类别的机构或个人选取100份有效问卷，总共400份有效问卷，笔者对这些问卷的结果进行统计、分析，对不同类型进行横向分析比较。同时也根据刘明亮的论文《北京798艺术区：市场化语境下的田野考察与追踪》2009年的统计结果做了纵向比较。本文中所有标注2009年的统计数据均来自刘明亮的论文。

在整理的过程中也做到了相对客观真实。也不排除有可能有些机构或个人在填写问卷或进行访谈时，由于种种原因没有提供真实的数据，会导致结果稍有偏差，但笔者相信不会对大的趋势造成影响。但从调查的过程来看，大部分考查对象都非常配合，对这次调查表现出了极大的理解。

个人和入驻机构对798艺术区的评价，首先呈现对798现状的评价和未来发展的期待两个方面。

（一）对798艺术区现状的评价

对于一早就进驻798的艺术家和画廊机构，现在的798着实商业化了，商铺林立、游人如织。而对于那些第一次走进798的游人们，798有着不同于一般普通商业街或旅游景点所展现的魅力，他们同样被798的环境、建筑所营造的艺术气氛所吸引。

随着商业性机构的进驻，以及旅游功能的开发，艺术区是否还是人们希望的艺术区，现在的798艺术区到底是一个什么样的艺术区，众说纷绘，于是笔者的问卷首先涉及对 798 的定位问题。为了和 2009 年的统计结果做比较分析（2009 年没有对游客这部分进行问卷调查），笔者在此仅录园区内 200 份商业机构和艺术机构对 798 艺术区的现状做的定位，统计结果如下：

表 1-2 单位：家

现状	艺术区	时尚消费区	旅游区	艺术区、时尚消费区	艺术区、旅游区	时尚消费区、旅游区	艺术区、时尚消费区、旅游区	其他
艺术机构	8	6	13	3	9	0	11	0
商业机构	11	4	13	4	9	0	8	1
总　计	19	10	26	7	18	0	19	1

比例如下：

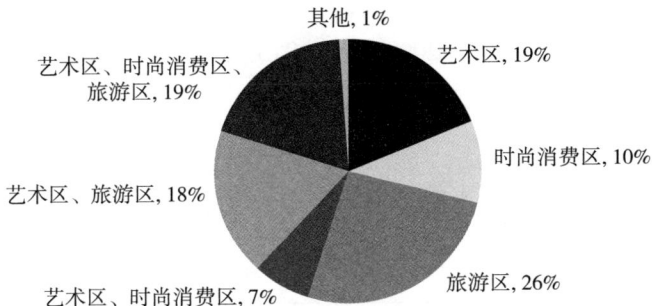

图 1-9　2013 年度 798 艺术区入驻机构和个人对 798 现状和未来发展判断

图 1-9 可以看出，只有 19% 的人认为当前 798 艺术区仍是一个艺术区。选择最多的是旅游区，占总人数的 26%。有 10% 的人认为 798 是一个时尚消费区。而接近一半的人认为 798 是一个混合区域，或者说是一个兼具艺术区、旅游区或时尚消费区的综合区域。

下面我们看看 2009 年的调查结果，园区内 194 家机构和个人对 798 艺术区的现状做了评价，结果统计如下：

表 1-3　　　　　　　　　　　　　　　　　单位：家

	艺术区	时尚消费区	旅游区	艺术区、时尚消费区	艺术区、旅游区	时尚消费区、旅游区	艺术区、时尚消费区、旅游区	其他
数　量	42	19	55	6	32	5	28	7

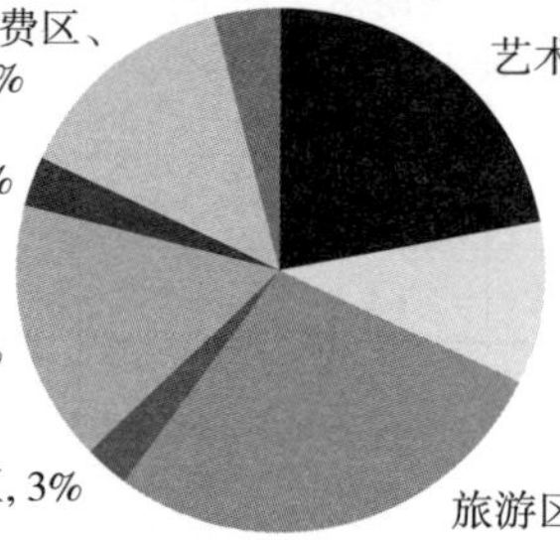

图 1-10　2009 年度 798 艺术区入驻机构和个人对 798 现状的评价

从两张图表对比来看，2009 年到 2013 年几乎没有太大的变化，这些年 798 艺术区的发展也处在相对稳定的阶段。

表 1-4 我们看另一种统计结果，该统计的方法为：将多重评价拆分开来统计，比如认为既是艺术区又是旅游区的分开统计。简化的表格如图：

表 1-4　　　　　　　　　　　　　　　　　单位：家

	艺术区	时尚消费区	旅游区	其他
艺术机构	31	20	33	0
商业机构	32	16	30	1
总　计	63	36	63	1

比例如下：

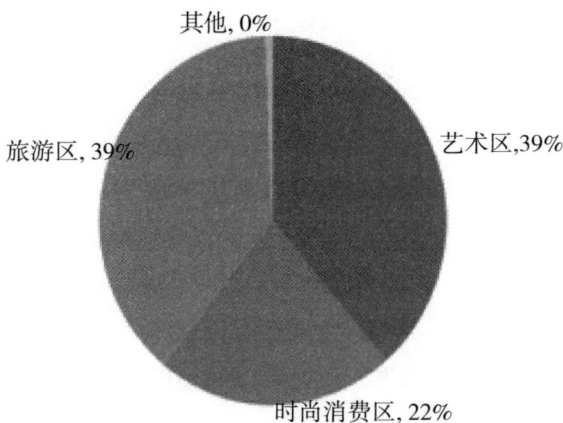

其他，0%

旅游区，39%

艺术区，39%

时尚消费区，22%

图 1-11　2013 年度入驻机构对 798 现状的评价

从图 1-11 上，我们可以更加清晰直观地看出统计结果，认为 798 是艺术区的或者说具有艺术区属性的和 798 是旅游区或具有旅游区属性的可谓平分秋色各占半壁江山，各占总数的 39%，其次是时尚消费区，占 22%。总的来说，798 兼具的旅游区和时尚消费区尤其是旅游区的属性已无法被忽视。

表 1-5 是 2009 年的统计结果：

表 1-5　　　　　　　　　　　　　　　　　　　　单位：家

	艺术区	时尚消费区	旅游区	其他
数　量	108	58	120	7

比例如下：

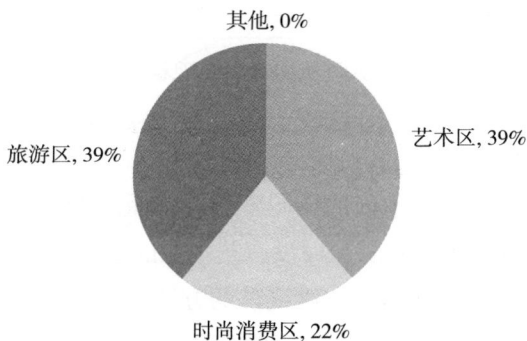

其他，0%

旅游区，39%

艺术区，39%

时尚消费区，22%

图 1-12　2013 年机构对 798 现状的评价

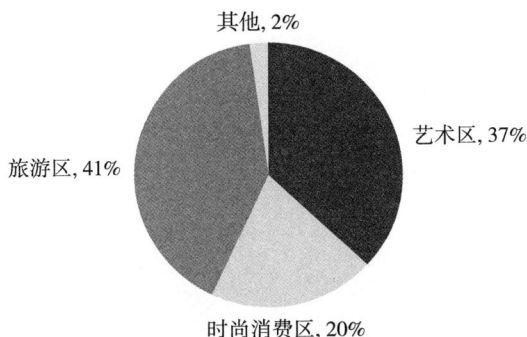

图 1-13 2009 年度 798 艺术区入驻机构和个人对现状的评价

从两幅图对比可知，2013 年认为 798 是艺术区的比 2009 年上升了 2%，相对旅游区下降了 2%，而认为 798 是时尚消费区的上升了 2%。总的来说，从 2009 年至 2013 年，入驻机构和个人对 798 现状的评价相对稳定，没有太大的变化。

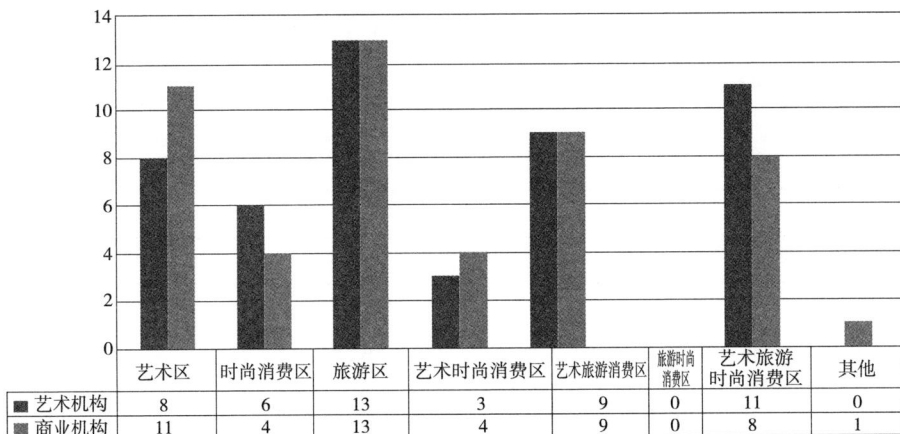

	艺术区	时尚消费区	旅游区	艺术时尚消费区	艺术旅游消费区	旅游时尚消费区	艺术旅游时尚消费区	其他
艺术机构	8	6	13	3	9	0	11	0
商业机构	11	4	13	4	9	0	8	1

图 1-14 2013 年度入驻机构对 798 现状的评价（单位：家）

从图 1-14 可以看出，在各种不同类型的机构或个人中，入驻的艺术机构和商业机构对 798 艺术区的认同度最低，而问卷结果中也没有机构认为 798 只是时尚消费区和旅游区而没有艺术区的属性。

表 1-6 为另一种统计结果，该统计的方法为：将多重评价拆分开来统计，比如认为既是艺术区又是旅游区的分开统计。

表 1-6

	艺术区	时尚消费区	旅游区	其他
国外游客（人）	47（56%）	18（21%）	18（21%）	1（2%）
国内游客（人）	46（62%）	16（22%）	12（16%）	0
艺术机构（家）	31（37%）	20（24%）	33（39%）	0
商业机构（家）	32（40%）	16（20%）	30（38%）	1（2%）
总　计	156	70	93	2

如下图：

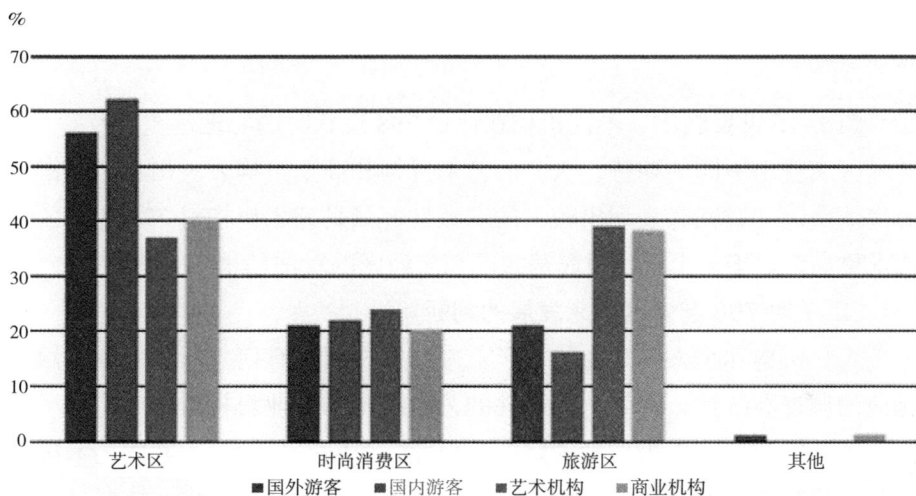

图 1-15　2013 年度不同类别入驻机构和游客对 798 艺术区现状的评价

图 1-15 可反映出，不同人或机构在评价 798 现状时的心理落差以及对 798 艺术区表现出不同的期待，入驻的艺术机构和商业机构对 798 作为艺术区的认同明显低于游客，而对 798 作为旅游区的认同又明显高于游客。同时，这四方面对 798 作为时尚消费区的属性却表现出较大的一致性。

家

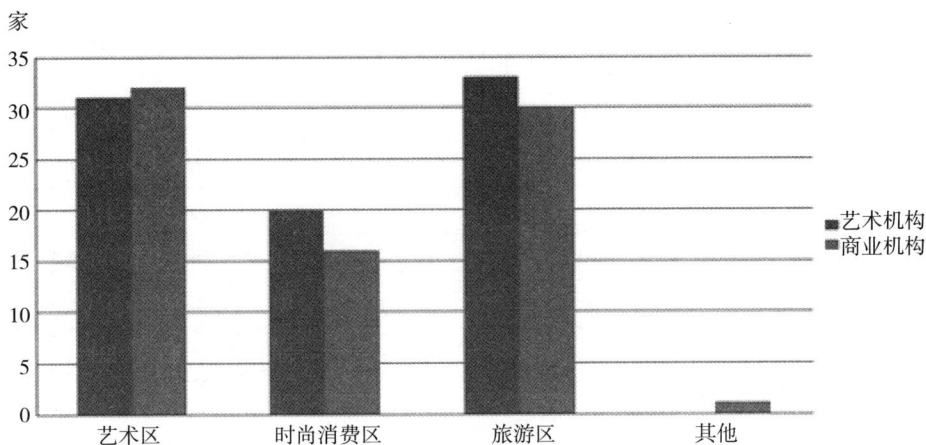

图 1-16　2013 年度入驻机构对 798 现状的评价

图 1-16 可反映出，不同机构在评价 798 现状时的心理落差以及对 798 艺术区表现出不同的期待，入驻的艺术机构和商业机构表现出对 798 作为时尚消费区的属性却表现出较大的一致性，只是艺术机构对 798 艺术区的要求更高，对于艺术区是时尚消费区和旅游区的看法稍稍多一些。

（二）对 798 艺术区未来发展的判断

入驻机构和个人对 798 艺术区未来的发展到底有何判断，笔者也做了相应的调查和统计，笔者认为入驻的艺术机构和商业机构对 798 艺术区更为了解，因此拥有更为准确的判断。由此，该问题只针对入驻的艺术机构和商业机构做了相应的问卷调查，数据统计结果如下。（此处数据是根据100 份商业机构和 100 份艺术机构有效问卷统计得来，这里的数据只统计了采集到的数据，不代表全部入驻机构和个人的观点）

表 1-7　　　　　　　　　　　　　　　　　　　　　　　　单位：家

	艺术区	时尚消费区	旅游区	艺术区、时尚消费区	艺术区、旅游区	时尚消费区、旅游区	艺术区、时尚消费区、旅游区	其他
艺术机构	6	10	15	3	1	4	11	0
商业机构	5	8	19	2	5	5	4	2
总　计	11	18	34	5	6	9	15	2

比例如下：

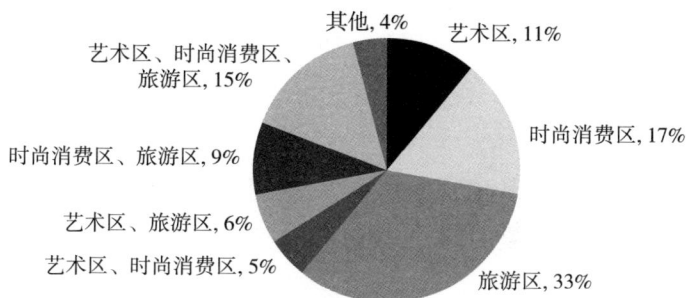

图 1-17　2013 年度 798 艺术区入驻机构和个人
对 798 未来发展的判断（单位：人）

从图 1-17 可以看出，大部分入驻机构都对 798 未来作为艺术区的发展呈悲观态度，仅 11% 的入驻机构认为 798 按照目前现状未来会发展成艺术区，认为 798 未来会发展成纯粹的旅游区的占了数据中的最大比例 33%，其次 17% 认为 798 会发展成时尚消费区。

我们再来看看 2009 年的统计结果。

表 1-8　　　　　　　　　　　　　　　　　　　　　　　单位：家

	艺术区	时尚消费区	旅游区	艺术区、时尚消费区	艺术区、旅游区	时尚消费区、旅游区	艺术区、时尚消费区、旅游区	其他
总　计	29	29	50	11	13	11	28	26

比例如下：

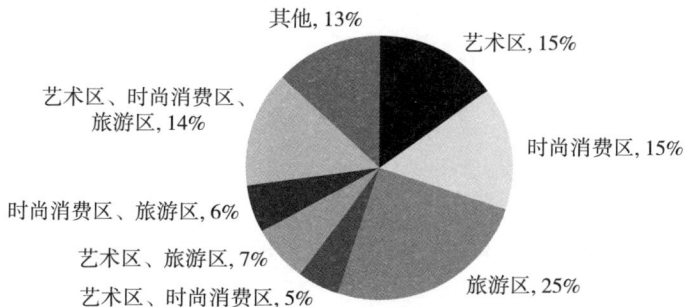

图 1-18　2009 年度 798 艺术区入驻机构和个人对 798 未来发展的判断（单位：人）

　　对比起来看，似乎大家对 798 未来的判断逐渐明晰，不清楚 798 未来会发展成什么状况的人数即选其他的人数明显减少，认为 798 未来会发展成旅游区的人数也明显增加。由 2009 年的 25%，变成 2013 年的 34%。认为会变成艺术区的也减少 4%。看来大家对 798 未来是艺术区的可能不容乐观。

　　为了对比对 798 现状的判断和对 798 未来的预判，笔者专门抽取了入驻机构对现状和未来发展的判断进行对比。

表 1-9　　　　　　　　　　　　　　　　　　　　　单位：家

	艺术区	时尚消费区	旅游区	艺术区、时尚消费区	艺术区、旅游区	时尚消费区、旅游区	艺术区、时尚消费区、旅游区	其他
对现状的评价	19	10	26	7	18	0	19	1
对未来发展的预判	11	18	34	5	6	9	15	2

　　图示如下：

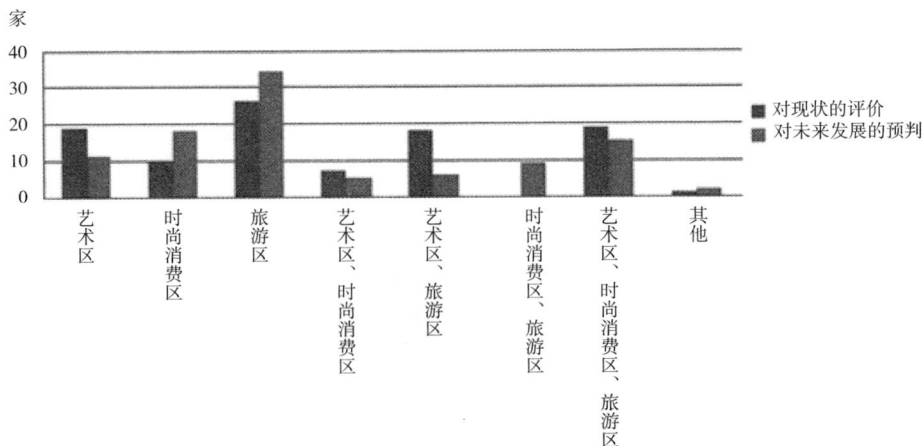

图 1-19　2013 年度入驻机构对 798 现状和未来发展的判断

　　由图 1-19 可以看出，对 798 艺术区未来发展的判断中，从采集到的数据分析看，对现状的判断有一致性，但也有变化。一致性是无论对于798艺术区现状的评价还是未来的发展预判中，认为798艺术区是或者会发展成一个旅游区占了大多数；不同的是在对798艺术区在未来的发展中还是不是一个艺术区的问题上，有更多的人选择会向时尚消费区、旅游区的方向发展。最明显的是，在对现状的评价中没有人选择的时尚消费区、旅游区这一项，在未来的预判中却有9人选择此项，原先认为798是艺术区和旅游区的综合区域的人数在对未来的判断时也下降了许多，人们在对798未来进行判断时似乎对其将来成为时尚消费区或旅游区后是否还带有艺术区的属性都不太乐观。

为了更直观地看到大家的观点，同样合并一下他们的观点，进行相应的简化，可以得到如下结果：

表 1-10　　　　　　　　　　　　　　　　　单位：家

	艺术区	时尚消费区	旅游区
艺术机构	21	28	31
商业机构	16	19	33
总　计	37	47	64

艺术机构和商业机构在对798未来的预判上也不尽相同，尤其是在时尚消费区这一选项上，艺术机构明显比商业机构要多出9票，不过在未来798将发展成旅游区这一点上双方却几乎一致。

其比例如下：

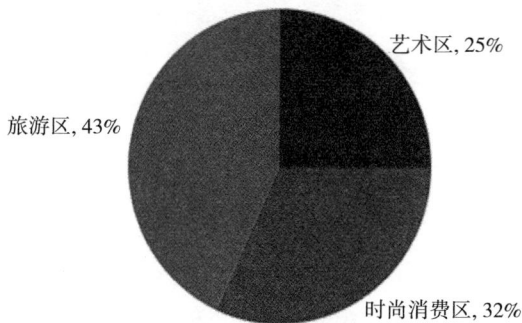

图 1-20　2013 年度入驻机构对 798 未来发展的判断

从图 1-20 可以清晰看到，认为 798 未来会成为旅游区的占了最大比例 43%，仅有四分之一的人或机构认为 798 未来能成为艺术区，而认为 798 未来会成为时尚消费区的比例也高于成为艺术区的比例。798 未来还会是个艺术区吗？从图上看，许多人的信心都打了折扣。

为了看得更为清晰，下面呈现一张简化后的对比图。

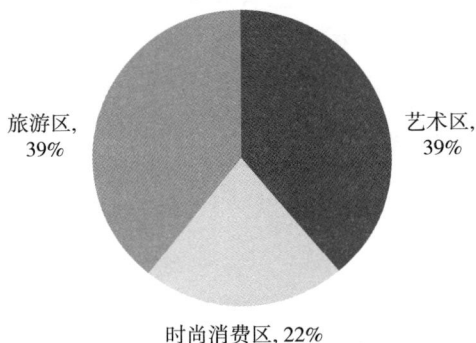

图 1-21　2013 年度入驻机构对 798 现状判断的比例

在对现状的判断中（图 1-21），认为 798 是艺术区和旅游区的平分秋色都占了 39%，对 798 艺术区在将来仍然会保持其艺术区地位的人数较之对现状的判断人数少了很多，比例也由 39% 下降到了 25%；与此相反，对 798 艺术区的时尚消费区的判断中，比例则由之前的 22% 上升到了现在的 32%。

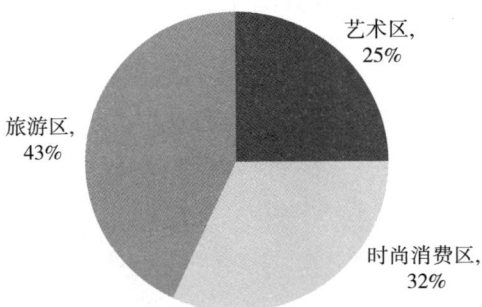

图 1-22　2013 年度入驻机构对 798 未来发展预判的比例

从图 1-22 笔者感到 798 作为艺术区和旅游区的符号性意义，试问如果 798 不是一个艺术区又能吸引多少游客呢？如果未来的 798 脱离了艺术区的属性又能走多远？

下面我们再来看看机构和个人对798艺术区未来的期望。

（三）对798艺术区未来发展的期望

为了了解大家对798艺术区的期望，我们针对游客、入驻机构和个人做了关于798未来期望的问卷。我们先看2009年798入驻机构和个人的期望的统计结果。

表 1-11 单位：家

	艺术区	时尚消费区	旅游区	综合区	其他
总　计	77	4	3	7	2

比例如下：

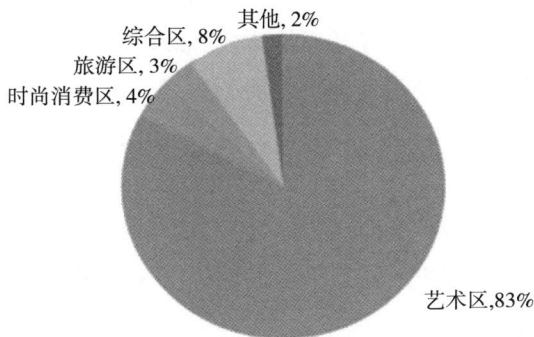

图 1-23　2009 年度 798 艺术区入驻机构和个人对 798 未来发展的期望

图 1-23 可以清晰地看出，大家的期望都一致集中在艺术区上，大家都明确地盼望 798 未来仍然能够发展为艺术区。我们再来看 2013 年的统计结果：

表 1-12 单位：人

	艺术区	时尚消费区	旅游区	综合区	其他
艺术机构	35	3	4	13	3
商业机构	27	9	9	18	0
总　计	62	12	13	31	3

比例如下：

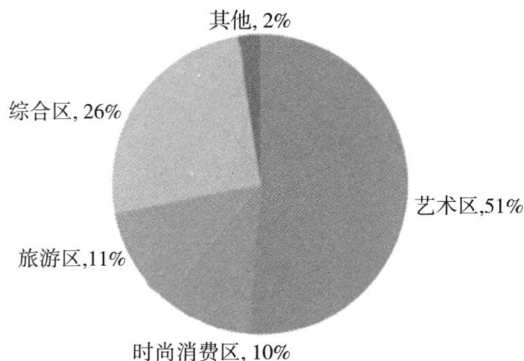

图 1-24　2013 年度入驻机构和个人对 798 未来发展的期望

占一半的机构和个人仍然期望 798 未来能成为一个艺术区，但与 2009 年相比，已是大为不同。这里笔者不得不再次重申，由于问卷的随机性大，个人观点各不相同，这有可能是造成 2009 年与现在巨大差异的原因。另外，2009 年到现在 798 正是稳定发展的时期，入驻的机构或个人或许已逐渐适应和习惯并且肯定 798 的现状，也不再像过去那样期待 798 未来仅仅成为艺术区了。

从上面表格中，我们也能看出，艺术机构和商业机构的期望并不一致，我们从表格中能感到，艺术机构最期望 798 未来是艺术区而不是什么别的区和综合区。

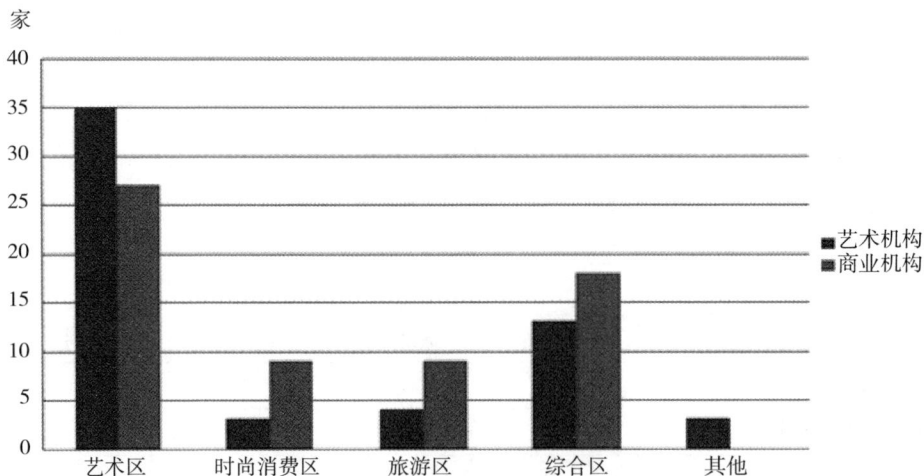

图 1-25　2013 年度入驻机构对 798 未来发展的期望

从图1-25可以看出各类机构都还是最期望798未来仍然是艺术区，但其中最希望798是艺术区的还是入驻798的艺术机构，其次期望798未来是综合区的期望也相对较多。

（四）对798艺术区管理的评价

798艺术区不是西单、世贸、王府井，也不是国家博物馆、中国美术馆，更不是长城、故宫、颐和园，798能吸引如此多的中外游客以及商家驻足正是由于798的艺术特色和整体规划。

所以798艺术区应该保持自己的特色，而不应该为了眼前的利益，让798艺术区的艺术氛围变味消失。在走访过程中，笔者亲自见到了许多问题，访谈时，也有很多人表达了他们的愿望和担忧。

对此笔者也做了相应的问卷，同样笔者对于这一问题也只是针对入驻的艺术机构和商业机构做了相应的调查，而没有对游客做此方面的调查，因为笔者认为入驻的艺术机构和商业机构对798艺术区的管理有更深刻的了解和体会，他们更有发言权。下面是问卷的统计结果：

表 1-13　　　　　　　　　　　　　　　　　　单位：家

	好	一般	需要改进	差
艺术机构	5	14	20	11
商业机构	8	18	20	4
总　计	13	32	40	15

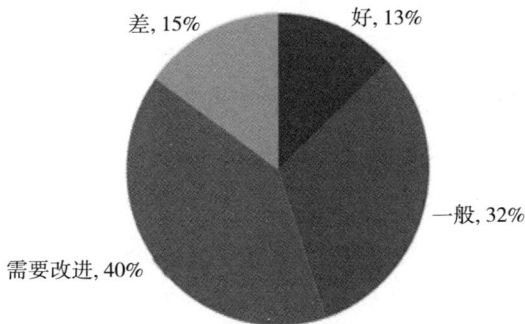

图 1-26　2013年度入驻机构和个人对798管理的评价（单位：家）

共有 100 家机构和个人参加了本项目调查的填写。其中超过半数的人表达了对管理上的不满，认为 798 艺术区的管理需要改进甚至很差。而持肯定态度的只有 13%，持中性态度的为 32%，可以看出业主们对 798 艺术区的管理评价并不理想，而且可谓怨声载道，798 的管理还有许多需要改进的地方。另外笔者在走访过程中，也亲历了一些需要改进的地方，在与业主的访谈过程中，也调查了一下他们认为 798 管理上需要改进的几个方面。这些意见主要集中在三个方面：艺术氛围、环境和物价。

艺术氛围方面，许多人提出 798 艺术区的管理没有总体规划，整体显得比较乱，也没有体现出对艺术的认识与尊重，没有营造出比较好的艺术氛围。还有原先的一个雕塑也被物业移除，原地建成了停车场。

环境方面，包括卫生和设施两个方面。笔者在走访中亲历，798 的环境卫生的确有点不尽如人意。设施问题，走访中几乎每个被调查者都向笔者抱怨，公共卫生间太少，人满为患，卫生情况也不太乐观，这点的的确确是个问题。笔者在调查时，看到卫生间门外常常排着长长的队，而且卫生情况不好，有很大异味。标识不清也是一大问题，第一次来 798 的人往往难以找到卫生间，而且不光卫生间难找，画廊更难找，因为标识不清，如果是专门来某个画廊参观展览，即使有具体的地址，不熟悉的人找起来也比较困难。毕竟向人问路时，一个小的画廊别人也不一定知道，所以没有清晰、明确的标识，很是麻烦。还有 798 的小商小贩现象也很严重，许多人认为，摆地摊的过多，导致 798 艺术区的档次下降，物业应当加强对小商小贩的管理。

物价方面包括物价和房价，许多画廊、展示空间业主向笔者抱怨 798 的房价涨得过快，而且物业管理费也很高，导致许多画廊都搬走了。的确笔者在走访 798 的时候也注意到，许多画廊都锁着门。业主们还向笔者抱怨 798 的消费也比较高、停车难而且贵。

另外，笔者走访时正值五一期间，游客摩肩接踵，但大多数游客都只集中在 798 的两条主干道附近，而 798 是一个很大的区域，后面的许多地方都无人问津，许多"养在深闺"的画廊也空荡荡的，也有的干脆关门大吉。笔者认为物业在对这些区域的管理和利用上是有些疏漏的，从而导致这些地方没有利用好。所以难怪有人说 798 获益的也就是那几家位置好的大画廊了。

综上，我们期望管理层拿出智慧，并对 798 艺术区的发展做出切实、长远并可持续发展的规划，并制定相应的规章制度，做到发展的科学性和持续性。

（五）房租情况

在访谈和问卷调查中，对于这一项的填写，受访者的配合程度是最不理想的。因为房租情况是近些年来的一个焦点问题，是入驻机构和管理者之间最主要的矛盾，这点从之前商户们的具体意见和建议就可看出，也可能是一些商户担心泄露自己的商业秘密，没有填写真实情况，因此问卷结果不够理想。

具体到房租的价格分布情况，仅就获得的数据做一个大致的统计和分析。下面的统计就是这部分机构的房租价格情况，价格是指每天每平方米的租金价格。

表 1-14　2013 年 798 艺术区入驻机构和个人房租情况统计表　　单位：家

	2 元以内	2—3 元	3—4 元	4—5 元	5—6 元	6—8 元	8—10 元	10 元以上
艺术机构	0	2	13	11	8	9	5	2
商业机构	0	3	12	16	7	4	3	5
总　　计	0	5	25	27	15	13	8	7

比例如下：

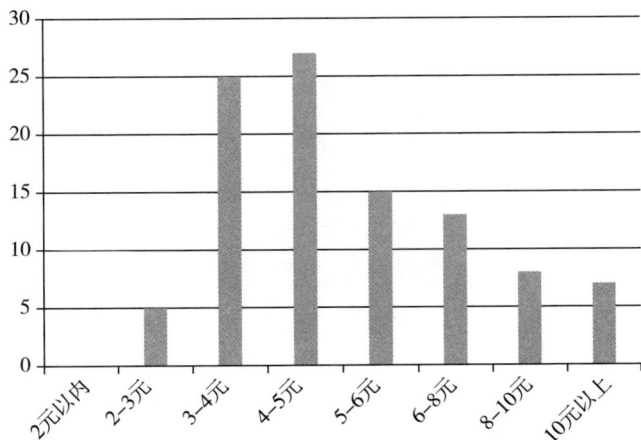

图 1-27　2013 年度 798 艺术区机构和个人房租情况统计

比例如下：

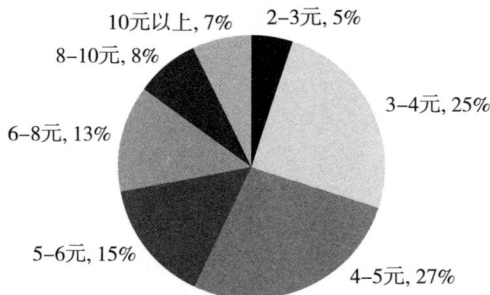

图 1-28　2013 年度 798 艺术机构和个人房租情况统计

从上两张图可以看出，占比例最大的是 4—5 元和 3—4 元，2 元以内没有，10 元以上占 7%，最高房租和最低房租相差五倍之多。从上图可知，一般的房租价格应该在 3—5 元。

再比较 2009 年的统计结果。

表 1-15

	2 元以内	2—3 元	3—4 元	4—5 元	5—6 元	6—8 元	8—10 元	10 元以上
家　数	5	26	24	23	12	8	4	2

比例如下：

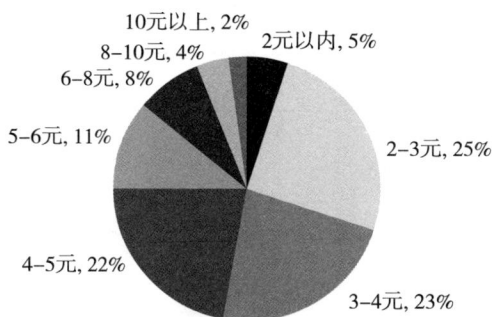

图 1-29　2009 年 798 艺术区机构和个人房租情况统计

从 2013 年和 2009 年的两幅图中，我们能直观看出，经过这 4 年，798

艺术区的房租总的来说是上涨了，房租居高不下一直是艺术区内较为核心的问题，由于房租问题迫使更多画廊和艺术机构以及艺术家撤离798。笔者常在园区内看到各处张贴的转让和出租空间的广告信息，也看到许多画廊大门紧锁，光是具体798就减少了三十多家画廊，看来逐渐搬离798艺术区的艺术机构不在少数。

二、游客的评价

笔者还随机分别调查了100名五一期间来到798旅游的中国游客和来自其他国家的游客，也就他们对798艺术区现状的评价做了问卷调查，结果如下：

（一）游客对798现状的评价

表 1-16 　　　　　　　　　　　　　　单位：人

	艺术区	时尚消费区	旅游区	艺术区、时尚消费区	艺术区、旅游区	时尚消费区、旅游区	艺术区、时尚消费区、旅游区	其他
其他国家游客	22	1	1	8	8	0	9	1
中国游客	26	3	1	9	7	0	4	0
总　计	48	4	2	17	15	0	13	1

比例如下：

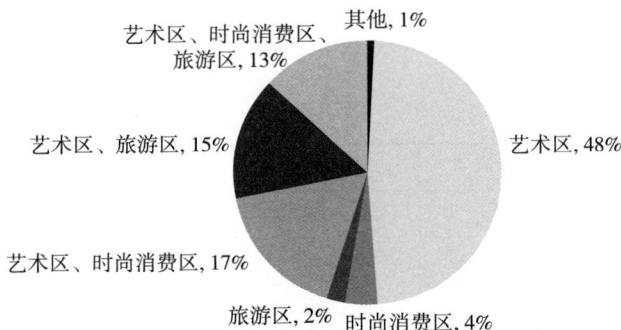

图 1-30　2013 年游客对 798 艺术区现状的评价

从图 1-30 上可看出，48% 的游客认为 798 是艺术区，与机构的 19% 相去甚远。单纯认为 798 是旅游区和时尚消费区的也占少数，剩下不少游客认为，798 是艺术区、旅游区和时尚消费区的综合。

下面我们来综合比较来自不同地域的游客对 798 的评价。

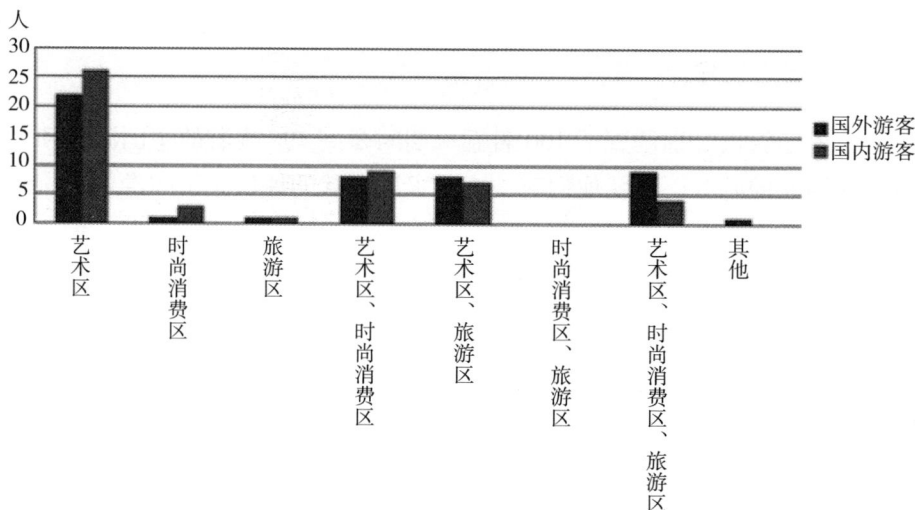

图 1-31　2013 年度游客对 798 现状的评价

从图 1-31 可以看出，国内外游客对 798 艺术区的判断没有太大出入，而大部分游客似乎丝毫没有质疑 798 艺术区的属性，而问卷结果中也没有游客认为 798 只是时尚消费区和旅游区而没有艺术区的属性。国内游客最不认同 798 是集艺术区、时尚消费区和旅游区于一身的综合性或混合型区域，我想这与国内游客对这几种不同功能的区域的认识密不可分，在他们眼里 798 的确不同于普通的商业街和旅游区。

下面看简化的统计结果：

表 1-17　　　　　　　　　　　　　　　　单位：人

	艺术区	时尚消费区	旅游区	其他
国外游客	47	18	18	1
国内游客	46	16	12	0
总　计	93	34	30	1

比例如下：

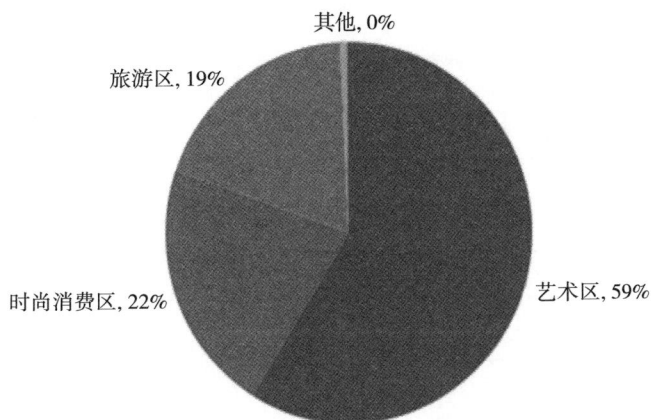

其他, 0%

旅游区, 19%

时尚消费区, 22%

艺术区, 59%

图 1-32　2013 年度游客对 798 现状的评价

通过图 1-32，我们可以更明确地看出，认为 798 是艺术区的游客占59%，比机构的 39% 多出 20%。由此我们可以看出，对于游客来说 798 仍然是艺术区，即使不是那也是带有艺术区属性的旅游区或时尚消费区。可见初来 798 艺术区的人，仍能体会到 798 的艺术魅力。

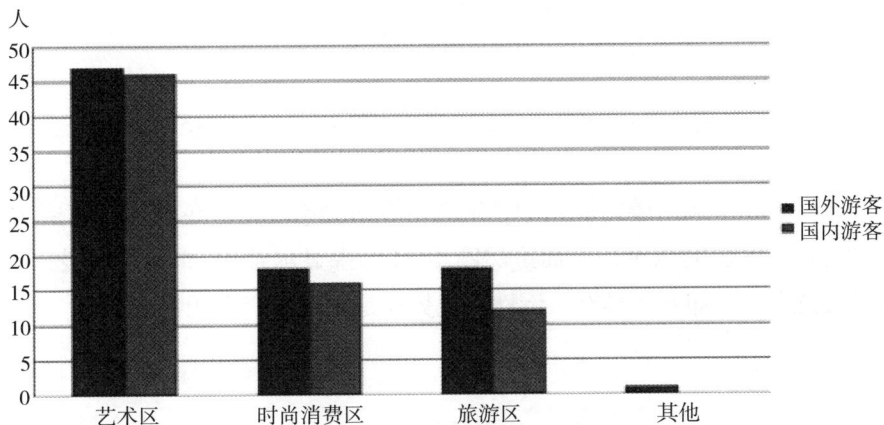

图图 1-33　2013 年度游客对 798 现状的评价

图 1-33 游客评价 798 现状的具体数据，反映出国内外游客对 798 艺术区的评价还是基本一致的。

（二）游客对 798 未来的期望

同样我们也统计了游客对 798 未来的期望，统计如下：

表 1-18   单位：人

	艺术区	时尚消费区	旅游区	综合区	其他
国外游客	30	9	12	19	1
国内游客	28	4	12	18	0
总　计	58	13	24	37	1

比例如下：

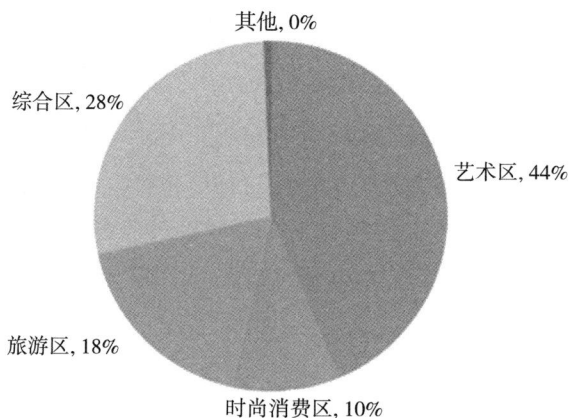

图 1-34　2013 年度游客对 798 艺术区未来的期望

　　在对 798 未来期望的调查中，笔者本以为会出现清一色大家都希望 798 未来还是艺术区的结果，然而虽然图 1-34 结果显示希望 798 仍然是艺术区的想法占主流，却并不具有压倒性的优势而是出现一个多元化的结果。

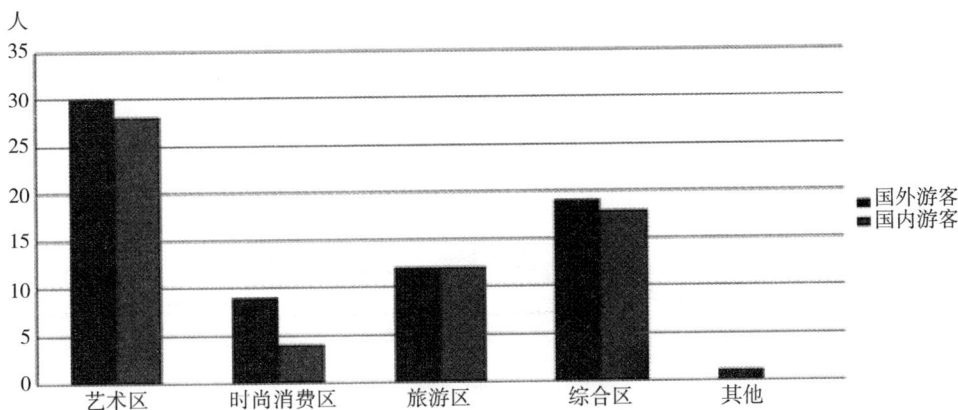

图 1-35 2013 年度游客对 798 艺术区未来的期望

从图 1-35 可以看出，大部分游客还是最期望 798 未来仍然是艺术区，其次期望 798 未来是综合区的也相对较多。但也有不少游客希望 798 未来是旅游区，笔者对这一现象也十分不解，现场分别采访了一些中外游客，他们都反映出这样一种观点，他们期望 798 是艺术区，但也希望 798 是旅游区，因为艺术或者说当代艺术离普通人的生活是比较远的，他们表示 798 成为旅游区后才有越来越多的人能够了解 798，了解艺术，了解自己这个时代艺术的发展，也希望通过到 798 旅游来看看这里的艺术作品。他们希望的旅游区是建立在艺术区基础上的旅游区，而非脱离了艺术之后的普通旅游景点。

（三）游客对 798 氛围的感受

如上所述，如今的 798 已成为一个新兴的代表着艺术的旅游新地标，越来越多的游客把 798 当成北京旅游的必选。那么 798 的包豪斯式的旧厂房、画廊、雕塑以及涂鸦又给游客带来什么样的感受呢？笔者就这一点随机调查了 100 名国内游客和 100 名国外游客。统计结果如下：

表 1-19 单位：人

	传统的	时尚的	国际的	历史的	混乱的	娱乐的
国内游客	13	33	12	19	11	9
国外游客	6	21	26	9	20	9
总　计	19	54	38	28	31	18

比例如下：

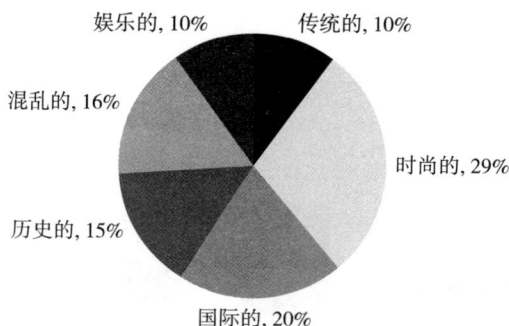

图 1-36　2013 年游客对 798 氛围的感受

这里我们看到，更多人来到 798 感受到的是一种时尚，所以来 798 逛也代表了一种时尚，网上一度流行的段子也说 798 是文艺青年的聚集地。其次，认为 798 是国际的占 20%。再是历史的、传统的、娱乐的和混乱的。

从表 1-19 我们可以看到，国内游客和国外游客对 798 的认识是有一定差异的。下面我们来看对比图标。

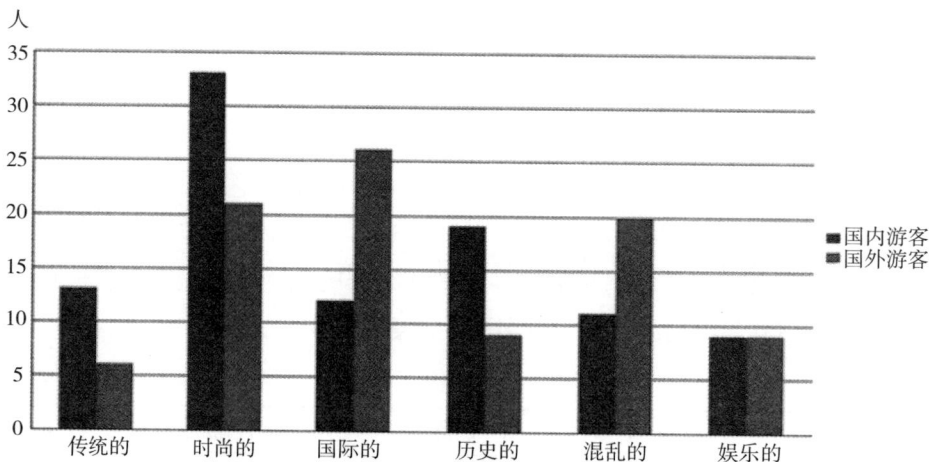

图 1-37　2013 年度游客对 798 艺术区氛围的感受

从图 1-37 我们可以明显看出，国内游客和国外游客对 798 艺术区的认识具有显著差异。国外游客首先认为 798 艺术区是国际的，其次是时尚的，然后是混乱的，再是历史的和娱乐的，最后是传统的。这和国内游客的感受大相径庭。国内游客首先认为798艺术区是时尚的，其次是历史的，然后是传统的、国际的，最后是混乱的和娱乐的。

我考虑这和国内外游客的认识不同有很大关系。在中国，随着经济发展，人们的注意力逐渐从眼前的衣、食、住、行分散开来，虽然在中国艺术品自古就有，但从来都是束之高阁，所以普通民众难以触及。而这些年随着改革开放经济发展之后艺术品炙手可热，也随着教育普及程度提高，艺术品也越来越多地进入普通人的视野。所以更多的中国人认为艺术是一种时尚，玩艺术品亦是相当时髦的一件事，代表着一个人的经济实力和文化修养。同样地，艺术区也是如此，所以逛798也是一种时尚。而其他更发达的国家艺术区的发展比中国早，艺术品市场早在十六七世纪就开始火热起来，所以他们并不觉得时尚，反倒感到中国也发展了自己的艺术区，看到这里包豪斯式的建筑感到非常国际化。

而这些在外国人看来国际的古旧厂房其实是一代人的记忆，还有墙上斑驳的"中国共产党万岁"和"毛主席万岁"标语也代表着一代人的记忆，红砖房也是那个时代中国典型的建筑，现在有些地方也有保存，这里有那个年代的印记，来到这里的中国人感受到厚重的历史。而这种记忆只有中国人才会有，其他国家的人们当然没有这种感受，所以其次他们感受到的是时尚感。

还有一项值得一提的是，中国人和其他国家的游人都感到798艺术区是混乱的（mishmash），但是其中褒贬不一，这里无法确知到底在哪些人眼里混乱是褒义，在哪些人眼里又是贬义，但不争的事实是随着经济全球化，文化不断相互交融，世界正朝着多元化发展，艺术区也不例外。

第二章　首尔仁寺洞文化区发展与变迁

第一节　仁寺洞文化区概况

一、仁寺洞文化区的区域特点

仁寺洞文化区的代表性画廊之一——GANA INSA 艺术中心，位于一座 6 层的超现代式建筑之中，该建筑出自曾经参与设计韩国仁川国际机场的世界级著名建筑师让 – 麦克·威尔莫（Jean Michel Wilmotte）之手，乘坐安装在玻璃墙壁上的观光电梯时，整个仁寺洞文化区的景观尽收眼底。全新的现代式建筑和低矮破旧的韩式房屋屋顶交错在一起，形成了仁寺洞独有的风景。昨天和今天、传统和现代稍显别扭，却也算和谐地共存于一处，这是在该文化区能够感受的这里最具代表性的特点。

图 2-1　传统和现代共存的仁寺洞景观

平日里，仁寺洞文化区的游客多达 5 万人次，而到了周末更是增至 10 万人次之多。仁寺洞是韩国的一大地标，外国游客十有八九都会前往游览。仁寺洞文化区位于首尔市中心，自朝鲜时代以来一直居于城市中心位置。从历史上看，仁寺洞一带从朝鲜时代开始就承担着行政职能与商业职能，该地区居民也大多是当时的上流人士。历经五百多年的风云变幻，它仍作为居民区保留了下来。然而20世纪70年代之后，其自身的商业职能迅猛提升，空间结构也急速地发生变化，开始步入过渡期。

事实上，仁寺洞指的是自安国洞环形交叉路延伸至钟路2街的街道（仁寺洞路）。然而仁寺洞作为一个地区符号，把周围散落着大量画廊以及传统文化店铺的仁寺洞和贯勋洞一带包括在内，即包含贯勋洞、庆云洞、仁寺洞、坚志洞、乐园洞、公平洞等在内，共计175,743平方米的区域。北边以栗谷路、东边以三一路、西边以邮政局路、南边以钟路为界。所以"仁寺洞文化区"指的是以仁寺洞路为中心、东西南北分别由四条道路包围而成的四方形区域。因此，我们所说的"仁寺洞"并不仅仅是行政区域上的一个地名，它更多指的是形成了一种文化形象的仁寺洞一带的文化区。

图 2-2 仁寺洞文化区的区划图

仁寺洞路曾经是条水道，由北汉山流淌下来的溪水经过此地流往清溪川。从前，人们在溪边汲水浣洗，靠着溪水生活。日本殖民统治时期，市中心的街道被按照近代方式统一进行改造，河道也被覆盖，从而形成今天的仁寺洞街道。如今仁寺洞街道像箭矢一样伸展的模样正是因为依照曾经水流方向建造而形成的。因此，该地区流动人口不断攀升的原因之一就是仁寺洞一带被重新整顿为适合散步的街道。钟路街道宽的地方有 15 米，窄的地方不过 6 米，形状十分不规则，整条道路呈现出自然的曲线形。如今，仁寺洞路上取代水流的是拥挤的人流。2000 年，投入预算 39 亿韩元（合人民币约两千万元）打造的"仁寺洞历史文化探访之路"，将贯通仁寺洞文化区中心 670 米长的仁寺洞路改变成步行街。首尔市将仁寺洞步行街的车道由原来的宽 6—15 米缩减到宽 5—8 米。同时，用黏土砖装饰柏油马路，在街道上放置石头长椅，还挖掘了人工水道，在城市中心打造出一片可供休憩的空间。之后十余年间，这一带迅速成长为综合性的艺术文化区域，并成为国内外游客前去游览的首选地，为韩国传统文化和现代美术的发展起到重要作用。

然而，随着流动人口的急速增加，仁寺洞不再是适合停留的空间，而是变为供行人经过的通道。古董店、画廊一类的美术机构逐渐被游客遗忘，反而是街头的各类小店人气愈增。因此，最近认为过度的商业化和旅游观光包装使得仁寺洞文化区逐渐失去其独有风格特点的声音也越来越大。另外，建成以步行者为中心的"无车之街"之后，许多仁寺洞文化区的入驻者深感不便。一个仁寺洞入驻画廊的管理者在采访中也提到，打造"无车之街"反而将作为艺术区的仁寺洞处于不利之地。因为没有停车设施，收藏家以及游客们无法自驾车来观看展会，残障人士或不便于使用公共交通工具的老弱病残者也无法前来参观。另外，还有为了展出作品在搬送过程中想要用车也要事先打好招呼诸如此类不便。

仁寺洞的魅力和力量全都体现在街道的风景之中。曾经作为水道的仁寺洞路，整条道路蜿蜒曲折，路旁一家家小店铺则缓解了城市的紧张感。仁寺洞不仅有古董，还有能够激起对于 20 世纪 60 年代韩国的记忆，这里保存着韩国人的"回忆"，这也使得它更加富有魅力。这些"回忆"中最让人魂牵梦绕的是"胡同"。稍微远离充斥着各种高大建筑的仁寺洞中心，就会遇见一些狭窄、弯曲的小胡同，这些小胡同使仁寺洞更接近它本来的面貌。沿着胡同走过去，一路上都是低矮的韩式房屋，伸手就能触到屋檐，这让人不禁联想起 20 世纪六七十年代，韩国在经济高速发展过程中逝去的传统乡间小路。

朝鲜时期，仁寺洞一带聚居了大量官宦人家，房子的规模比较大。但是，随着这些权贵人士家道中落，他们居住的大房子和土地都被分割为很多块卖了出去，商人再把地块分割，并建上容易出售的中小型韩屋。因此，随着房屋的大量出现，巷子的格局显得毫无秩序。这些毫无秩序的巷子是在顺应自然地形的基础上自然形成的，与人类有种亲近感。

仁寺洞狭窄且不规则的小路连接成一条条形态各异的巷子，这种构造形成于朝鲜时期，具有一定的历史意义。这一点通过一些历史资料可以证明，其中包括时间最早的能够比较详尽地反映当时道路状态的"韩国京城全图"（绘于 1903 年），以及最早详细记录了道路、区域版块情况的地图（1/600）——"京城府地籍原图"（绘于 1914 年）。基本上，仁寺洞一带并未在日本殖民统治时期被改造成近代的道路形态。同时，仁寺洞一带是从朝鲜时期的城市结构脉络中发展而来的，因此仁寺洞的各个小巷以及其特有的景观可以理解为传统道路的继承，并以此为基础自发而形成的现代化。

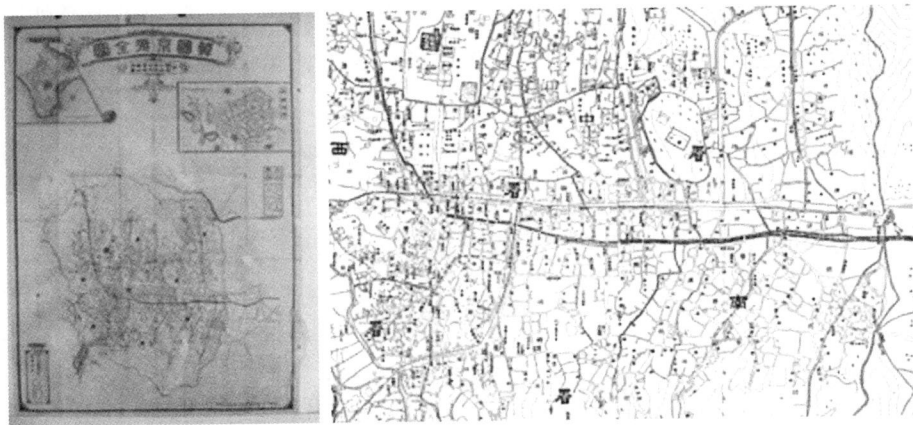

图 2-3　韩国京城全图（左）扩大图

图 2-4　京城府地籍原图

随着时间不断前进，仁寺洞文化区的街头风景也始终在发生着改变。既像街头小贩的聚集地，又像传统文化的展示场，还颇有古董二手市场的味道，如今的仁寺洞不仅有传统茶馆，更有星巴克，过去和现在全融合在一起，被理解为东西方文化、传统和未来共存的街道。仁寺洞成为海外游客观光路线上不可或缺的一站，它位于首尔繁华的市中心，小巷的每个角落都诉说着古都的历史。仁寺洞用各种不同的形象迎接着到访的每个人，对于有些人来说这里是可以享受风景和购物的场所，也可以是画廊密集的艺术区，或者说是散发着韩国传统风情与味道的传统街道。因此，以某个统一的特征描绘仁寺洞文化区并赋予其定义绝非易事。相反，将仁寺洞文化区看作是多重特征融合在一起、生动且立体的空间，才更加接近标准答案。

仁寺洞是韩国画廊最为密集的地方。闲适的午后，悠闲地漫步在仁寺洞小巷中，一边是古代美术作品的墨香沁鼻，另一边则是西洋油画的味道幽幽飘来。这就是仁寺洞，在这里可以感受传统文化和古代美术的风格特征，同时也可以迅速地把握现代美术的发展脉络。从古代书画到风景画、抽象作品以及晦涩难懂的装置艺术和音乐作品，韩国美术发展的各个领域都可以在这里发现。直到 20 世纪二三十年代之前，仁寺洞还被看作是"画廊街"的代名词。

自韩国第一家从事现代美术的商业画廊——现代画廊出现在仁寺洞至今，该地区在韩国现代美术的发展过程中起到了不可或缺的重要作用。如今除了仁寺洞之外，还出现了司谏洞、三清洞、清潭洞、赫伊里等许多艺术区，但过去的 20 世纪八九十年代，首尔市内的画廊百分之四五十都聚集在仁寺洞。当时，韩国最先出现的一切现代美术动向皆能在仁寺洞一带的画廊里体现出来。这条街一直聚集着艺术家、评论家、博物馆管理人、美术系学生等艺术界人士。可以说，仁寺洞一带是韩国现代美术界的圣地"麦加"。然而，如今除了仁寺洞以外的首尔其他地区也开始出现大量画廊，仁寺洞作为韩国现代美术中心的功能逐渐被分散并随之减退。

时至今日，不仅是仁寺洞周边的中心地段，连胡同的各个地方都散落着大大小小的画廊。大街小巷上贴着各种宣传新画展的海报和条幅，各种美术作品展示在橱窗中，这一切都呈现出仁寺洞文化区独有的一种传统与现代、文化和艺术共存的空间。有一道独特的风景使得仁寺洞变得更像仁寺洞，仁寺洞画廊街每周三都会举办新展会，因此每到周二都会出现为了举办新展会而布置作品的景象，周三晚上则是各个画廊举办展会开场仪式而画家朋友以及美术界相关人士成群结队前去庆祝的景象。若是周三晚上前往仁寺洞又没有提前预约的话，大多是狼狈而返。作为开场仪式的后续活动，像样的饭店差不多都已经人员爆满了。另外，仁寺洞的展会内容每周都会更新，这也使得仁寺洞呈现出生机勃勃的氛围。但是，仁寺洞的许多展览厅很难被游客们察觉。截止到 2013 年 6 月，仁寺洞文化区共有大大小小多达 170 多家画廊，而游客们却并不了解。事实上，要想把隐藏在建筑物和胡同间的众多画廊一一走访着实不是一件易事。仁寺洞过去作为艺术区呈现出的景象特征淡化了许多，逐渐变成繁华、商业气息浓厚的观光产业区。

其中主要表现在，像蜘蛛网一样延伸的小胡同中出现了大量的艺术展览空间，它们不断地消失、出现，反反复复。最终，仁寺洞文化区在商业大潮的裹挟下其画廊日渐减少。几个大型的重量级画廊很早之前就搬离了仁寺洞，散落到附近的司谏洞、昭格洞、新沙洞、清潭洞等地。高级商业画廊和重量级画廊大部分都离开了仁寺洞，空下来的位置多由咖啡厅、练歌房以及酒吧代替。截至 20 世纪 80 年代还很安静、颇有韵致的仁寺洞文化区，如今充斥着大量画廊、装裱店、古书店、古董店，以及咖啡馆、餐厅、改良韩服店、出售各种各样观光纪念品的商店，仁寺洞正经历着巨大的变化。

图 2-5　仁寺洞呈现出生机勃勃、鱼龙混杂的氛围

二、仁寺洞文化区发展脉络

自朝鲜时代以来，仁寺洞一直呈现出与众不同的地域特征。经历了朝鲜末期风云跌宕的近代史，仁寺洞的景观与含义都不断发生着改变。在这一过程中，仁寺洞被赋予全新的象征性含义，同时也成为诠释韩国文化艺术变迁史的一道窗口。本文将以首尔钟路区和首尔市政开发研究所于 2005 年共同编写的《仁寺洞文化区外部评价服务》报告书、2012 年钟路区和首尔市立大学共同编写的《仁寺洞文化区外部评价》报告书，以及笔者自己对仁寺洞文化区入驻者及艺术家人士进行的访谈和实地探访调查的内容为基础，按照时代发展将仁寺洞的历史和发展脉络分为三大部分进行逐一阐述。首先，"朝鲜时代和日本殖民时期"这部分考察了仁寺洞的历史由

来，另外还回顾了 20 世纪初的情况，这段时期为整个近代仁寺洞的发展奠定了基础。其次，"从解放后到 20 世纪 70 年代"这部分考察了解放后以及朝鲜战争爆发的混乱年代仁寺洞所发生的变化，以及在 20 世纪 70 年代经济高速发展的过程中，仁寺洞作为一个艺术区逐渐崭露头角的情况。最后，"20 世纪 80 年代至今"这部分——呈现了仁寺洞作为艺术区迎来了 80 年代的全盛时期，90 年代中期以后由于产业化的推进而步入过渡期、混乱期，这种状态一直持续到 2000 年。在此过程中，为了仁寺洞一带更好的发展而采取了许多措施，其中最具有代表性的是 2002 年首尔市政府将仁寺洞一带规划为"仁寺洞文化区"。

（一）朝鲜时代和日本殖民时期

提到仁寺洞，它不仅是一个真实的地名，还代表着传统文化街道。简单回顾一下仁寺洞的历史及其发展脉络就可以发现，朝鲜时期，首尔的行政区分为东西南北中共有 5 个部和 52 个坊、775 个洞。"仁寺洞"一词源于朝鲜时期"宽仁坊"这一较大的区域和"大寺洞"这一较小的区域，从两者中各取一字而得名"仁寺洞"。日本殖民时期约 1914 年，人们取宽仁坊的"仁"和大寺洞的"寺"，开始称之为"仁寺洞"。在过去的朝鲜时代，首尔设有"汉城府"这一机构，汉城府主要依据《周礼·考工记》中提到的标准式都城形态来管理整个首尔城，该文为东方社会的都市规划提供了标准。然而，当时首尔的地形完全不符合标准，只能将该标准用于各种设施的规划中。因此，首尔共分为 5 个部、52 个坊，仁寺洞一带正好位于中部的宽仁坊。虽然居住在首尔中部的多是一些中人，但考虑到仁寺洞一带距离王宫较近，所以各种行政机构和两班居住的可能性较大。到了朝鲜时代末期，一些权贵人家并购邻家宅地扩大自身规模，并且随着人口的增加，对于住宅的需求也不断上升，因此该地区出现了许多大宅院，附近的道路边上也就出现了成片的土地。

朝鲜末期之后，由于行政机构的正式入驻，作为两班人士聚居地的仁寺洞逐渐转变为今天的仁寺洞街道。1905 年日本强迫朝鲜签订《乙巳条约》，伊藤博文作为第一任朝鲜统监府的统监上任之后，仁寺洞迅速成长为古董交易的中心地。该时期成为日本人疯狂掠夺朝鲜艺术品的开始。古代瓷器等贵重的文化遗产统一集中到仁寺洞，又通过港口运送到日本。从传统文化艺术到现代美术，被认为是名副其实的韩国文化艺术之碉堡的仁寺洞，曾经一度成为了外部侵略的一道大门。

　　大约 1910 年，在朝鲜时期传统士大夫居住的北村，商人们开始为北村的富人经营一些古董和民间艺术品，仁寺洞街道初具雏形。20 世纪 20 年代日本殖民统治时期，日本人主要聚居的明洞和钟武路一带商业圈开始发展，商人们逐渐涌入仁寺洞。另外，前朝权贵们的没落使得他们所持有的瓷器和古董、家具等值钱物品流入市井，贩卖古董的商人也渐渐聚集于此，并且出现了许多专给爱好收集古董的日本人开设的商店。交易古董和艺术品的店铺越来越多，周边一些小书店也应运而生。不仅如此，文人墨客、书画家、购买古董的人越来越多，以他们为对象的茶馆和饭店也自然而然地出现，仁寺洞商圈开始慢慢形成。曾经是一条水道的仁寺洞街在日本殖民期间获得新生，并且不断拓宽。日本殖民时代末期，许多权贵人士家道中落，他们所占有的大片土地也被分割成一个个小块，原本就狭窄的巷子变得更加深邃，最终形成今天仁寺洞文化区井井有条的街道格局。从那时开始，一些经过改良的韩式房屋也逐渐出现。曾经的住宅区逐渐出现许多书店、医院、理发店、家具店、旅馆、饭店等，还有一些砖砌的两层建筑，以及两层楼顶上覆盖着传统韩式屋顶的各式建筑，为整个仁寺洞平添了一份不寻常的色彩。

　　如今，仁寺洞文化区构成中仍占有一席地位的传统美术经营场所"九霞山房"，曾是朝鲜末期最后两位皇帝高宗和纯宗购买文房四宝的最早的纸店。它是包括所有业种在内仁寺洞历史最悠久的地方。"九霞山房"意为"崇山层叠中仙人居住的房子"，自 1910 年开业以来，历经三代经营了98 个年头，主营商品为质量上乘的纸张、墨、砚台、毛笔等，许多画家和业余爱好者都喜欢光临此地。另外还有差不多同时间开业、一直坚持到现在的古籍店——"通文馆"。1934 年它以"金港堂"这一名字开业，解放之后改商号为"通文馆"。"通文馆"不仅是仁寺洞也是整个韩国历史最悠久的古籍店，许多著名的当代国语学者经常出入此地，曾经有段时间甚至被用作国语学会的办公室。"通文馆"原义是高丽时代在中国做翻译的官吏，如今作为书店的商号则意味着把人与书连接在一起。

　　20 世纪 20 年代，仁寺洞周边逐渐出现一些近代学校，新报纸也开始刊发，此时仁寺洞一带书店日益增加，到了 30 年代已达到一定数量。当时的古籍店里同时也出售古代书画作品，其中最有名的当属翰南书林。翰南书林（1905—1959年）主要收购流入日本的古代书画作品，阻止了韩国文化遗产流失海外，其中不乏当今被指定为韩国国宝级的文化遗产。

（二）从解放后到20世纪70年代

1945年日本殖民统治结束，之后的很长一段时间内韩国社会发生了巨大变化，仁寺洞也不可避免地开始发生转变。面对突然被告知的战败消息，措手不及的日本人把自己收藏的大量韩国古代美术作品、古代家具、古籍等拿到市面上来卖；朝鲜战争结束后，手头窘迫的附近居民也开始贩卖古董，原本就作为古董买卖之地的仁寺洞其自身性质得到进一步强化。再加上20世纪60年代之后，明洞、钟武路一带由于地价和租金的上涨，许多古董商人不得不另寻他地。而仁寺洞利用自身低廉的租金和商户的密集跻身为专业的古董、古代美术作品一条街。仁寺洞一带在空间上也发生一些变化，主要是朝鲜战争时期被破坏的建筑重新改造成改良韩屋或现代式建筑，整个仁寺洞焕然一新。20世纪60年代末，由最初的"九霞山房"一家又有三四家纸店开张，70年代初装裱店也开始出现。

70年代初是古董交易的全盛时期，大量与古代美术作品相关的装裱店、毛笔店，以及与古代家具相关的家具店应运而生，仁寺洞一带逐渐成为传统文化的交流网。同时，专门交易古代美术作品的画廊也开始出现，第一家从事现代美术的商业画廊——"现代画廊"也产生于此时。1970年4月，朴明子把位于首尔贯勋洞7号的"贯勋齿科"改造成一家画廊，当时著名东洋画家成在烋（1915—1996）为其取名为"现代画廊"。

自1970年现代画廊在仁寺洞开业以来，仁寺洞迅速发展为一个艺术区。据当时的新闻报道（《每日经济》1980年8月8日），这篇题为"尽力走出低迷的画廊"的报道中提到，那段时间首尔市内散落于各地并主要从事现代画交易的画廊，为了摆脱不景气，开始慢慢聚集到仁寺洞一带。曾经只从事古代美术作品以及古董买卖的仁寺洞，如今开始向现代美术倾斜并重拾生机。随着首尔市内多家零散的画廊逐渐消失，人们重新认识到画廊的地理位置对于美术作品的交易至关重要。因此，继现代画廊之后，首尔画廊、明洞画廊、都罗藏画廊等也搬至仁寺洞。仁寺洞得以成为画廊的集中地，与其附近遍布了许多画家的工作室也不无关系。

70年代初，许多中坚画家都将自己的工作室迁至市中心区，而他们的落脚之地正是首尔的仁寺洞和安国洞的古董一条街。1970年，韩国画家月田张遇圣、酉山闵庚甲、云甫金基昶，以及陶艺家权纯亨、西洋画家金永周等名人都将自己的工作室迁至仁寺洞一带。该现象被当时各大媒体争相报道，一时间备受瞩目。比如说，1971 年 2 月 1 日有一篇刊登在《京乡新闻》的报道如此分析各大画家集体将工作室由自己的家迁至市中心去的原因：第一，可以在同一个地方同时进行古代美术作品和现代美术作品两种交易。第二，可以在工作室中展示自己的作品，还会有类似于沙龙的聚会场所，便于与艺术界人士交流。

70 年代以来直至 80 年代，仁寺洞曾经主要交易古董的传统面貌被大大改变，由于这些新入驻的画廊，仁寺洞逐渐演变成交易现代美术作品的艺术区。发生这种变化与当时经济发展或经济不景气这些经济因素有着密切关系。《朝鲜日报》（1981 年）这样描绘 70 年代以后仁寺洞的情况："从70 年代初期开始，展示、出售现代美术作品的画廊逐渐形成，仁寺洞成为一条美术街。……随着画廊的入驻，仁寺洞逐渐变为一条可以同时品味和鉴赏传统与现代的文化之街。"随着仁寺洞一带画廊的增加，出售与美术相关用品的店铺也开始增加，与此相关的民俗工艺品店也不断增加。因此，不仅是爱好收集古董的人，从事美术的人和文人们也经常前往此地。又因为在这里能够接触到韩国各种不同的文化，许多外国人也热衷于来仁寺洞游玩，仁寺洞被亲切地称为"玛丽的小巷"（Mary's alley）。这期间仁寺洞所产生的空间性变化是，古董店铺和建筑被重新装饰一番，气派毫不亚于当年的全盛时期，另外，仁寺洞路和栗谷路交叉路附近建起一些商业建筑，其规模进一步得到扩大。

（三）20 世纪 80 年代至今

20 世纪 70 年代随着各式各样的产业链正式开始形成，仁寺洞成为了集古董和画廊为一身的艺术街区。从 80 年代开始，仁寺洞逐渐受到政策性关照，历经亚运会和奥运会两次盛事，仁寺洞变身为世界级知名场所。大多数来韩国游玩的外国人都会前往仁寺洞感受韩国传统文化，熙熙攘攘的仁寺洞随处可见外国游客。此时的仁寺洞迎来了自身的黄金时期。

据韩国《京乡新闻》（1984 年 11 月 16 日）报道，仁寺洞地区从 1985年被集中打造成"画廊之街"。因此，这一带的画廊街开始进行自身改造、设施整修等更新工程。即使没有这些新闻记载，笔者通过与各类人士的访谈也足以证明 20 世纪七八十年代是仁寺洞画廊的全盛期。所有领域的美术家都希望自己的作品展在仁寺洞举办，因此那时候仁寺洞地区的画廊每天都举办大量的画展，呈现出一幅生机勃勃之景象。人们前来仁寺洞观看画展，感受最新的现代美术潮流，有时候也会来拜访同行的画家及前后辈并与之交流沟通。仁寺洞画廊街成为了名副其实的韩国现代美术的大本营。对80年代初仁寺洞全盛期的具体介绍将在后面第三章中进行详细探讨。

曾一度形成了古董产业网的仁寺洞由于真品的稀缺于80年代中期开始面临危机。即使在这种内部危机存在的情况下，经历了1986年亚运会和1988年汉城奥运会这些国家盛事之后，"传统文化之街"这一社会象征性得到了进一步的强化。当时在钟路区负责文化政策的公务员高完基这样回忆当时的情况："为了迎接1986年亚运会和1988年奥运会需要为国内外的游客准备一条购物街。因此我主张发展仁寺洞一带。事实上我已经有8年多的时间在钟路附近生活并负责仁寺洞一带了。……仁寺洞为了吸引游客需要准备一些活动，因此那时首次成立了'仁寺洞节日委员会'，大概有20个人，大家各掏腰包，共准备了1000万韩元（约合人民币55000元）的启动金，钟路区政府也补助了1000万韩元，才举办了那次活动。"根据高完基所述，通过奥运会这种巨大的国家盛事，仁寺洞文化区不仅在规模上，在商业层面上也开始发生巨大变化与发展。联想到2008年北京奥运会时期798艺术区进行大规模的道路净化活动，并通过各种支援、宣传，在规模上以及商业层面上都取得了巨大的飞跃式发展，两者不约而同地具有相似的发展轨迹。

1986年钟路区政府和居民们合力举办了"仁寺洞节"，1988年首尔市将仁寺洞一带指定为"传统文化之街"。之后发展速度进一步加快，仁寺洞的象征性也逐渐强化。此时的仁寺洞已经超越其本身实际的功能，被赋予了浓厚的象征意义。在那之后，仁寺洞成为人们眼中的"传统之街""呈现传统风格与特质的街道"，街道和景观上为了把这种象征含义进一步强化，在大量的景观设施、宣传牌、室内装修上下足了功夫。但是到了90年代后，韩国经济一片萧条，古董产业的危机也随之而至。面对仁寺洞的落寞，这一地区忧心忡忡的画廊主人们开始尝试利用仁寺洞的社会象征性寻找突破口。例如，1997年到1999年这三年期间担任"仁寺传统文化保全会"会长的GANA画廊的年轻主人李皓宰曾经实施过许多改革措施。仁寺洞于 1996 年被指定为"想要漫步于此的街道",1997 年每个周日被指定为"无车之街",并打造为"适合购物的空间"进行市场宣传。另外,1998 年掀起了一场要求把仁寺洞指定为文化特区的签名活动,并引发了大众对于仁寺洞价值的关注。最终,在 1999 年,当时正在访问韩国的英国伊丽莎白女王亲临仁寺洞一带,此后仁寺洞迅速成长为名副其实的韩国代表性观光区。

仁寺洞有两大团体,一个是以古代美术画像、纸张笔墨店、画廊以及古籍店为中心的"仁寺传统文化保全会",另一个是以传统饭店、茶馆这些餐饮业为主的"守护文化区的仁寺洞一家人"。其中,仁寺传统文化保全会于 1987 年 6 月 1 日创立,自创立第一年起,每年都与钟路区一起举办"仁寺洞传统文化节"。这是仁寺洞文化区规模最大的活动,节日期间不仅有传统艺术表演、文化商品特别展出、韩国文化体验,二三十家画廊也会举办特别展。2013 年第 26 届仁寺洞传统文化节于 9 月 25 日到 10 月 1 日共持续了一周,其间举办了各式各样的活动,吸引了大量的国内外游客。同时,通过仁寺洞文化区内许多画廊的参与,每年也会举办"仁寺美术节"。仁寺美术节的主旨是以"韩国美术大众化的中心地"——仁寺洞为轴心,创造出一个呈现韩国现代美术的力量和前景的地方。通过这个美术节,普通人也会燃起对美术文化的兴趣,同时也为许多美术爱好者提供了大量可供选择的机会。(2013 年仁寺洞传统文化节的详细节目以及仁寺美术节相关内容参见附录一)除此之外,仁寺传统文化保全会也坚持与中国、日本、法国等地举办交流画展。

最终,2002 年 4 月 24 日,首尔市将仁寺洞一带指定为韩国第一个文化区——仁寺洞文化区。2003 年 2 月 1 日建立起政府层面的管理规划,并持续至今。如此,仁寺洞一带被指定为韩国第一个文化区,其中仁寺洞的地位起到莫大的作用。首先,仁寺洞聚集了画廊、工艺品、古代美术等传统和现代交织在一起的大量美术相关的设施,保持着作为首尔代表性文化艺术空间的地位。其次,仍保持着韩国固有城市结构和建筑物原有的风貌,在传统空间的氛围中自然而然地感受到传统文化的美好与情趣。它是人们心中具有代表性的历史文化场所,深受想要在城市中享受传统意趣的人们的喜爱。

正如上文所述,仁寺洞文化区自朝鲜后期开始成为韩国古董和美术品交易的集中地。新中国成立后经历一段风云变幻的历史，其自身也不断发生变化。20 世纪 70 年代之后，直到 80 年代中期为止，一直占据着韩国现代美术的中心位置。1988 年汉城奥运会结束后，自 90 年代至今，仁寺洞逐渐成长为国内外游客热衷的旅行必经之地。经历了漫长的岁月，仁寺洞在不断地发生变化，然而不变的是它始终拥有着熙熙攘攘的游客，充满着活力与生机，深受众人的喜爱。

表 2-1　仁寺洞文化区的变迁

时代		事件	结果与影响	
朝鲜初期	资源累积	士大夫居住区	艺术家密集	士大夫的娱乐场所
朝鲜中期		地方人口流入	街道边土地分割	
朝鲜后期		安东金氏、闵氏等权贵居住	地基等人物相关场所	
日本殖民统治时期	资源流出古董街道化	权贵门第没落	大量的古董流出	面向日本人的古董交易地
解放		日本人撤退	日本人持有的古董流出	形成本国人古董市场
20 世纪 60 年代	传统商业扩散观光活跃	古董市场活跃	装裱店及纸店入驻	
20 世纪 70 年代		外国人（美国）游客集中	Mary's alley	
20 世纪 80 年代		政策性关心（亚运会 / 奥运会）	指定为首尔市传统文化之街	
20 世纪 90 年代	传统文化观光街道化	专注政策和开发	指定为"想要漫步于此的街道""无车之街"	游客激增，扩大开发投入
21 世纪		指定为文化区	集中保全该地区	首尔文化商品化（代表性观光地）

（资料来源：首尔市政开发研究院:《仁寺洞文化区外部评价研究》，2005 年。

三、当前仁寺洞文化区的问题

前面的内容中简单地回顾了仁寺洞文化区的历史和发展脉络，可以看出，随着时代的变化，仁寺洞充当的角色和自身功能也在不断改变。本次研究主要关注的是北京798和首尔仁寺洞这两个艺术区的作用和特征，因此也要介绍与仁寺洞相关的几点问题。经历了七八十年代的繁荣，90年代后的仁寺洞陷入萧条期，虽然为了拯救仁寺洞文化区做了各种努力，但其中仍不乏一些问题存在。虽然如今的仁寺洞人来人往热闹非凡，修理整齐的街道、满大街的游客、无数的美术展宣传海报和条幅、美丽的韩国传统房屋，这些风景将仁寺洞文化区包装得格外与众不同，看起来充满活力，然而，假若稍加留意就会发现其中暗藏着许多问题。

事实上，对待仁寺洞的立场和观点不同，仁寺洞文化区呈现出的问题会随之发生变化。其中最重要的自然是"仁寺洞身份的认定"问题。虽然根据定义"身份"的方式不同，可以展开许多不同的探讨，但本文将主要从三个方面对仁寺洞文化存在的问题进行阐述，即过度商业化的问题，固化的象征性问题，削弱的艺术区问题。

（一）过度商业化的问题

仁寺洞文化区曾经是将韩国古代美术与现代美术融合在一起的文化艺术中心地区。但是2000年以后，该地区的商业化发展趋势不断加快，与文化艺术相关的营业场所大幅度减少，取而代之的是餐饮店、商店、服装店等。二三十岁的年轻人成为仁寺洞的主要顾客，为了迎合他们的口味，酒吧、娱乐厅、露天摊等开始占领仁寺洞。这时，来仁寺洞的人不再是购买昂贵的美术作品，而更多地选择价格低廉的纪念品。因此与文化艺术相关的营业场所不断减少，房主们为了获取更多的经济利益，争相筹建大型建筑物。从表2-2中可以看出，与1998年相比，文化艺术营业场所在两年间减少了25.4%，唯独陶瓷工艺品增长了156.3%，原因在于游客们喜欢购买价格低廉的茶杯、酒杯、餐具等。除此之外，所有的文化艺术营业场所足足减少了38.3%。反之，餐饮营业场所中，饭店的增长出奇的迅速，为367.5%。在这短短的两年间发生的变化足以说明仁寺洞文化区已经无法摆脱过度商业化的问题了。

表 2-2　1998 年和 2000 年间仁寺洞文化艺术营业场所增减情况

用处		1998 年	2000 年	增减（%）
文化艺术营业场所	古董店	172	87	−49.4
	画廊	108	94	−13.0
	装裱店	87	57	−34.5
	纸店	85	41	−51.8
	陶瓷工艺品	32	82	+156.3
	小计	484	361	−25.4
餐饮营业场所	饭店	83	388	+367.5
	传统茶馆	54	54	0

（资料来源：首尔特别市：《首尔市文化区指定及运用方案研究》，2001 年。

　　本人在仁寺洞地区进行问卷调查和采访时接触到许多与此相关的意见。仁寺传统文化保全会的一位相关人士认为，"最近 10 年间，仁寺洞表面上发生了巨大的变化。其中最明显的是，曾经代表着仁寺洞文化区的画廊们逐渐隐退到街道的后面，有的甚至搬离仁寺洞。画廊所在的位置被一些含糊不清的店铺和小摊贩占据，且数量不断增加。"露天摊贩中一部分兜售的是价格低廉的中国、东南亚制造的纪念品，有人批判说这样使得仁寺洞变成了国籍不明的街道。不仅如此，仁寺洞的一位商人也说道，"出售国外制造的廉价商品的原因在于最近租金的飞速上涨。租金上升，经济不景气，昂贵的画或工艺品没有销路，大部分店铺为了赚钱才卖这些国籍不明的廉价商品。"

　　另有一位商人说，"10 年前租金开始大幅度增长，如今仁寺洞地区的租金远远超过周边。特别是有时候一旦房子转手后，租金更是两三倍地翻番。仁寺洞中心街道旁面积 15—30 平方米的小店，保证金高达 1 亿—2 亿韩元（合人民币 58 万—115 万元），月租金 500 万—700 万韩元（合人民币 3 万—4 万元）。面对如此高昂的费用，商人们不得不选择那些销量好的商品出售。"笔者在仁寺洞进行实地调查时，向附近的钟路房产中介进行确认，发现商人们的话基本属实。接受访谈的一位钟路房产中介职员龙欢喜解释道："事实上月租金不是真正的问题。想要入驻仁寺洞的话，需要交纳一笔不菲的权利金。"根据位置条件，20—30 平方米的小商铺就要支付少则 3 亿—4 亿韩元（合人民币 170 万—230 万元），多的时候可达 7 亿—8 亿韩元（合人民币 400 万—460 万元）。在这种情况下，商人们之间自然地形成一种唯利是图的氛围。即使租金和权利金贵得离谱，那些位置好的商铺总是会有 5—6 个商人在排队等候，这也从侧面说明了在一部分商人的眼中，仁寺洞文化区已然成为旺铺商业地带的代名词。

过度商业化的结果是仁寺洞文化区内的租金飞速上涨，而高昂的租金导致只有可以承受得了的店铺才能存活。如此不断恶性循环的最终结果是，除了几个资金雄厚的大规模画廊以外，小规模画廊、古代美术商店这些资金链流动较慢、无法保证较大经济利益的店铺自然接二连三地关门，或者隐藏到街道里面的小巷中去。然而，仍坚持下来的文化艺术类营业场所也和其他商店一样，在店门口挂上牌子，出售一些受游客欢迎的廉价劣质商品。由此可以看出，如今的仁寺洞文化区不可避免地被批判为已经丧失了原有的模样，逐渐沦落为吸引游客的购物街。

（二）固化的象征性问题

798 与仁寺洞有许多共同之处，其中一个就是两个艺术区都积极地利用了奥运会一类的国家盛事。1988 年奥运会举办时，韩国急需开发出一片具有韩国特色的文化观光地供外国游客游览。因此，1986 年钟路区政府和居民一起携手举办了"仁寺洞节"，1988 年汉城（现为首尔）市将仁寺洞一带指定为"传统文化之街"，之后更是加大了对仁寺洞的开发，仁寺洞作为"传统"的代名词，其象征性被愈加强化。事实上，自古董市场真品日渐稀少以来，80 年代中期开始仁寺洞内的古董产业链已经面临了巨大的危机。尽管如此，在经历了 1986 年的亚运会和 1988 年的奥运会这些国家盛事之后，仁寺洞作为"传统之街"的象征性反而得到进一步强化。仁寺洞的街道和景观所采用的各种造型设施、宣传牌以及装修等，都是为了巩固"传统"这一象征性。

以国家盛事为契机将仁寺洞地区打造为观光胜地，是由于仁寺洞被看作是最能够展现韩国形象的地方。不管是亚运会还是奥运会，都是对外展示韩国形象的绝好机会。因此，韩国政府认为需要寻找一个能够同时展示韩国传统与文化艺术的地方。不难看出，当时的仁寺洞被认为是具备"韩国传统"这一社会象征性的地方。韩国政府的这种观点在当时的文化政策中也有所体现。1983 年《第 5 次经济社会发展 5 年修正计划——文化艺术部分计划》中明确提道："以 1986 亚运会，1988 奥运会为契机，在国际社会上大力宣扬民族文化的优良性。"

　　从关于仁寺洞的大量先行研究中可以发现，代表仁寺洞文化区的并不仅仅是"传统"。本文将关于仁寺洞代表性形象所做的先行研究结果进行整理（表 2-3）。这里所用的分析方法各式各样，有调查问卷、文献研究、现状分析等，最终仁寺洞的代表性形象可以大致列为以下三种。第一，古董和古代美术等传统文化。第二，画廊密集的艺术区。第三，韩式套餐、传统茶馆、传统酒屋等传统营业场所一条街。其中，古代美术和画廊占绝大多数。由此可以看出，尽管首尔市政府在政策上，或是通过大众传媒不断地反复渲染仁寺洞文化区的"传统"这一象征性，但入驻者、该地区居民、游客等与仁寺洞文化区有着千丝万缕联系的人，对仁寺洞所持有的印象却是多种多样的。

表 2-3　仁寺洞代表性形象

研究者	分析方法	代表性形象
都市连带（1997）	问卷调查	古董等古玩（37.7%）、画廊街（26.1%）
金蕙兰（1999）	文献研究	传统·文化性
首尔市（2003）	专家及居民意见调查	古代美术、画廊密集场所 韩定食、传统茶馆、传统酒屋一条街
金瑛荷（2004）	用途现状分析	古代美术、画廊密集场所 韩定食、传统茶馆、传统酒屋一条街
姜城原（2007）	商人和游客问卷调查	古代美术、画廊密集场所

（三）削弱的艺术区功能

　　20 世纪 70 年代，被称为"韩国画廊界鼻祖"的朴明子的现代画廊入驻仁寺洞，自此之后仁寺洞一带逐渐发展成为艺术区，诸如 1974 年的文轩画廊、1976 年的庚美画廊和东山房画廊、1977 年金昌实的选画廊，以及 1983 年李皓宰的 GANA 画廊。这些接二连三成立的画廊使得仁寺洞成为了名副其实的首尔代表性艺术区。对于仁寺洞一带画廊密集的现象，美术界给予了较高的评价，这一点从下面的报道中可以看出：

　　这期间曾经分散于首尔市各地，从事近代画交易的画廊为了摆脱自身的困境，开始慢慢集中到首尔仁寺洞街区。以前只从事古代美术和古董交易的仁寺洞街区，逐步转变成近现代美术作品的天下，并获得重生。……解放后大约 25 年间，一直从事韩国大部分古代美术作品交易的仁寺洞迎来了现代画廊，这些现代画廊成长迅速，以至于覆盖了大部分的近现代美术品交易，与此相反，散落在首尔市内的一些画廊则经营惨淡。由此可见，画廊的地理性位置条件对其从事美术品交易影响巨大。

　　被称为"韩国 SOHO"的仁寺洞在 20 世纪 80 年代全力巩固着自身作为艺术区的地位。然而 90 年代以后，专业且集体化的画廊逐渐分散到新寺洞和清潭洞这些首尔市内的其他地区，仁寺洞作为引领韩国现代美术中心地的功能被大大地削弱了。下文是一篇关于首尔江南区新寺洞画廊街的报道，其中详细地描绘了当时该地区迅速发展的状态。

　　"新寺洞这里曾经是只有一些独门独院房子的普通住宅区。但是自从 1988 年以来，从江北的仁寺洞搬来的画廊和自发形成的画廊开始出现在新寺洞，并和清潭洞一起成长为江南的代表性画廊。……新寺洞画廊街能够成长为一个商圈，其中最主要的原因是其交通便利。……在几年前，这里车辆还不算太多，现如今朝向新寺洞方向的宽约 15 米的画廊街上停满了车辆，过往行人都难以通行。"

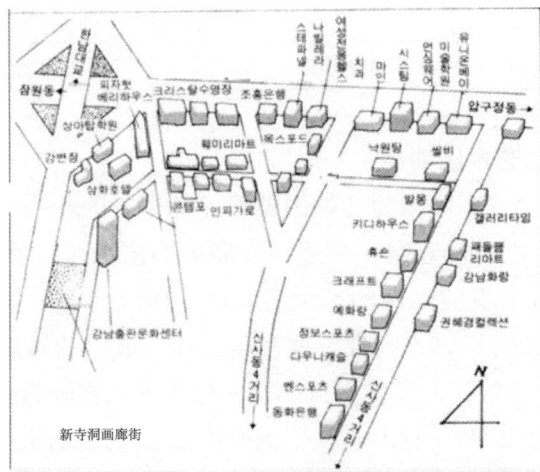

图 2-6 《每日经济》(1993 年 11 月 8 日) 报纸上刊登的当时新寺洞画廊街的画廊位置图

那么，画廊街转移到新寺洞、清潭洞这些首尔江南富人区的原因何在呢？其中，清潭洞备受追捧、成为美术市场核心的一个主要原因在于该地区有一大批的新兴富豪。另外，演艺人、设计师、文化艺术界人士等引导潮流者也比较青睐此地。因此，清潭洞自然而然地成为时尚和文化潮流的发源地。换句话说，清潭洞具备了与画廊这些高级文化接轨的氛围。这些背景将清潭洞与美术市场潮流衔接在一起，成长为美术市场的中心。清潭洞 P 画廊的老板说："从前美术市场的主要买家是有钱人家的太太等五六十岁的女性。但是近几年开始真切地感受到，越来越多的高收入专家、创业家等四五十岁男性加入了美术品收藏者的队伍。"或者说，美术市场的特征就是随"钱"而动，主要的买家队伍也发生了醒目的变化。收藏者队伍的变化直接导致了美术市场主要所在地的变化。在这种背景下，以代表性的画廊密集地——仁寺洞为中心而形成了画廊一条街逐渐转移到清潭洞周围，开始了所谓的"中心移动"。

然而由表 2-4 可以得知，仁寺洞文化区依然是当之无愧的最大规模的画廊密集之地，但仁寺洞的画廊里很难再发现介绍新作品或画家的特别企划展，或者知名画家的邀请展。大多数是以普通人为对象出售中低价美术品的小规模画廊，或是租赁画廊举办集团展、同门展、大学或研究生的毕业展、协会展等。因此，即使不能说仁寺洞文化区展现了韩国现代美术发展的现况，但它在韩国现代美术的良性膨胀和大众化发展上起到了不可或缺的重要作用。

表 2-4　首尔内画廊密集地的现状比较　　　　　单位：家

地区	仁寺洞	清潭洞	新寺洞	黑里	三清洞
画廊数（约）	170	90	30	40	90

再加上仍有几家重量级的画廊固守在仁寺洞，使得它能够继续维持自身作为艺术区的地位。可以称之为整个韩国美术市场目击者的选画廊和贯勋画廊，专业古代美术品画廊的代表——东山房画廊和学古斋画廊都坚守在原地，还有后来加入仁寺洞的 ART SIDE 画廊。尤其是以企业型画廊——SSAMZI 画廊为中心形成的"SSAMZI 路"，每逢周末都挤满了出门散步的情侣和家庭。为了拯救正在走向衰退的仁寺洞画廊街，从 2008 年

开始每年都举办"仁寺美术节"。尽管付出了很多努力,仁寺洞在人们心中的印象仍停留在古代美术和租赁画廊上,而不是让人可以迅速地感受韩国现代美术发展脚步的中心地。许多主要的画廊都已经搬到了司谏洞等地,尤其是最近清潭洞、新寺洞形成的艺术村(Art Valley)更加刺激了这种现象的发生。

第二节　仁寺洞文化区管理系统及构成

为了更好地实现对仁寺洞文化区的管理经营,钟路区政府起草了"仁寺洞文化区管理计划",并获得首尔市长的批准。该计划包括以下几个方面,分别是对鼓励性设施的支援、文化空间的营造、各种活动的策划、居民协议会的组建等。为了对入驻仁寺洞文化区的营业场所实现更加有效的管理,"仁寺洞文化区管理计划及指南"将其分为鼓励性行业、准鼓励性行业、普通类行业(包括禁止类行业在内),并予以不同的支援。因此,本文将参考首尔市实施的《仁寺洞文化区外部评价》,分析仁寺洞文化区的管理体系和整体构架,按年份观察仁寺洞入驻设施中各类行业的分布变化情况,依据事实情况分析指定仁寺洞为文化区的具体实效性何在。仁寺洞是本文的重点研究对象,为了对其有更深入的理解,笔者将对仁寺洞入驻画廊的特征进行详细分析,同时穿插与画廊老板以及管理人员的访谈、现场调查、文献研究等资料。

表 2-5　仁寺洞文化区入驻行业区分

区分	详细行业
鼓励性行业	装裱店、古董店、纸店、工艺品店、画廊
准鼓励性行业	传统茶馆、韩式套餐、生活韩服(改良韩服)、相框店
普通类行业	传统酒家、传统酒屋、饭店、文化业务、普通业务、其他

一、文化区的指定和管理

仁寺洞作为首尔市中心的代表性文化艺术空间,有一定的场所性和历史性，被认为是具有相当保存价值的地方。从 20 世纪 90 年代开始，整个社会经济陷入停滞期，仁寺洞地区也不可避免地面临着一片萧条的景象。为了唤起仁寺洞的活力，从 1997 年 4 月开始，每个周日举行"无车之街"活动，为仁寺洞地区吸引游客起到了决定性的作用。该活动实施后，仁寺洞作为大众观光地的地位得到进一步巩固。在"将仁寺洞打造成韩国文化的名片"的宣传标语下，仁寺传统文化保全会认为"画廊和古代美术店接二连三停业，仁寺洞陷入了危机""仁寺洞用文艺复兴的方式打造无车车道和文化集市"。文化集市以"现代版七日集""文化跳蚤市场"为始，在约 500 米长的仁寺洞街道控制车辆通行，路两边摆设了 200 多个摊位和 50 多个遮阳伞，商品包括各种美术作品和书、扇子、笔袋等民间工艺品和瓷器等，除此之外还可以看到打糕、点心、麦芽糖等传统茶果的身影。但是，该活动开始实行不到几个月就彻底沦为以摊位为主的商业性卖场，除了宣传场所之外，并没有任何实质收获。最大的问题是，参与仁寺洞街道筹办的"文化集市"中的摊位不是预先设想的画廊或古董店铺，而变成了兜售廉价国外民俗品或者饰品的国籍不明的集市。不仅如此，来到此地的市民们也大多聚集在这些廉价物品的小摊前，画廊等现有的文化设施反而备受冷落。

图 2-7　1997 年 4 月 13 日初次实施"无车之街"时举行的陶艺体验活动

面对这种被歪曲的文化集市所带来的弊病，仁寺传统文化保全会于1998年6月28日取消了运营出售文化商品的所有摊位，每隔一周举办一次的茶道、陶艺、出版等街头活动。该措施的实行源于他们认为各种活动以及挤满每条小巷的露天小摊破坏了仁寺洞的形象。本是为了实现仁寺洞的文化复兴而筹划的"无车之街"和"文化集市"，使仁寺洞自此之后反而迅速地变成一片商业和观光区，仁寺洞作为朝鲜时代之后形成的文化艺术街的身份特征开始削弱。雪上加霜的是，仁寺洞与文化艺术相关的营业场所受到1997年韩国向国际货币基金组织（IMF）申请紧急贷款余波的巨大冲击，大部分陷入经营困难的状况。许多营业场所接二连三地关门，或者是搬到租金便宜的巷子里面，减小自身规模，勉强维持经营。仁寺洞街道两边开始入驻一些酒吧、快餐店、咖啡厅，甚至是电子娱乐室，逐渐被这些盈利性较强的娱乐性场所占据。仁寺洞的形象以惊人的速度发生转变。

在这种背景下，首尔市于1999年把仁寺洞和大学路指定为文化区这一内容在内的文化艺术振兴法修正案列入法律。2002年仁寺洞一带被指定为韩国第一个文化区，且文化区内的各种文化设施和行业都免收租金和负担金，还可以获得国家财政补贴。此外，文化区内的有害行业也根据市·郡·区的条例限制其营业。如表2-6所示，之所以指定仁寺洞文化区是为了打造出一个兼具韩国文化艺术的古典性特质和现代性变化与活力共存的仁寺洞，通过政府的支援和监管双管齐下，加上居民的参与，实现对传统营业场所的保护和培养。此后，根据《文化艺术振兴法施行令》第10条，以及《首尔市文化区管理及培养相关条例》第3条第4项，从仁寺洞文化区的管理计划获得许可日开始，以每3年为单位对其管理、运营成果进行评价。另外，《仁寺洞文化区外部评价》报告书也被作为本次研究中了解仁寺洞基本情况的重要资料而使用。

表2-6　仁寺洞文化的目的及方法

	仁寺洞文化区
目的	通过首尔市政府的支援和监管，保护并培养传统营业场所及文化艺术营业场所

		仁寺洞文化区
方法	非物理性	– 减免税金以及贷款支援 – 对禁止性行业的指定管理 – 宣传及市场营销，举办各种活动
	物理性	– 仁寺洞屋外广告管理 – 仁寺洞街道边露天摊和街头小贩管理
强制力		– 该计划以支援和引导为主，违反时给予行政指导 – 约束力和强制力几乎不存在

（资料来源：钟路区政府：《2008 仁寺洞文化区外部评价》，2009 年。

　　仁寺洞文化区的管理计划体系及主要内容可见表 2–7。鼓励设施支援计划包括各种税金减免、贷款及融资的资源、鼓励设施入驻支援等。特别是贷款作为鼓励设施运营费时，在经费的 80% 以内可以获得最高 5000 万韩元（约合人民币 29 万元）的贷款。但提供贷款的附加条约是，不能在营业场所外进行街头销售，也不能销售劣质的外国商品，并要参与到仁寺洞文化区居民协议会中来。但实际上对于税金减免或贷款支持的管理远远不够。首先，对于实行税金减免的营业场所要进行持续管理，并了解其现状，税金减免后由于营业场所的转移、停业等原因导致事后管理无法顺利进行。其次，在贷款支援方面，可提供的对象越来越少。这是因为比起仁寺洞文化区的鼓励设置的位置或保护价值，其合作银行——友利银行更关注的是其担保能力，能否保证可以顺利收回本金。

　　在对禁止性行业的控制和管理方面，仁寺洞文化区整个地区都禁止麦当劳、肯德基一类的快餐店，连锁经营的家庭餐厅、酒吧、咖啡厅的开设和营业。但现实情况是，咖啡厅、快餐店这些禁止性行业反而日益增多。这些禁止性行业或者是违规使用情况发生的原因在于法律规定的局限性。2002 年仁寺洞文化区被指定之前这些禁止性行业已经开始营业了，事实上对于它们的管制是无法实现的。鼓励性行业或者准鼓励性行业中经营着各类商品，也很难进行管理。另外，对影响仁寺洞文化区景观以及文化性特征的街头摊贩的管理也极为不理想。截止到 2012 年，仁寺洞文化区内共有 80 多个露天摊，大部分都是卖米酒和服装。对露天摊拥有管理权的是政府的建设管理科，管理仁寺洞文化区的钟路区政府并无任何实质性权力。再加上建设管理科人力不足、行政力的缺失等原因，对于露天摊的管理一直无法顺利实现。

表 2-7　文化区管理计划的运营指南

区分	支援和管制事项	内容
鼓励设施支援计划	租税减免	注册税，城市规划税，财产税，减免 50%
	融资支援	新建 / 改建 / 修缮费，设施费，运营费，身份保证支援，限韩币 5000 万元（约合人民币 29 万元）
	入驻支援	鼓励设施的入驻支援
文化空间营造及管理计划	行业限制	地区单位计划中的行业限制，文化区指定后的全面性用途限制以及中心街道边用途限制
	用途变更限制	用途变更时需要审核该用途是否合适、符合要求
	屋外广告	中心街道边及周边屋外广告的安置与颜色限制
节目及活动支援计划	评选传统名家	将符合一定标准的营业场所指定为传统名家并提供帮助，若违反管理计划或发生其他特定事件可以取消"传统名家"名号
	活动支援	对居民协议会等举办的活动予以支援，但禁止纯娱乐性活动
居民协议体构成及支援计划	居民协议会构成	以仁寺传统文化保全会为中心而构成，定期举行聚会
	居民协议会支援	给予运营所必需的资金支持

下面以活动补贴金支援现状为例，看一下文化区管理的预算和基金运营情况。支援金由文化区培养基金和首尔市的预算构成，2009 年仁寺洞文化区活动补贴金共 2 亿多韩元（约合人民币 115 万元），2010 年 1.7 亿韩元（约合人民币 98 万元），2011 年 1 亿多韩元（约合人民币 58 万元），2012 年 1.2 亿韩元（约合人民币 69 万元）。可以看出，总支援金额在逐年减少，特别是文化区培养基金的比例明显较低。如图 2-8 所示，文化区培养基金 2002 年 12 月筹备完成，这期间一直运用于仁寺洞文化区的运营以及管理上，然而现在已经面临资金枯竭，难以发挥用途。因此，仁寺洞文化区持续性且不断发展地举办活动越来越艰难，仁寺洞文化的预算只依赖首尔市预算也有许多现实性的困难。文化区培养基金是为了实现文化区的运营和

管理，是开展各种不同工作和购置鼓励性设施时重要的财政支援，仁寺洞文化的问题不能仅仅看作其所在行政区域钟路区的问题，而是需要国家和首尔市给予必要的支持。

万元

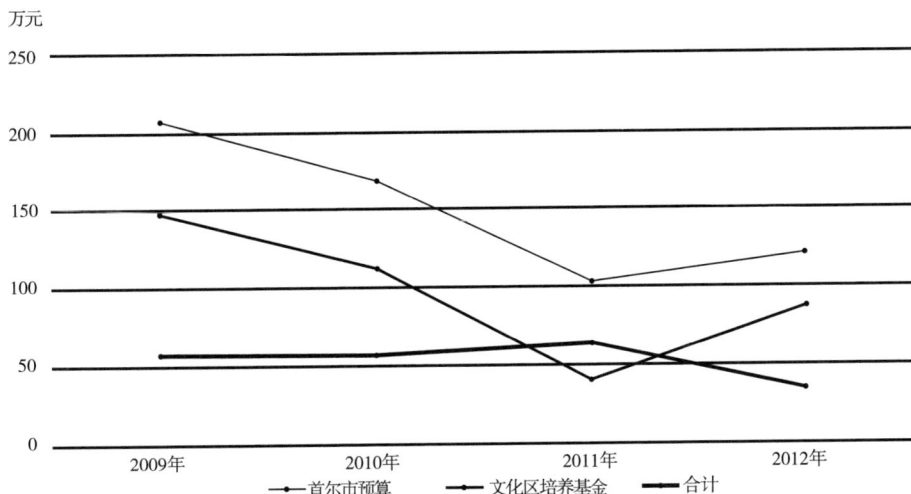

图 2-8　仁寺洞文化区预算及基金运用情况

　　使用到上面提到的支援金的活动有韩国传统文化节、韩国传统文化体验（饮食、服装、名人）与中国杭州及日本东京举办的海外文化交流活动等。为了更好地理解仁寺洞文化区内文化活动的种类和内容，表 2-8 对 2012 年仁寺洞文化区活动中支援金的使用详情进行了整理。7 个活动运用的支援金中首尔市预算为 8700 万韩元（约合人民币 50 万元），文化区培养基金为 3400 万韩元（约合人民币 20 万元），可以看出支援的金额极为不足。大部分活动都是以游客为对象进行的各种体验为主，包含古代美术和现代美术在内，具有美术节性质的活动则浅尝辄止。在此情况下，从 2008 年开始，每年的"仁寺美术节"由仁寺传统文化保全会为主，通过许多画廊自发参与并负担活动费用得以进行，但该活动并未受到文化区培养基金或首尔市预算此类补贴金的支援。

表 2-8 2012 年仁寺洞文化区活动补贴金支援情况

	活动名	时间	主要内容		支援金额	备注
合计					1.21 亿韩元（约合人民币 71 万元）	
1	二十四节气传统文化体验	每个季节举行一次（一年共四次）	正月十五、端午节、中秋节、冬至民俗体验		2400 万韩元（约合人民币 14 万元）	基金
2	传统服饰体验	4—12 月	韩国传统服饰体验		1000 万韩元（约合人民币 6 万元）	基金
3	第 2 届仁寺洞传统名家展	9.19—9.25	展示活动（古代美术、现代美术）	作为钟路区代表节日全部节目都进行	1700 万韩元（约合人民币 10 万元）	首尔市预算
4	第 24 届仁寺传统文化节	9.21—9.23	国乐演出，工艺、茶道体验		3000 万韩元（约合人民币 17 万元）	首尔市预算
5	第 13 届仁寺洞传统饮食节	9.23	传统饮食展示		1000 万韩元（约合人民币 6 万元）	首尔市预算
6	仁寺洞—中国杭州清河坊历史街区文化交流活动	9.20—9.25（中国邀请）	杭州市工艺品制作展示，参加仁寺传统文化节		1500 万韩元（约合人民币 9 万元）	首尔市预算
		11.16—11.21（中国访问）	仁寺洞文化区摄影展，参加杭州南宋御街国际旅游文化艺术节			
7	仁寺洞—日本东京海外文化交流活动	12.18	书画展，装裱展示，古代美术街考察学习		1500 万韩元（约合人民币 9 万元）	首尔市预算

二、仁寺洞文化区入驻设施的分布变化

为了更好地理解仁寺洞文化区的场所性，首先要关注的是该地区入驻设施的行业分布变化。究竟仁寺洞是为了一时吸引国内外游客购物和品

尝美食的观光地，还是通过各种方式探索韩国文化和艺术发展方向的艺术区？为了寻找该问题的答案，首先需要仔细地研究一下构成仁寺洞文化区的入驻机构。同时为了了解仁寺洞文化区不断改变的区域性特征，应该按时期分类，观察仁寺洞入驻机构分布的发展变化。因此，本文将详细分析从1998年到2012年这15年间仁寺洞文化区内入驻机构的行业分类变化。在这里所采用的一切数据都参考了仁寺洞文化区外部评价研究报告书，并重新进行了整理。

表2-9 对行业区分的说明

行业区分		行业判断标准及说明
鼓励性行业	装裱店	以装裱为重要工作内容的营业场所（装裱指的是在书画作品上糊上纸或者绸布，再利用木头等其他装饰制作成挂轴画、相框、屏风等）
	古董店	主要展示、出售古董的营业场所
	纸店	出售书法、东方画所用到的笔墨纸砚的营业场所
	工艺品店	出售手工制作具有艺术价值的工艺品的营业场所
	画廊	展示并出售绘画、雕刻、版画等现代美术作品的营业场所
准鼓励性行业	传统茶馆	出售韩国传统茶（绿茶、人参茶等）的茶馆，咖啡和红茶除外
	韩定食	白米饭、汤、各种小菜摆放在一起的韩国传统饭店
	传统生活韩服	制作并出售传统韩服及生活（改良）韩服的营业场所
	相框	制作并出售可供放入字、画、照片等挂在墙上的边框的营业场所
普通行业	传统酒屋	主要出售米酒等韩国民俗酒的营业场所
	饭店	除韩定食之外的普通饭店：包括打糕店、点心店等小吃类营业场所
	文化业务	处理与文化相关事务的协会、团体等机关
	普通业务	绘画、企业事务等业务机构
	其他	各种杂货店

　　首先，为了准确地定义行业说明时所使用的用语，表2-10根据仁寺洞文化区管理计划运营指南对各个行业进行区分。若一个营业场所同时经营两种及以上行业则以其主营行业进行划分，营业场所挂牌的商店名称与实际所出售商品不符时以其实际出售商品种类为准。鼓励性行业中的装裱店、古董店、纸店与韩国传统美术关系较近，而工艺品和画廊则与韩国现代美术和生活联系紧密。准鼓励性行业则大部分是与韩国传统文化中衣食住文化接轨。普通行业比起与韩国传统文化和韩国美术的相关性，则具有更多的商业气息。尤其是最近，仁寺洞文化区如雨后春笋般大量出现的化妆品、衣服、饰品专卖店，以及星巴克之类的咖啡厅，这些都属于普通行业，同时它们也被指责为破坏了仁寺洞文化区景观和特色的商铺。

　　表2-10和图2-9显示了从2002年起到2012年这10年间鼓励性行业、准鼓励性行业、普通行业的分布变化。因为担心仁寺洞地区过度商业化，2002年首尔特别市政府将其指定为文化区，此后该地区普通行业的比率从74.73%减少到了2005年的65.38%，并一直保持该水平。由此可见，虽然仁寺洞文化区的指定和管理在一定范围内取得了良好的效果，然而对于文化区指定之前就已经存在的普通行业，及文化区指定后改变行业的营业场所，无法实现有效的管制，因此仁寺洞文化区内的一半以上行业仍然是普通行业。在营业场所的数量上，普通行业也占据了压倒性优势。另外，虽然鼓励性行业从2002年的19.39%开始一直保持增加，2005年为27.9%，2009年为28.32%，然而2012年却小幅跌至25.16%。因此，从街道两边看到的仁寺洞文化区颇有一种购物街、美食街的感觉，而更为讽刺的是，正是如此，仁寺洞才吸引了大批的国内外游客来到此地。然而，若仁寺洞文化区失去了其固有的场所性，不但将会在艺术文化功能上备受打击，在商业性层面上也将如此。仁寺洞将不再是仁寺洞，游客也将不再光临此地，基于这个原因，连从事普通行业的人也十分关心仁寺洞文化区的管理及培养。可以用一句话概括说，仁寺洞的文化艺术功能和作用对于各种不同的利益当事人都极为重要。

表 2-10　仁寺洞文化行业分布变化

时期		行业区分			合计
		鼓励性行业	非鼓励性行业	普通行业	
2002 年	数量（家）	372	113	1434	1919
	比重（%）	19.39	5.89	74.73	100
2005 年	数量（家）	448	108	1050	1606
	比重（%）	27.90	6.72	65.38	100
2009 年	数量（家）	503	91	1182	1776
	比重（%）	28.32	5.12	66.55	100
2012 年	数量（家）	443	124	1194	1761
	比重（%）	25.16	7.04	67.80	100

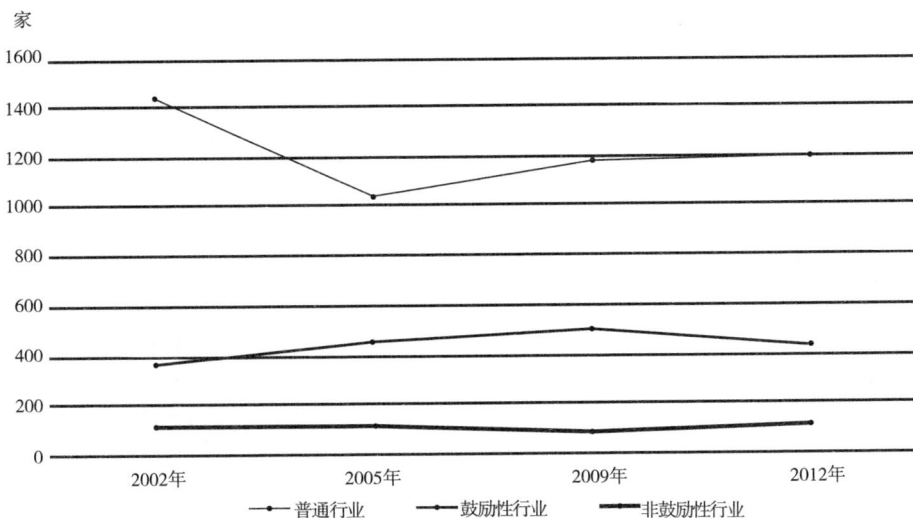

图 2-9　仁寺洞文化行业分布变化

下面再来看一下鼓励性行业的比重到底发生了哪些变化。表 2-11 和图 2-10 中整理了从 1998 年之后 15 年间鼓励性行业的变化及比重，其中古董店、装裱店、纸店大量减少，而工艺品店和画廊反而数量有所增加。特别是古董店，在 1998 年到 2000 年间数量几乎减少了一半，由此可知，历史上为了古董买卖而形成的仁寺洞区如今已经被其他意义与功能替代了。另外，装裱店和纸店的数量也呈整体性持续下滑趋势。与之不同的是，工艺品店从 1998 年的 6.61% 到 2009 年的 38.77%，足足增长了 6 倍，到了 2012 年小幅跌落至 31.83%。2009 年鼓励性行业中工艺品占据了最大比重，风头极为强势，最合理的解释是因为仁寺洞文化区游客的阶层发生了变化。过去来到仁寺洞的都是为了购买高价古代美术品或者现代美术作品的收藏家，如今仁寺洞文化区大量的游客都选择购买一些或大或小的廉价纪念品以及工艺品。因此，满足了国内外游客购买欲的工艺品店自然生意兴隆。

表 2-11 仁寺洞文化鼓励性行业的变化及比重

时期		鼓励性行业区分					合计
		装裱店	古董店	纸店	工艺品店	画廊	
1998 年	数量（家）	87	172	85	32	108	484
	比重（%）	17.98	35.54	17.56	6.61	22.31	100
2000 年	数量（家）	57	87	41	82	94	361
	比重（%）	15.79	24.10	11.36	22.71	26.04	100
2002 年	数量（家）	57	72	42	96	105	372
	比重（%）	15.32	19.35	11.29	25.81	28.23	100
2005 年	数量（家）	49	67	40	161	131	448
	比重（%）	10.94	14.96	8.93	35.94	29.24	100
2009 年	数量（家）	47	48	33	195	180	503
	比重（%）	9.34	9.54	6.56	38.77	35.79	100
2012 年	数量（家）	42	48	36	141	176	443
	比重（%）	9.48	10.84	8.13	31.83	39.73	100

家

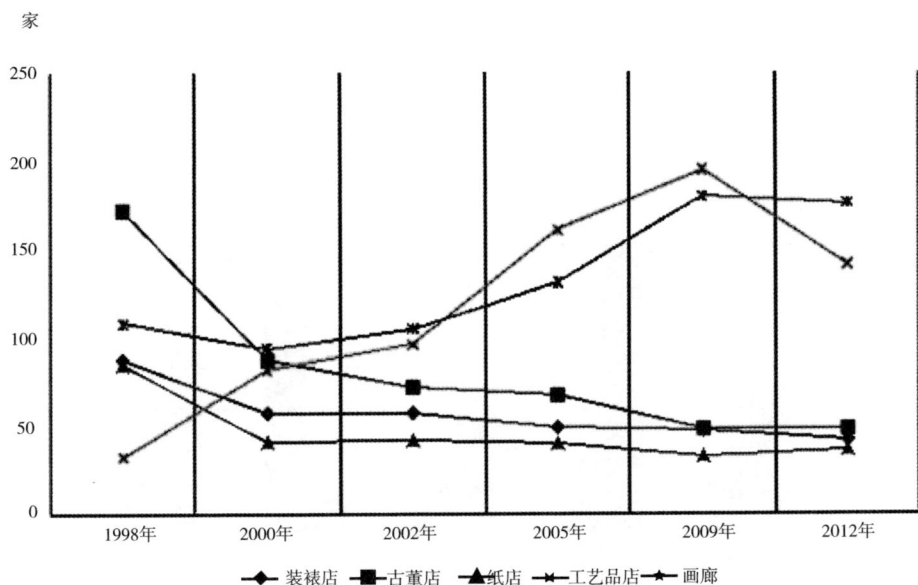

图 2-10　仁寺洞文化鼓励性行业的变化及比重

　　和工艺品店同样成为鼓励性行业支柱的还有画廊，画廊的各时期分布变化十分有意思。平均来看，仁寺洞文化区的鼓励性行业中占据比重最大的行业正是画廊。值得注意的是，仁寺洞文化区内画廊数量持续增加的2000年，正是韩国经济不景气导致韩国美术市场长期萎靡的一个时期，直到现在，韩国美术市场还未完全回暖。即使如此，在租金不断上涨、商业化浪潮强劲的仁寺洞文化区不断有画廊出现、消失的反复情况下，整体仍呈现出增长的趋势，这说明仁寺洞文化区的自身条件有利于画廊入驻，才会依然有许多画廊聚集在仁寺洞。换句话说，画廊密集之地仍然是仁寺洞文化区作为艺术区的特征。譬如，2012年仁寺洞文化区鼓励性行业中约40% 比重最大的也是画廊。

　　下面的图 2-11 用柱形图对 1998 年和 2012 年仁寺洞文化区中鼓励性行业所占比重的变化，进行了简单的对比。可以说 15 年间，仁寺洞文化区的鼓励性行业发生了巨大的变化。最明显的是，包括装裱店和纸店在内的古董店的衰落。出于古代美术品真品的稀缺、兴趣的变化等许多原因，古董店几乎不再可能重新恢复活力。反之，画廊和工艺品店的显著增加更是向世人展示了仁寺洞文化区的功能发生明显的改变。在此基础上可以看出，如今在阐述仁寺洞文化区时赋予其"韩国传统文化之街"的别名则显得极为不妥当。

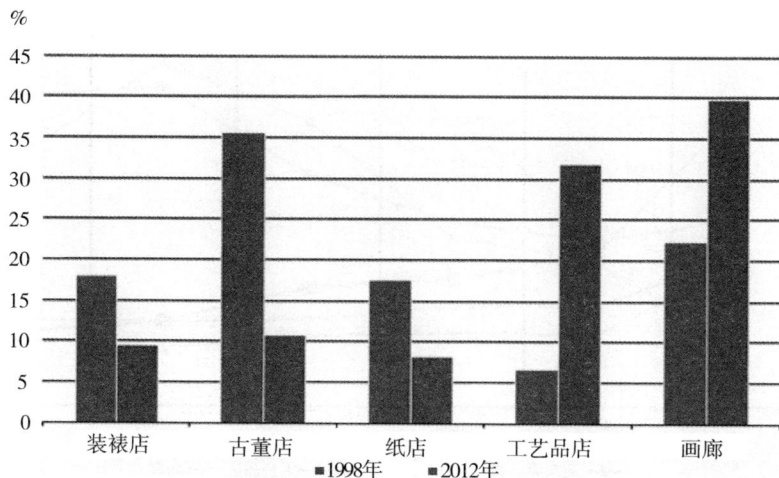

图 2-11　仁寺洞文化区内鼓励性行业的比重：1998 年和 2012 年对比

在经历了上述剧烈且明显的变化之后，仁寺洞文化区依然被冠以"韩国传统文化之街"一名，其原因有以下几点：在如今的后工业时代，各种不同的城市空间为了争夺各种有限的资源，必须要强调并具体地呈现出自身的魅力和特征。因此，仁寺洞文化区和其他城市空间一样，紧紧抓住在强劲的商业化大潮中岌岌可危的自身魅力与身份特征，换句话说就是"流淌着韩国传统文化之生命的文化艺术之街"这一头衔。对于这一点，不仅是到访此地的大量国内外游客，同时在这里从事各种不同行业的入驻者们，以及在国家层面上需要一个能够集中体现本国文化艺术特征的象征性空间的政府，都表现出空前的一致。而这种情况不仅出现在仁寺洞文化区，798 艺术区也不例外。因此，我们将通过下文的具体探讨，对两个艺术区中应对各种不同的利害当事人之间由于相同的需求所产生的发生在仁寺洞文化区和 798 艺术区的一系列战略性对应方式进行详细分析，从而发现一些有趣的事实。

第三节　发展与变迁中的 798 艺术区与仁寺洞文化区比较

一、改造废弃工厂与亡国古董街

正如第一章和第二章所述，798 艺术区和仁寺洞文化区在形成与变迁过程中有许多不同。首先体现在两个艺术区最初形成过程上，798 艺术区由 718 联合厂发展而来，在 20 世纪 60 时代的辉煌时期曾作为电子元件行业的领头羊为社会主义国家的经济发展做出了巨大贡献。然而，从 70 年代开始发展逐渐陷入停滞。80 年代改革开放政策实施之后，718 联合厂将自身生产中心迁移到 798 厂，但依然没能阻挡它一步步走向衰落，最终变成一片废弃的工厂，并从 90 年代开始廉价对外出租。当时，中央美术学院因为自身的画室不足，租用荒废的闲置车间进行创作，自此学生和教授们开始入驻 798。之后不断有许多画家的工作室和营业场所入驻于此，这一切为后来 798 艺术区的形成打下基础。

不同的是，仁寺洞文化区自日本殖民统治时期开始就是古董交易的聚集地，经历了解放和韩国战争之后，它的地位和功能得到进一步强化。尤其是 20 世纪 70 年代早期，堪称是古董交易的全盛时期，与古代美术作品相关的装裱店、笔店和纸店，以及与古代家具相关的家具店也开始出现。仁寺洞地区作为传统文化交流网的地位得到进一步巩固，除了有专门销售古代美术作品的画廊以外，还出现了最早从事现代美术的商业画廊——现代画廊。从此以后，许多专门从事现代美术的画廊如雨后春笋般出现在仁寺洞地区，从而形成今天的仁寺洞文化区。

由此看来，798 艺术区和仁寺洞文化区在形成和变迁过程中呈现出相当大的区别。两者的区别不仅仅体现在历史的发展与变化上，在艺术区内的建筑以及氛围，入驻机构的类型和街头风景等视觉方面也有所不同。798 艺术区的厂房建筑具备典型的德国包豪斯风格，这一点与美国的苏荷区由过去的工厂、仓库转变为艺术区的过程极为相似，因此人们经常将两者进行对比。

众所周知，798 艺术区最初的用途是为画家或美术系学生提供价格低廉的工作室。然而今天的 798 艺术区很难再找到画家的工作室。面对该地区租金的飞涨以及不可逆转的商业化浪潮，画家们为了寻找租金更加低廉且清净的地方开始将眼光转向该地区周边甚至其他地区。如今留在798艺术区的大多是一些资金力量雄厚的大型画廊和公司，或者是能够承受此地昂贵租金的商店。

中国现代美术在世界范围内广受欢迎并获得巨大成功，面对这种情况，负责统一管理798艺术区的七星集团准备发掘其房地产价值，将该地区打造成高新产业技术区——中国硅谷（China's Silicon Valley）。然而，2006年该计划被打破，七星集团不得不将注意力重新放在该地区的艺术价值上。如今几个世界性艺术区在经济上取得了巨大成果，在这种情况下，七星集团重新野心勃勃地准备将798艺术区打造成中国的苏荷，并以文化艺术产业为基础获得尽可能大的经济利益。

而仁寺洞文化区的情况则是，20世纪70年代形成了繁盛一时的"仁寺洞街道"，那时候该地区挤满了朝鲜时代建成的韩屋，以及日本殖民统治时期和韩国战争之后修建的改良韩屋。朝鲜时代的古董、古籍、古代家具等在这里进行交易，整个地区呈现出典型的韩国传统风貌。正如大家所知，来此地买卖古董的人越来越多，以现代画廊为首，从事现代美术的画廊也不断涌现。之后，随着流动人口的大量增加，为了满足这些人的需要增设了许多娱乐设施，仁寺洞街头风景也在迅速发生改变。古董店曾是仁寺洞文化的招牌，而如今很难在这里发现它的身影。和798艺术区一样，古董店无法承受飞速上涨的租金而不得已选择关门停业，让位于咖啡厅、旅游纪念品店、服装店和化妆品店等。商业化的发展愈演愈烈无法停下脚步，房主们为了获得更多的经济利益，他们拆除之前朴素淡雅的韩屋，取而代之的是先进的高层建筑，整个仁寺洞文化区的景观发生了巨大的变化。

如图2-12所示，798艺术区和仁寺洞文化区的变迁轨迹存在着许多不同。前者是从废弃工厂上发展而来的艺术区，而后者是由亡国古董街改造形成的艺术区。该过程并不是政府主导制定的城市发展规划，更不是几位艺术家和策展人推行的发展方案。整个发展过程可以说是在各国特殊的历史、地理背景下，融合了中韩两国现代美术史发展规律以及思考在内，最终形成的一个耐人寻味的结果。两国的艺术区在形成、发展、变化的过程中，对其产生一定影响的因素多种多样，其中起到决定性作用的就是艺术家、画廊、艺术品等，而这些因素在中国和韩国以及各个国家所处的地位与意义相差巨大。在中国，所谓的现代美术并不太符合建设一个强大的社会主义国家的宗旨，因此在过去的 20 世纪 80—90 年代，艺术家们很难在社会上展示自身价值。最终的结果是，他们未能避免成为边缘人群的命运，并在城市的周边形成大大小小的艺术家村，过上集体被孤立的生活。与之相反，在韩国，日本殖民统治时期和韩国战争的混乱中，近代化被强制性输入到韩国社会，所谓的现代美术正是伴随着这种现代化的弊端而出现。这就引发了韩国现代美术史上一个重要的课题，即对于扎根于韩国传统与历史的自发性近代化的质疑。

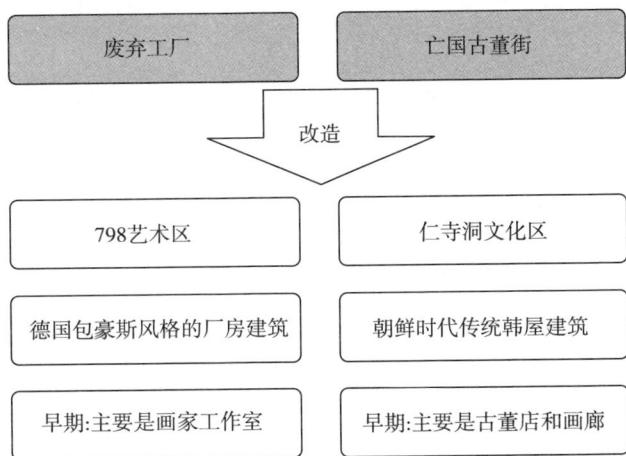

图 2-12　798 艺术区和仁寺洞文化区的变迁轨迹

　　上文提到了中韩两国现代美术史的区别，从中可以看到艺术家、画廊、艺术品等这些构成艺术界的要素，它们在中韩两个国家所处地位和含义上具有相当大的差别，而这些差别在后来 798 艺术区和仁寺洞文化区的变迁发展过程中起到了决定性的作用。这种影响导致了两个艺术区各种特征的形成，尤其是视觉上呈现出的艺术区表象问题，即艺术区的景观和风貌。因此，我们通过观察两个艺术区所展示出的景观风貌，就可以理解作用于其根源的各种运作规律和含义。与此相关的一些论证将会在本书第四章进行，本文在解释两个艺术区景观时将其中发现的一系列现象命名为"表象化战略"，同时也会分析艺术区空间以及作用其中的中韩现代美术史及美术界各种问题的关系。

以上内容集中分析了 798 艺术区和仁寺洞文化区的区别所在，下面探讨两个艺术区的共同之处。第一个共同点是 798 和仁寺洞都是国家首批公开指定的文化艺术特区。也就是说，这两处空间具有国家代表性，形象地呈现出中韩两国文化艺术发展轨道。因此，这两个艺术区频繁地出现在国家级活动中。特别是 2008 年北京奥运会期间，798 艺术区进行了大规模的环境整顿，为迎接来自全球各地区的游客做准备。如今，奥运会不再是一场单纯的体育竞赛，更是一个向全世界展示主办国家文化、艺术、历史等特色的绝佳机会。为了更好地展示中国丰富的艺术文化，中国政府选择了 798 艺术区。2008 年春，笔者去 798 艺术区的时候，恰值道路施工，艺术区内全面铺设新的人行道，所有街道都乱糟糟地堆满了挖出来的泥土和将要铺设的材料。北京奥运会期间，798 艺术区被选定为十大公众旅游地，迎接了大量的国内外游客。

韩国的情况则是，经历了 1986 年亚运会和 1988 年汉城奥运会两大国家盛事，仁寺洞已经成长为深受国内外游客喜欢的旅游胜地。1986 年钟路区政府和居民们一起携手举办了仁寺洞节，1988 年首尔市政府将仁寺洞一带指定为"传统文化之街"。之后的发展进一步加快，仁寺洞"传统文化之街"这一社会象征性在经历了亚运会和汉城奥运会这些国家级盛事之后得到进一步强化。由此可见，798 艺术区和仁寺洞文化区被看作是各国文化艺术的代表性汇集之地，它们的象征性和身份特征得到进一步巩固。

第二个共同点是 798 艺术区和仁寺洞文化区都不可避免地陷入汹涌的商业化大潮之中。不论两个艺术区如何发展而来，如今它们都一并处在"后工业时代、全球化时代"这一全球性背景中。强大的资本力量能够用单一的法则将所有的异质空间统一起来。资本具有高度的流动性和循环性，因此所有空间的存在目的都是要在最短的时间内创造出最大的利益。这种情况在 798 艺术区和仁寺洞文化区已经是司空见惯，两个艺术区过度地商业化以至于其初衷几乎被淡忘。比起画廊，街边更多的是商店、咖啡厅、餐厅等，路上的游客们也开心愉快地享受购物和美食的乐趣。如果大家观察纽约的苏荷区就会发现，这种商业化发展的趋势是大城市内所有艺术区不可避免的一个过程。换句话说，商业化不仅仅是 798 艺术区和仁寺洞文化区的问题，这是一切城市空间在发展过程中必然要面对的宿命。

然而，我们应该关注的不是商业化本身而是其他方面。最初，798艺术区和仁寺洞文化区在商业化过程中，现存的一些景观必然遭受破坏，并逐渐转变成新的形象。尽管如此，有意思的是，两个艺术区都为了维持最初的风貌而持续不断地努力。譬如说，798艺术区将废弃工厂里坍塌的墙壁像纪念碑式的雕刻作品一样保存下来，在建筑物的各个地方不断进行涂鸦（graffiti），这使得798艺术区从外表来看依然透露出一股废弃工厂的气息。反过来，虽然仁寺洞文化区内不断有新的高楼大厦建成，然而在这些建筑之间仍然会有韩屋的青瓦屋顶等装饰物清晰地映入人们的眼帘。人行道和街灯的制作上也采用了韩国传统的纹样和材料。不仅如此，对于在人流最多的街道边开设的与传统文化相关的营业场所，也会通过各种方式对其进行扶持。正因为如此，今天的仁寺洞文化区才得以保留"韩国传统文化血脉流淌的街道"这一最初的特色。

图2-13　798艺术区内布满涂鸦的建筑

图 2-14　韩屋和高楼大厦共存于一处的仁寺洞文化区

　　在这里，我们思考一下 798 艺术区和仁寺洞文化区为何会做出这些努力，原因可能有以下几点。首先，为了保留它们独特的魅力。如果受商业化和资本的影响，两个艺术区与其他城市空间的差距越来越小，逐渐趋于一致的话，结果必然导致游客数量的减少。这不管是对文化艺术的发展，还是对经济、商业性利益来说都是致命的打击。其次，为了巩固自身身份特征。两个艺术区的魅力离不开其自身身份特征，对于那些选择搬迁到废弃厂房的艺术家来说，798 艺术区是一个避身之所，而仁寺洞文化区则是与韩国传统文化一同成长的韩国现代美术的中心地带。因此，为了两个地区的持续性发展，不断会有新的措施出台，从各方面进行努力。

　　然而，两个艺术区分别做出的努力并不是只关注于实现表面的现实性目的，我们可以看到其内在一贯的方向性。在这里，所谓的方向性也可以称之为目标点。本文将联系中韩现代美术史上主要思索的问题，对这个目标点进行阐述。事实上，构成艺术区的各种要素中最为核心的依然是艺术家、画廊、艺术品、观众等，正是他们的存在艺术区才变得名副其实。我们在讨论作为一个城市空间的艺术区时，绝对不能忽略的是，虽然可以把艺术区看作是城市空间的一种类型，但它具备不同于其他城市空间的特征。最后，中国和韩国现代美术史上的各种思索与成就真实可见地呈现在 798 艺术区和仁寺洞文化区空间内，并在不知不觉中持续不断地相互影响着。

因此，对于在 798 艺术区和仁寺洞文化区两个空间中视觉上可以捕捉到的景观，我们可以通过多种观点和角度进行观察。表面呈现出的东西与隐藏于内的东西，或者是时刻发生变化的东西与构成其根本的东西，两个艺术区中不同的景观带给了我们各种不同的思考点。本文主要通过两个艺术区景观所体现出的象征价值，并立足于"表象化战略"这一创新的角度进行阐述。在这里，本文试图要证明的是，各个艺术区都在尽力维持自身"边缘"和"传统"这一典型的（typical）身份特征，而这一点反过来又与中韩现代美术史上关注的核心问题一脉相承。

二、边缘和传统

上文内容涉及了本书的中心论点，即 798 艺术区和仁寺洞文化区的景观通过"表象化战略"，将两个艺术区的典型性身份特征，同时也是中韩现代美术史主要探索的问题——边缘和传统的问题视觉性地呈现出来。那么，边缘和传统到底可不可以看作是中韩现代美术史上的核心问题？为了更好地解答这个问题，我们需要先简单了解一下两国的美术史进程。

首先，我们以"边缘"一词作为关键词，简单回顾一下中国现代美术史的发展过程。中国现代美术是随着中国国内政治环境的变化而出现的，最为合理的看法是认为其始于 1979 年邓小平实行改革开放政策。1979 年和 1980 年两年间，北京、上海、西安等大城市举办了 16 次画展，展示的作品呈现出前卫的风格。他们大多数都缺乏正式组织，属于自发形成的。其中最具代表性的当属"星星画会"举办的"星星美展"。

这些 20 世纪 80 年代形成的中国美术团体最主要的活动就是举办画展。事实上，在中国通过正式途径举办个人展，尤其是对于年轻画家来说几乎是不可能的。然而大部分的前卫画展经常进行几个小时之后就会被当局强令禁止，这些事件使得中国现代美术画家的身份进一步明朗化。由此可见，中国现代美术是在与现存艺术制度不断发生冲突中逐渐改变自身方向而前进的。

其中具有代表性的例子是"厦门达达"，根据其名字就可以得知他们标榜西方的达达主义，宣称"反艺术"，具有强烈的模仿实验精神。他们最具代表性的画展是 1986 年 11 月 24 日在厦门文化宫前发生的"事件"，到场参加的画家们发表"焚烧声明"，并当场烧毁自己的改装作品。考虑到当时中国特殊的历史背景，他们的表演可能获得一定的美学价值，但该事件也基本反映出，在 80 年代当时的统治制度之下，他们的作品几乎没有展示的机会，同时也不可能通过美术市场出售自己的作品。

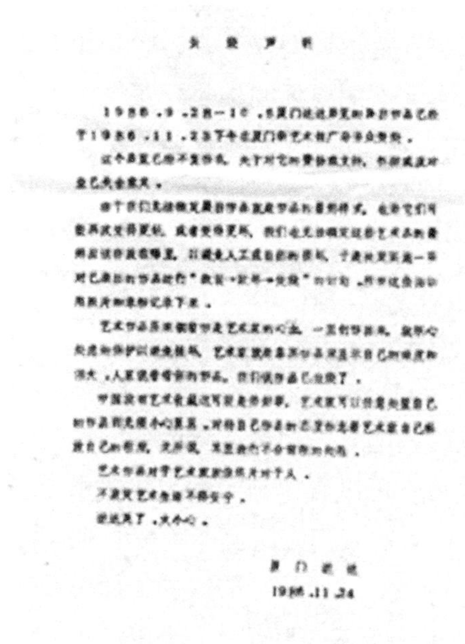

图 2-15　厦门达达的焚烧声明

图 2-16　厦门达达的事件展

由此可见，20世纪八九十年代中国现代美术的画展并不是在美术馆、博物馆这些体制内公共机构的建筑内举行的，而是在地下室、画家工作室、学校、教堂、大厅等非展示空间内开展的。因此，画展的观众都是画家本人或熟悉的朋友，还有对美术感兴趣的公使馆员、外国人等。当时中国现代美术又被称为"公寓艺术"或"使馆艺术"。靠出售画作无法糊口的贫困画家们逐渐聚集到城市外围，开始群居生活，从而出现了"圆明园画家村"这种中国前卫艺术的"革命圣地"。从那时起，中国画家们逐渐被看作是存在于边缘或者体制外的反体制、追求自由的一群人。对于他们来说，比起体面的美术馆和画廊，昏暗的仓库和地下室更适合自己，虽然会受到一些限制，但那里可以表达自己的艺术理想和梦想。

图 2-17　圆明园画家村

不可否认的是，从 20 世纪 90 年代中后期开始，中国现代美术迅猛发展，在世界美术市场上获得了广泛关注。由于经济发展带来的文化全球化以及国际资金的流入等原因，中国现代美术作品自 90 年代开始在美国、欧洲、亚洲等世界各国进行展览。另外，随着它们的身影逐渐出现在各大艺术双年展和三年展中，中国现代美术在数量上获得巨大提升。同时，张晓刚、岳敏君、曾梵志等知名画家的作品在苏富比（Sotheby's）、佳士得（Christie's）等世界级拍卖行中连续刷新了最高成交价。在这种情况下，过去中国现代美术的"边缘"现象只存在于美术史中了。

中国现代美术获得了巨大成功并吸引了全球的关注，在这种情况下，需要思索的问题就是中国现代美术的本质和根基。这也是在光怪陆离的世界美术市场中获得巩固自身地位和意义的最切实的方法。与其他国家不同的是，中国现代美术自1979年国家政策发生变化后才得以发展。在这之后的20多年间，中国的画家们不断与政府和体制做斗争，试图确立自身的存在价值。在此过程中，中国现代美术从批判的角度审视整个现实社会，通过社会观念和道德规范上的冲突所形成的意识形态，获得一种被称为"地下的"（underground）特殊生存方式。

正是这种"地下的"生存方式可以称之为贯通中国现代美术史的一个重要思考问题。1993年举办的一系列海外画展（第45届威尼斯双年展，在柏林国会大厅 Haus der Kulturen der Welt 举办的"China Avant-Garde"展，在香港举办的"Post-1989"展）宣告了中国现代美术开始走向复兴之路，呈现在这些画展中的"玩世现实主义"和"政治波普"都是西方最为流行的艺术样式。他们的作品被理解为社会主义政权压制下的地下艺术或者是反体制艺术。然而看似矛盾的是，通过阐释这些以冷战时代的逻辑为基础创作出来的作品，中国参展画家们获得了大量的物质财富，在自己国家的地位也随之发生改变。

在与官方政府共存为前提的"地下"态度之外，反体制态度依然是中国现代美术的最大特点和意义。然而这些造型语言和姿态都聚集在官方提供的各种制度体系下，因此会产生一种奇妙的讽刺效果。但可以确定的是，中国现代美术某些部分要营造出反抗、边缘的氛围，这一点依然是被默认的。换句话说，这种独特的标签化方式是在竞争激烈的全球市场中获得一席之地的有效生存战略。在这一点上，我们可以更好地理解798艺术区为什么需要那些保存完好的坍塌的墙壁、建筑墙面上的涂鸦，以及唤起社会主义革命记忆的观光纪念品（毛泽东语录、红领巾、中山服、印有社会主义革命口号的T恤和包）。可以说，由这些视觉性物体形成的景观不仅仅是为了增加798艺术区的魅力，同时与中国现代美术史的重要问题也紧密联系在一起。

其次，我们以"传统"一词为关键词，简单回顾一下韩国现代美术史的发展进程。事实上，韩国现代美术和传统的问题是近代以来美术界最常探讨的话题。20世纪韩国现代美术史被称为"与传统美术的决裂"，20世纪前半叶是日本美术的移植，20世纪后半叶则是西方美术的渗透，而传统的东西被看作形成韩国现代美术身份特征的历史种子的发芽。因此，韩国现代美术史上关于传统的探讨大多归结于韩国美术的身份特征构成韩国独特性的话题。这种传统论作为一个巨大的话题占据了重要地位，并在韩国现代美术史上具备了独特的含义。

所谓的传统就是，"从过去流传至今的东西"或者是"拥有历史背景且具有一定规范性意义的东西"。正如T.S.艾略特（1888—1965）所说，"传统是一种历史意识。这种历史意识，既是一种对于过去的意识，也是对于现时和未来的意识。"传统并不意味着无条件地还原历史，它充满活力地存在于当今社会中。从整体上来说，传统文化因为继承或扬弃了过去的文化传统，最终呈现出全新的美术形态，因此对于现代美术家来说具有两面性。换句话说，传统文化既是要克服的对象，同时它又在人们追求新东西时给予帮助，起到根基的作用。

在欧洲，这种现代美术和传统的关系并不是特别新鲜的话题。然而不同的是，在包括韩国在内的亚洲国家，这个话题是近代之后的美术探讨中最多被提到的话题。究其原因，近代之后西方文化如潮水般涌入亚洲各国，这些国家的传统文化不得不发生巨大变革，在这一点上韩国也不例外。1945年之后，随着西方理念和文化的传入，以及对于传统的关注进一步加大，整个社会掀起了关于民族传统的热烈讨论。解放之后这种试图对东西方文化进行折中的倾向一直持续到韩国战争时期，战后的发展更加多样化，有时会发生剧烈的变革，有时也会呈现出保守的倾向。

然而，这些讨论的结果认为，虽然西方文化逐渐占据优势，但现代美术整体上还是走向东西方融合的道路。其内在体现出的传统美学和形式等经历了整个60年代，一直持续到70年代，并对韩国"单色画（monochrome）美术运动"产生了影响。因此，70年代"单色画"画家和评论家大多数沉迷于西方的实验美术，在这种沉迷中他们对当时社会整体的文化本质产生兴趣，并认为有必要探索一下韩国美术的本质。然而，他们所意识到的本质是从他人身上移植而来的传统，这并不是对于韩国固有传统进行的探讨，而是一味只强调脱离韩国现实的观念性思想与形式的精英式传统，这种传统无法唤起人们的共鸣。尽管如此，韩国绘画史上再没有哪个年代像 70 年代一样对本质性问题展开了热烈的探讨。

图 2-18　朴栖甫,《描法 No. 228-85'》, Pencil & Oil on cotton, 165cm × 260cm, 1985

　　带着对该问题的批判, 80 年代出现了"民众美术"。他们意识到韩国传统的主体性, 并发掘其根基所在, 他们跨越了现实与美术之间的界线, 试图对于韩国传统进行更深层的思考。"民众美术"的主要课题就是解决被当时美术界所忽略的现实问题, 以及恢复体现其表现力的形象性。传统艺术的血脉在日本殖民统治期间遭到破坏, 而现代美术一味只关心西方思潮的传入, 因此他们试图将两者从根本上联系在一起。因此, 许多画家从传统艺术品中重新发掘或重新审视其中的民族情感和美学特征, 并尝试在自己的作品世界中构造出一种乡土性。由于当时 80 年代韩国的时代需求和对于文化的关心增强, 这种情况得以出现。对当时的时代背景, 金光亿进行了以下描述:

　　"从 80 年代开始, 韩国人开始认识、承认文化的重要性。以前的韩国知识分子最重视的则是经济和政治。1945 年韩国解放后, 半岛两分, 分别建立了两个国家。战争破坏了经济, 五六十年代最重要的工作是巩固国家和恢复经济, 大学的学科主要是政治学、法律学、经济学, 对文化没有什么意识, 人们关心的主要是解决温饱问题。70 年代以后, 在韩国政府主导的体制下，经济快速增长了。迅速的城市化、产业化带来了很多社会问题，跟现在中国的情况差不多。……70年代艺术被认为是少数富有的人能够享受的特殊的东西，不是民生的东西。传统文化被认为是落后的、不好的东西。80年代开始，韩国人开始谈文化。……80年代以后，艺术变成了普通民众日常生活的一个内容。

80年代"民众美术"的出现可以理解为进入20世纪后期，随着韩国社会正式步入近代化，经历过打入全球市场以及社会阶层的急剧变动之后，所出现的一种寻找自身文化的特殊性和固有性的运动。同时，这也是韩国社会进入一个全新局面之后，为了在文化上获得全新地位所要经历的一个过程。通过将朝鲜时代后期的传统以民众样式呈现出来，这期间一直被忽视的朝鲜后期的民众样式获得了更多关注，对它的理解也更进一层，同时其水平也得到了进一步提升。

图 2-19　吴润，《刀歌》，木版画，32.2cm×25.5cm，1985

图2-20　林玉相，《麦田Ⅱ》，油画，296cm×137cm，1983

　　然而，这种传统也具有一定的局限性。首先，他们将传统的根基只局限于朝鲜后期，因此整个世界观和传统性都受到限制。其次，为了实现传统美术进步性，传承的作品实践和理论过于偏重复古主义，并呈现出将成果公式化的倾向。最后，无视画家个性进行共同创作，同时强调传递现实批判的内容，最终被批评为其艺术价值遭到破坏，更多体现的是斗争和运动。这也是进入80年代以后，和"民众美术"一起，人们对于传统的探讨急速减少的原因。尽管如此，当时对于传统的讨论是前所未有的，这是第一次试图拯救韩国所固有的自身民族性传统，从这一点上来说是意义重大的。

　　现在我们将韩国现代美术史的背景考虑在内，可以在仁寺洞文化区发现更多的东西。朝鲜时代的韩屋，之后经过修缮的改良韩屋，具有现代美感的改良韩服、韩国传统茶、韩国传统韩定食等，仁寺洞文化区到处都是跟朝鲜时代的传统有关的东西。其中还包括从事现代美术交易的画廊，可以说是仁寺洞独有的特性。考虑到该地区曾是过去朝鲜时代专门进行古董交易的地方，人们可能会联想到北京的琉璃厂。然而如今这两个地区在功能和作用上，比起相同点，更多的是不同之处。琉璃厂仍停留在过去的时光，专门进行古董和古代书画作品交易。而仁寺洞文化区可以说是一个处于现在进行式的生机勃勃的韩国现代美术现场，它作为一个可以接触到各种现代作品的艺术区的特征更加强烈。

　　正如上文所述，通过80年代的"民众美术"可以看出美术史上对

"传统"这一韩国现代美术史上的主要思考问题进行了真正的探讨。在仁寺洞文化区的景观视觉上可以捕捉到各种传统要素，事实上也包括那些为了增加该地区魅力的视觉性装置。不可否认，仁寺洞文化区景观中出现的传统要素最开始肯定不是因为考虑到韩国现代美术史上的这一问题。但是仁寺洞文化区经历了整个近现代，韩国美术在那里获得了平稳的发展，这期间韩国现代美术的思考问题和发展过程不管以何种方式必然会在不知不觉中对其产生影响。换句话说，构成仁寺洞文化区景观中的各种传统要素不仅仅是为了增加自身魅力，它与韩国现代美术史思考的问题也具有紧密的联系。

综上所述，在中国和韩国的现代美术发展过程中，"边缘和传统"这一问题在阐释两国现代美术的发展和本质时起到了极为重要的作用。巧合的是，798艺术区和仁寺洞文化区通过视觉上可以感受到的景观以再现的方式，将"边缘和传统"进行表象化呈现出来。虽然表象化呈现出的"边缘和传统"要素并没有从一开始就试图表现出美术史上的思考问题，但考虑到中韩现代美术在798艺术区和仁寺洞文化区获得了时间性和空间性，并在那里得到了发展，因此它们之间的密切联系是不容忽视的。

另外还有一个值得思索的问题是，中国和韩国的现代美术在起源和发展方式上大相径庭，但如今两国的现代美术所处的情况却大致相同。过去中韩现代美术所标榜的前卫性、进步、批判意识等已经在市场经济的逻辑下瓦解，在美术市场逻辑的作用下被修整得更加圆滑。如今谁的作品以多高的价格出售、最近美术市场的潮流是什么才是美术界最为重要的话题。那么为什么仍然要通过表象化战略、利用一定的装置刻意地呈现出中韩两国现代美术史上的核心话题？这是由于通过差别化战略可以获取更高的商品附加值，出于这种考虑，中韩美术的身份性和象征性问题依然重要。因此，798和仁寺洞不得不紧紧抓住这一点，寻求视觉上可以呈现的装置作为一种战略。

第三章　仁寺洞文化区的现状研究

为了更好地理解仁寺洞文化区内画廊的特征，本文在第三章中将对个案进行研究，并以仁寺洞文化区的入驻者和访问者为对象进行了问卷调查，在此基础上进一步充实了自己的研究。

首先，对于仁寺洞一带画廊的个案研究主要通过对各画廊负责人的采访而进行，共调查了三家画廊。在选择画廊的时候，尽量选择一些具有代表性，能够普遍地反映出主要活动范围、在仁寺洞内的位置、专业性等的画廊作为研究对象，以便通过对这三家画廊进行的个案研究，能够了解仁寺洞内各类画廊的大致状况，并理解其特征。

其次，问卷调查的对象是对仁寺洞文化区怀有迥然相异理解方式的不同阶层和组织的人。该调查目的的特别之处在于具体地阐释了调查对象们以何种方式使用、理解、评价仁寺洞文化区。本文所进行的问卷调查涉及从客观认知理解的景观、使用状况、管理体系等问题，到空间氛围、印象等主观心理层面。这种方式与本文旨在证明的假说关系密切，本文想要证明的正是不同阶层的人们通过自身的个人经验和需求，用不同的方式对艺术区这一物理性空间进行重构。物理性空间在心理层面上进行重构的过程使本文对艺术区的各种探讨得以实现，这一点极为重要。另外，本调查将以与本文研究对象相关的最重要的先行研究——刘明亮的论文中所进行的问卷调查基本提问内容为框架，旨在建立起两个不同研究之间明确的比较点。而这里所说的比较点，是站在物理性空间差异和时间间隔的观点上进行更加具体的阐述。

第一节　仁寺洞文化区的画廊

由于仁寺洞文化区拥有复杂的景观和多重的功能，因此可以用各种不同的特征来解释它，包括传统街道、观光街道、购物街道、文化艺术街道等。正如第二章中所述，通过分析仁寺洞文化区的发展脉络和入驻机构的分布变化过程，可以看出仁寺洞无法摆脱急剧的商业化和旅游化的命运。但与之同时，它又拥有比韩国国内任何其他地方都数量多且分布密集的画廊。因此，通过以仁寺洞文化区入驻的众多画廊为对象进行的具体事例研究，旨在为寻找出一系列共同特征做准备。

一、入驻画廊的现状

仁寺洞地区的画廊大部分以展馆租赁为主业，但其中也不乏愿意发掘、培养新人画家，具有强烈实验精神的画廊。从大致的比例上来看，仁寺洞内 80%—90% 的画廊主要经营展馆租赁，10%—20% 的画廊则主要举办企划展或是邀请展。因此，本研究选择了主要进行展馆租赁的两家画廊和主要进行企划展的一家画廊，并与画廊负责人进行了深入的交流访谈，同时研究了画廊展览相关的各类刊物，并进行了实地探访。研究时间从 2013 年 9 月 23 日起，持续进行了三周。

NOAM 画廊　　　　　Dukwon 画廊　　　　　Cyart 画廊

表 3-1　个案研究对象设备分析

	A	B	C
画廊名	NOAM 画廊	Dukwon 画廊（2014 年更名为美术世界画廊）	Cyart 画廊（2014 年更名为 Cyart Space）

第三章　仁寺洞文化区的现状研究

续表

	A	B	C
开立年份	2002 年	1992 年	2008 年
展馆数量	2 个	3 个	2 个
展馆面积	1 展馆：230m² （高度3.14m） 2 展馆：130m² （高度2.8m）	1、2、3 展馆：均约 150m²（高度为 1、2 展馆 3.05m，3 展馆 2.75m）	1、2 展馆：均约 50m²（高度 2.8m）
自有 / 租赁	拥有 2—3 层的建筑	拥有 3—5 层的建筑	租赁
地址	钟路区仁寺洞 133	钟路区仁寺洞街 24	钟路区安国洞 63-1
代表人	金文基	李瑜廷	李昇训
负责人	裴恩惠（工作时间 3年）	尹秉协（工作时间 3年）	李昇训（工作时间 6年）

图 3-1　三处画廊的位置

表 3-1 整理了进行实例研究的三处画廊的基本情况。本文中为了便于表述，不使用各画廊的名字，而直接简称为 A、B、C 画廊。由图 3-1 可以得知，A 画廊因为位于繁华的仁寺洞入口处，是容易被众多游客关注到的位置，B 画廊位于仁寺洞十字路口处，而 C 画廊的位置更靠近安国洞（安国地铁站）。三家画廊都邻近仁寺洞文化区的中心街道——仁寺洞路和地铁站，地理位置优势明显。从外观上看，A 画廊位于用亮灰色的暴露混凝土浇筑的三层建筑中的 2—3 层，展馆为画廊所有。B 画廊将一座 6 层建筑的 3—5 层作为展馆，也是 B 画廊所有。该建筑的 1—2 层入驻了许多店铺和饭店，因此对于初次到访该画廊的人来说，或许会有些难以接受。C 画廊租赁了一座 4 层建筑中的地下层作为展馆，C 画廊邻近地铁安国站，从严格意义上说位于仁寺洞文化区的外围，但它紧挨着仁寺洞文化区，考虑到位置特征将其看作仁寺洞文化区的画廊也并无大碍。另外，选择该画廊作为调查对象的理由在于，画廊主人兼管理者李昇训曾经在韩国画廊密集地——江南清潭洞一带、江北仁寺洞地区都待过，堪称专家。而这次访谈中最有深度的谈话内容也都是从李昇训先生口中获知的。

图 3-2　NOAM 画廊的室内全景

图 3-3　Dukwon 画廊的室内全景

图 3-4　Cyart 画廊的室内全景

　　这里提到的 A、B 两家画廊与仁寺洞入驻的画廊平均规模相比，属于规模较大的一类。除了几家重量级的画廊，仁寺洞地区的大部分画廊都只有一个展馆，规模紧凑却显得十分和谐美好，C画廊便是这样。由此得知，在设施方面A、B画廊都有相当的优势。参考画廊的设计图可以发现，A画廊拥有分别位于2、3层的两个展馆，尤其是3层的展馆具备适合作画的高度与面积，2层的展馆则面积更加开阔，增加了高度，适合各种不同的展览。B画廊位于3—5层的各个展馆则是根据展览的规模统一或者分别进行。除了5层的展馆，3、4层的展馆都是高3米，因此不仅是平面作画，连装置艺术工作都可以在此进行。最后，C画廊拥有两个展馆，其规模都较小，因此可供展览的空间是三个画廊中最小的，尤其适合绘画作品或少数影像作品的展示。三处画廊所拥有的展馆具体规模参看附录二。

　　表3-1-2对三家画廊的主要从事内容、展览形态以及主要收支情况进行了整理。从表中可以一目了然地看出，A画廊同时经营企划展和展馆租赁，企划展主要是以支援或捐赠新晋画家的形式而进行。B画廊举办的展览中90%—95%为展馆租赁展，展馆租赁费用占到其整体收入的大部分。另外，B画廊不仅有个人展，还可以看到同门展、毕业展、协会展等各种不同的展览。相反，C画廊则是专门举办企划展，从不进行展馆租赁。相对于仁寺洞文化区内的大部分画廊的经营都依赖于展馆租赁，C画廊的运营方式不得不说是比较独特的。

　　其次在画作销量方面，A、B、C三家画廊的销售情况都大不如以往。尤其是A画廊和B画廊，画作的销量少到已经难以进行统计数据。C画廊平均一个月可以卖出1—2幅作品，但销售画作的盈利仍然在整体收入中占相当低的比重。

　　然而，与B、C画廊不同的是，A画廊最初就不是以出售画作为目的。尤其是A画廊从来不参与任何艺术博览会或者活动，独立存在并不隶属于任何一方，其最主要的目的就是将艺术作品展示给更多的观众。与之呈鲜明对比的是，C画廊负责人李昇训这样描绘自己画廊的特征，"我们Cyart画廊的目的是在商业画廊和非盈利性代替空间之间或者边缘，为画家们创造出另外一个代替性空间。正如画廊的名字'Cyart'具有'艺术之间'的含义一样，我们试图通过各种方式寻找出一种画家和画廊一并前进的方法。事实上，韩国美术存在两个问题。一个是将美术看作一种投资的'商业性问题'，另一个则是画家缺少理论性基础或者无法对作品进行准确评价的'美术探讨缺失'的问题。……因此我开设画廊的目的是在美术作品的流通上打造出更加多样化的体系，同时对那些作品内容充满创意同时理论基础扎实的画家给予支持，从而创造全新的展览文化。"

按照李昇训所言，C画廊试图在商业性和非盈利性中间寻找一个代替性空间。尤其是李昇训作为一个曾经专攻西洋画的画家，比任何人都更了解画家们的苦衷。因此，C画廊通过一个名叫"new discourse"的活动，每年评选出14名新晋画家，不仅帮助其举办个人展，同时还联合韩国各位知名的理论家和评论家一同对该画家进行评论。这种将作品和理论结合在一起的富有创意性的活动，即使是对于韩国知名画廊来说也是一件很难轻易尝试或者坚持的事情，然而该活动截止到笔者访谈时的2013年已经举办到第六期了，不得不说是一件让人备受鼓舞的事情。

仔细观察C画廊通过竞赛展选拔出来的画家可以发现，他们选拔的并不是在美术市场原有逻辑下易于销售或收藏的绘画作品，而是在材料方面或者形式方面多少具备实验精神的作品。通过向前来仁寺洞的游客们展览这些作品可以宣传各种不同类型的美术作品，这也更明确地证实了之前所说的C画廊的开立宗旨。同时，面对如今认为仁寺洞文化区以展馆租赁为主、一味地只偏重于美术的根基扩大与大众化的声音，这或许能提供一个新的可能性与方案。

图 3-5　2013 年 Cyart 画廊的 "new discourse" 选拔艺术家金敏善的作品

下面看一下各个画廊的主要收入来源。A、B 画廊的大部分收入来源于展馆租赁，只有 C 画廊的大部分收入来源于外部图录的制作等设计工作方面。因此，C 画廊的员工不仅要处理画廊业务，还要同时进行设计工作。具体来看，B 画廊租赁一个展馆一周的费用为 250 万韩元到 300 万韩元（合人民币 1.5 万—1.7 万元），同时租赁三个展馆则为 900 万韩元（约合人民币 5.1 万元）。与自身拥有展馆的 A、B 画廊不同，C 画廊的大部分收入都抵作租金，面对日益上涨的物价与租金逐渐开始入不敷出。

表 3-2 个案研究对象活动分析

	A	B	C
画廊名	NOAM 画廊	Dukwon 画廊	Cyart 画廊
主要从事内容	展馆租赁 70%—75% 企划展 25%—30%	展馆租赁 90%—95% 企划展 5%—10%	企划展 100%
画作销售	数量极少（企划展时偶尔可售出 1—2 幅）	数量极少	绘画部分（一个月可售出 1—2 幅）
主要收入来源	租赁费	租赁费	图册设计制作费其他
主要展览的画作类型	以绘画作品为中心，兼有装置艺术以及摄影照片等多个领域	以平面及装置艺术作品为中心	以平面及装置艺术作品为中心
展览形态	展馆租赁，企划展，一年策划并举办两次竞赛展	展馆租赁（个人展、同门展、毕业展、协会展等），企划展（新晋画家）	企划展
主要支出	管理费，人力费用，企划展全部支出费用	管理费，财产税，银行利息，人力费用等	租金，管理费，人力费用

在该访谈过程中本人最好奇的是，所有的回答者都异口同声地反映由

于仁寺洞一带迅速扩张的商业化，导致该地区的房屋租金上涨、艺术区氛围削弱等问题的不断出现。然而在这种情况下为何仍有画廊在此开业呢？不仅是本研究中调查的三家画廊，至今仍有大量的画廊不断地在仁寺洞文化区开业，因此该问题显得更加重要。在所有的回答中，印象最深刻的是C画廊的主人李昇训的回答：

> 为什么在仁寺洞一带开画廊？我认为仁寺洞把韩国现代美术的两大中心地——江南和江北之间的区别原原本本地呈现出来。我有一个后辈曾经在江南瑞草洞开了一家画廊，在最初的一年左右我和他一起经营。我们费尽心思举办了试验性的企划展，然而一天只有2—3名观众。从那时起我就明白了，江南是一个彻头彻尾的商业性空间。因此后来我搬到了仁寺洞，并做上了我一直想做的事情。虽然赚不了很多钱，但整体上还是感到比较满足并且开心。……仁寺洞原本就是我们传统文化的空间，是韩国从事艺术文化的人最多的聚集地。我认为，正是因为有许多历史悠久的重量级画廊聚集于此，仁寺洞才得以起到这种作用。仁寺洞的象征性在韩国美术史上占据了最为重要的位置。在这里所谓的象征性可以理解为包括全部的仁寺洞地区，事实上我的画廊所处的位置在仁寺洞的外围，北村下面的中间地点，然而人们都认为是仁寺洞内的画廊。由此可见，仁寺洞文化区这一词将其周围一带的艺术空间也都包括在内。钟路、光化门、北村都因为仁寺洞的象征性而被包括在仁寺洞内。

　　另外还有一些统计资料可以证明以上谈话内容。例如，韩国金达镇美术研究所于2013年发表的《韩国国内每年度新增展示空间的增减情况》调查报告（图3-6）显示，2012年、2013年与过去十年相比新增了大量的展示空间。从其地域分布来看，占全部数量40%的67处位于首尔地区，而其中的40%，即27处位于仁寺洞文化区所在的钟路区。相反，被称为韩国美术市场中心的江南只拥有13处，数量不及仁寺洞及其周边地区的一半。2013年11月12日重新开馆的国立现代美术馆首尔馆也位于仁寺洞文化区附近的北村，可以想象得到它们之间会产生一定的协同作用。

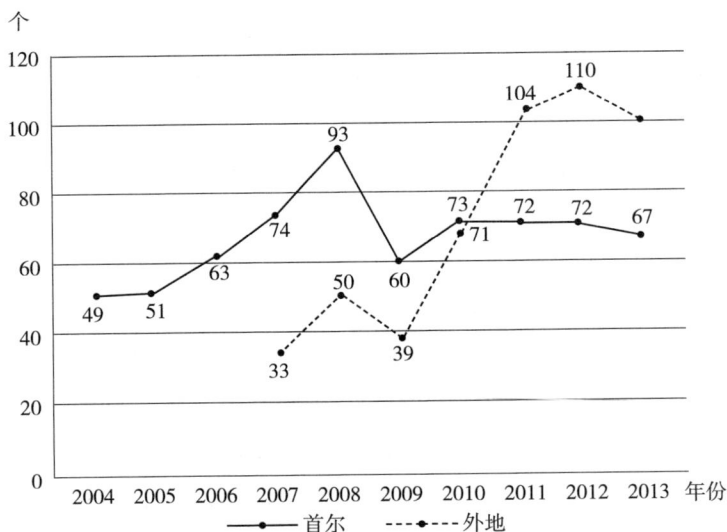

图 3-6　韩国国内每年度新增展示空间的增减情况

　　提到仁寺洞的时候，很多人会认为该地区作为艺术区的功能已经逐渐减弱，如今已经变质为单纯为了满足人们观光和购物的身份模糊的空间。然而，依然有许多画家和美术协会，以及美术大学希望在仁寺洞举办展会。对此现象如何进行解释呢？在对 A 画廊管理者裴恩惠的访谈中，她说了下面一段话：

　　说实话，仁寺洞画廊和其他地区的画廊相比，并没有什么本质上的不同。可以认为其他地区的画廊也会因为收入不理想而被迫关门，几乎没有单纯以展览为目的而经营的画廊。只是仁寺洞画廊的特征在于它是画廊们的'始祖'。事实上，'始祖'一词含义颇多，因为呈现出历史和时间。因此，可以认为仁寺洞画廊是作为历史记录保留下来的。由于该含义与记忆，仍有许多画家认为仁寺洞画廊是画展的开始。因此尽管仁寺洞地区变得面目全非，画家们仍坚持在仁寺洞举办自己的第一次个人展。

　　A 画廊的管理者所说内容中最重要的一个词是"始祖"，研究者试图将其阐释为"原型"或者"开始"。过去仁寺洞文化区是韩国最早形成商业画廊的地方，一度被称为韩国现代美术的"麦加"，对整个美术界产生了巨大的波及力。经过了 20 世纪八九十年代的全盛时期，90 年代以后走向了衰退或者变质的歧路，但不得不说，仁寺洞文化区依然是聚集数量最多画廊的地方，也是举办画展最多的地方。

通过整理访谈内容我们可以发现，在仁寺洞文化区内从事画廊事业的人们看来，对如今的仁寺洞文化区的境况虽然无法持肯定评价，但它的影响力和象征性依然存在。李昇训这样讲到，"我认为仁寺洞的象征性依然有效，而且其象征性可以波及到周边地区，并产生一定影响。应该说，我们民族文化的精神以及韩国美术的精神存活于以仁寺洞为中心的钟路附近一带。仁寺洞文化区中心的小巷从城市学的角度来讲是一种共同化的状态，虽然如此，其周边依然一片繁盛，呈现出韩国美术风格多变的风貌。这里真的是拥有着大量或大或小、极为有趣的空间。过去的仁寺洞是由几家代表性的画廊主导发展，而如今这周边出现了大量风格各异、更加专业化的画廊，仁寺洞的功能也变得更加多样化，可以说是呈现出新的变化。"

在他明快的回答中包含了许多重要的论点。特别是他所提到的，认为仁寺洞文化的象征性具有巨大价值，以及这些象征性可以保持继续有效的原因，这些在后面第四章仁寺洞文化区景观的表象化战略中将进行详细探讨。另外，他还指出了过去集中在仁寺洞文化区的美术市场及其传播功能逐渐向其周边扩散、割裂，变得更加多样化，这一点与第五章通过互动实践了解艺术区空间脉络一致。位于仁寺洞周边的北村和西村的传统韩屋村，那里将朝鲜时代的韩屋完好地保存至今。正如仁寺洞将韩国传统文化与韩国现代美术自然而然地连接在了一起，受到商业化大潮冲击的艺术区自然而然地转移到了北村和西村一带（图 3-7）。

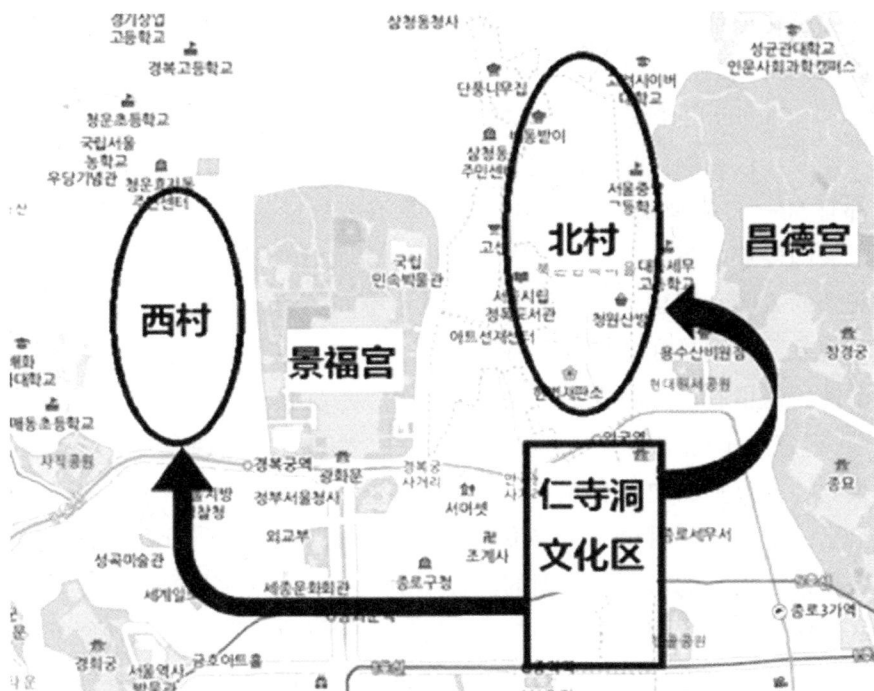

图 3-7　仁寺洞文化区向北村和西村的功能性扩散

　　在这次访谈中所有的画廊异口同声反映的问题就是高昂租金带来的压力。因此，他们在经营上遇到的最大困难事实上是包括租金在内的经济费用等现实问题。这些问题与画廊的生存息息相关。虽然 A、B 画廊购买了展示空间，但因此而衍生出的贷款和利息与之前每月交纳的租金不相上下。另外，C 画廊因为使用的是老建筑的地下室，租金与其他画廊相比算比较低廉的，但保证金 1500 万韩元（约合人民币 8.5 万元），每月支出 200 万韩元（约合人民币 1.2 万元）以上的租金，不得不说是个较大的负担。由此可见，仁寺洞文化区受商业化的影响房地产价格飞速上涨，其中受冲击最大的当属画廊这些与文化艺术产业相关的行业。

　　面对这种现象李昇训说道，"仁寺洞文化区中心街道边的租金已经高到画廊无法承受的程度。因此许多画廊不得不选择搬进位置靠里较为偏僻的巷子，或者周边的北村和西村。一旦商业机构入驻，不仅仅是房租，连出让权利金也暴涨，这些都不利于文化事业的开展。可以说，地区商业化是排斥美术文化发展的。仁寺洞文化区因为自身过度发展，导致了商业化、尖端化，最终该地方变得空洞化，人们开始向周边地区转移。转移出来的人们自然而然地在其周边聚集，比如说，曾经是仁寺洞代表性画廊的Artside、Sarubia也转移到了北村和西村等地。"

如今，仁寺洞文化区内严重的流动问题已经变得习以为常。每年仁寺洞都有50—60家画廊开业，同时又有差不多数量的画廊搬迁到其他地区或者关门停业。事实上，艺术区可以理解为城市空间的一种类型，因此这种频繁的入驻和搬出现象并不罕见。城市空间的流动性被理解成后现代的一种现象，特别是在城市性、科技性发达的空间更是表现出具有威胁性的流动性。这里所谓威胁性的流动性指的是，一种具有威胁性的"跨国资本流"，它忽略了地理上、个人的界线，在巨大的后现代混合物中试图将所有批判性内容和历史融合在一起。因此在这种空间内，每个个体都无法明确自己的位置，同时也无法定位自己与"整体"的关系，浑浑噩噩地漂流在各种杂乱无章的形象与数据的混合体中间。在这种明显的流动性中，钟路区仍然保留着"画廊街麦加"的命脉。仁寺洞内主要举办各种展览的画廊都转移到周边地区，空下的位置由各种商业店铺代替，逐渐丧失自身特征的仁寺洞所谓承载了韩国美术精神的象征性是否还在有效期呢？本文后半部分的第四章和第五章在进行阐释和赋予其意义的过程中将对该问题进行具体的探讨。

二、入驻画廊的特点分析

通过上文对A、B、C三家画廊进行的实例研究，可以总结出仁寺洞地区画廊的几个较有意义的特征。第一，仁寺洞文化区内入驻的画廊销量不尽如人意。第二，仁寺洞文化区内入驻画廊的主要收入都是通过展馆租赁获得的租金。第三，除了通过各种类型的展馆租赁展实现了美术的大众化与根基巩固之外，还有一些画廊以竞赛展或企划展的方式带有支援性地展示新晋画家以及青年画家的新鲜且生动的作品世界。下面将以这三点为中心，分析仁寺洞文化区入驻画廊的特征。

（一）削弱的作品销售功能

首先是仁寺洞内的画廊在销售量方面不容乐观。虽然考虑到韩国美术市场正处于长时间的停滞期，但此次调查研究的三家画廊都异口同声强烈地抱怨作品销售的困难。尤其是A、B画廊，现有的老主顾收藏者或者专业收藏者都明显减少，外国买家也极为罕见。由此可见，本应该作为商业画廊最主要收入来源的作品销售方面几乎赚不到钱，反而通过展馆租赁获得的租金占据了大部分的收入，画廊的收入方式在悄然改变。就在几年前，B画廊还是展馆租赁占70%，企划展占30%，作品销售并没有实质性地开展，随着画廊运营费用的增加，展馆租赁的比重已经增加至90%—95%。A画廊的重点并不在于创造利润，除了空间的维持之外，它希望通过展览绘画作品，呈现一个多重的美术世界，从而还原整个社会。因此至今，它一直保持着企划展30%、展馆租赁70%左右的比例。C画廊勉强维持着画作的销量，然而作为收入仍然是远远不够。

另外，来到仁寺洞的国内外游客们大部分情况下并不是来参观美术展览，而是为了购物和游玩。仁寺洞文化区打造"传统文化之街"这一战略性举措，最终似乎成为了吸引游客的方式，如今仁寺洞的主街道上，比起真正的"传统"，更多的是"商品"，其中"艺术"和"展览"自然而然地隐退背后。尤其对于A画廊来说，因为位于仁寺洞文化区的入口处，优越的地理位置使它看似很容易吸引游客，然而通过访谈听到的内容则与此相差甚远。A画廊的管理者裴恩惠说道："是的，人们大多认为我们画廊位于仁寺洞文化区的入口，地理位置十分有利。然而问题是门口摆满露天摊，区政府对该现象管理不力，导致仁寺洞文化区入口处像市场一样乱糟糟。最终结果是，游客们很难找到画廊，就算找到也很难找到入口。"由此可见，如今仁寺洞文化区盛行的商业化现象对此地众多画廊的发展毫无帮助。

（二）偏重于展馆租赁的仁寺洞画廊

不仅是上述画廊，仁寺洞地区大部分画廊的最主要经营活动就是展馆租赁与管理。如果说原先商业画廊的策展人其主要工作是销售画作、管理所属画家、画展企划等，如今在仁寺洞文化区内的画廊工作的策展人们的工作内容中，如何成功吸引客人租赁展馆并有效地管理展馆成为最重要的方面。这种情况可以理解为，仁寺洞文化区内画廊无法靠销售画作获得收益，为了解决日益上涨的租金、管理费、税金、人力费用等全部花销而不得不采取的措施。

由此可见，仁寺洞内画廊的主要收入来源就是展馆租赁。与其他国家，或者韩国国内其他美术馆、画廊不同，仁寺洞画廊每周对展示作品进行更换。大部分是周三开展，周二闭场。因为循环速度较快，仁寺洞文化区始终布满了画廊悬挂出的大量条幅以及宣传海报，呈现出生机勃勃的气象。这种体系对于仁寺洞内大部分画廊通过展馆租赁维持画廊经营的情况来说较为有利。因为希望租赁展馆举办展览的画家或者团体，通过短时间租赁展馆可以以较低廉的费用举办展览，而在画廊的立场上，吸引越多人来租赁展馆，它自身获得的收入也越丰厚。

仁寺洞地区大部分的画廊都是专门从事展馆租赁的画廊，因此举办作品展的来自各个阶层，有专业画家、美术系学生、文化中心听课学生、写生协会等。另外，由于展览的性质导致不得不免费观看，再加上无法依赖作品销售，因此不管作品的质量高低，租赁本身更为重要，最终导致越来越多的画廊在租赁展馆时考虑的不是作品水平而是租赁费。但是从长期来看，专门从事展馆租赁的画廊们若不能筹备或吸引到质量较高的作品展，即便数量有限，一些曾经喜欢前来仁寺洞的美术爱好者们或许会不再光临。在采访过程中，A、B、C画廊的管理者都强调的"优质作品展的缺失"，"优质作品展的必要性"，这正是重振仁寺洞文化区画廊生命力的最有力手段。

（三）实验性企划展的尝试

仁寺洞文化区画廊的最后一个特征，是通过各式各样并具备实验精神的企划展介绍一些青年画家。上面提到，仁寺洞一带大部分画廊主要从事展馆租赁，坚持举办年轻新晋画家的企划展的画廊数量极少，因此这一点很容易被忽视。但是，如果不只看单纯数据比例，而是考虑对仁寺洞文化区带来的波及效果和象征性的话，以A、C画廊为代表的几家画廊，他们所做的努力都是令人鼓舞的。这些画廊包括NOAM画廊（A画廊）、Cyart画廊（C画廊）、Grimson画廊、No画廊、Art Space Hyun画廊、Kim Jin Hye画廊、LUX画廊等。

让我们看一下其中几家画廊，LUX画廊于1999年开业，主要从事与光相关的媒体。它拥有1个展馆，规模并不大，然而在这里不仅国内画家，连海外画家的企划展也持续举办。最具代表性的是，2013年4月10日举办的奥地利摄影家Gerhard Gross的作品展，2013年10月23日举办的法国摄影家Nathalie Savey的作品展。尤其是它每年都会举办新人竞赛，选拔出优秀的年轻摄影家并支持其举办作品展。

Grimson 画廊于 2008 年 6 月开馆，主要经营各种类型的现代美术作品。与其他画廊简单利落的入口不同，该画廊保持了韩国传统房屋结构的顶棚，内部空间给人印象极为深刻。相较于商业性，它更倾向于优质的企划展以及专属画家的作品展，并通过参加国内外各种艺术博览会，将韩国优秀的画家和作品介绍给海外美术市场。

最后的 INSA ART CENTER 是 1983 年在汉城平仓洞开馆的 GANA ART 画廊的子公司，2000 年为了探索仁寺洞区的艺术发展而设立。在 GANA ART 画廊雄厚的资金支持之下经营的 INSA ART CENTER 极具个性，成为仁寺洞地区的地标性建筑。它在一座 6 层的现代高层建筑中采用了古典建筑中常用的中庭结构，从地下一层到六层共有 10 个展馆，规模较大。过去经常举办企划展，如今所有的展馆都以租赁为主。这里提到 INSA ART CENTER 的原因在于需要关注一下展馆租赁的新功能。INSA ART CENTER 虽然以展馆租赁为主，却依然对仁寺洞美术展的发展产生了影响，原因在于它并不是全盘接受所有的租赁申请，只有通过审议并批准后才能举办。因此可以理解为，虽然是展馆租赁，但对于优秀作品或者有能力的画家来说反而得到更多的展示机会。事实上，几家数量有限的画廊举办的竞赛展数量极少，最终选拔出来之后获得展出的机会也不容易。

表 3-3

	开业时间	主要展出领域	地址
LUX 画廊	1999 年	与光相关的媒体——摄影、版画、映像以及现代作品	首尔市钟路区宽勋洞 185
Grimson 画廊	2008 年	所有类型的作品——发掘新晋画家，包括公共美术项目	首尔市钟路区庆云洞 64-17
INSA ART CENTER	2000 年	以绘画为中心的现代作品	首尔市钟路区宽勋洞 188

笔者在这里想明确提出的是，为了重振仁寺洞文化区的画廊和美术展，不仅是优质的企划展，展馆租赁时的高要求也极为重要。如今仁寺洞地区画廊的主要收入来源已经是展馆租赁，我们应该做的不是否定该现象，或一味强调画廊管理者的企划能力与展示新晋画家作品的企划展。重

要的不是该作品展是租赁展还是企划展的形式问题，而是作品展自身的水平和作品的构成。换句话说，不管是租赁展还是企划展，只要展出的作品值得一看，就会有越来越多的人到访仁寺洞。归根结底，重振仁寺洞画廊生机的方法是举办能够给观众带来审美性满足的作品展，让每个到访的观众能够满意而归，并乐意下次再来观展。

第二节　入驻机构和游客对仁寺洞文化区的评价

问卷调查以仁寺洞的主要街区为中心开展，共分两次进行。第一次问卷调查从 2013 年 5 月 15 日开始，截止到 5 月 19 日。第二次问卷调查从 2013 年 10 月 30 日开始，截止到 11 月 3 日。调查对象大致分为两种，一种是该地区的入驻机构，另一种是国内外的游客。首先，包括画廊在内的仁寺洞文化区艺术机构的答卷有 60 份，包括商店、餐饮在内的商业机构的答卷 60 份，共收集到 120 份答卷。其次，国内外游客的答卷共 257 份，其中国外游客的答卷 141 份，韩国本土游客的答卷 116 份。

问卷调查中采用的问题以及客观选择题基本沿用了刘明亮论文中使用的问卷调查的形式和内容，从而可以更加明确地呈现出本文研究内容与先行研究刘明亮论文的差别所在。两次研究中开展的问卷调查也有明显的区别，本文研究过程中采用的问卷调查更重视真正拜访并利用仁寺洞文化区的游客们所产生的不同反应。原因在于本次研究关注的是物理性空间范围内所产生的不同心理层面的流动性构成与解体，并为了具体地展开论述而寻找依据。

一、入驻机构的评价

本文将入驻机构对于仁寺洞文化区的评价和期望按照不同的类别进行了统计、整理。通过分析问卷调查结果可以发现，艺术机构和商业机构虽然处在同一地区，但它们理解、定义仁寺洞文化区的方式各不相同。这是因为两种行业入驻仁寺洞的目的不同，两者的立场与目的不同，自然导致对仁寺洞地区发生的一系列变化有着不同的解释。

关于"仁寺洞文化区的性质或特征"这个问题的调查结果。艺术机构和商业机构的所有答题者都可以从"艺术区、时尚消费区、旅游区"中进行多项选择，最终结果如下。

表 3-4　　　　　　　　　　　　　　　　　　　　　单位：家

	艺术区	时尚消费区	旅游区	艺术区、时尚消费区	艺术区、旅游区	时尚消费区、旅游区	艺术区、时尚消费区、旅游区	其他
艺术机构	11	6	15	4	12	6	6	0
商业机构	3	8	17	5	2	19	4	2
总　计	14	14	32	9	14	25	10	2

比例如下：

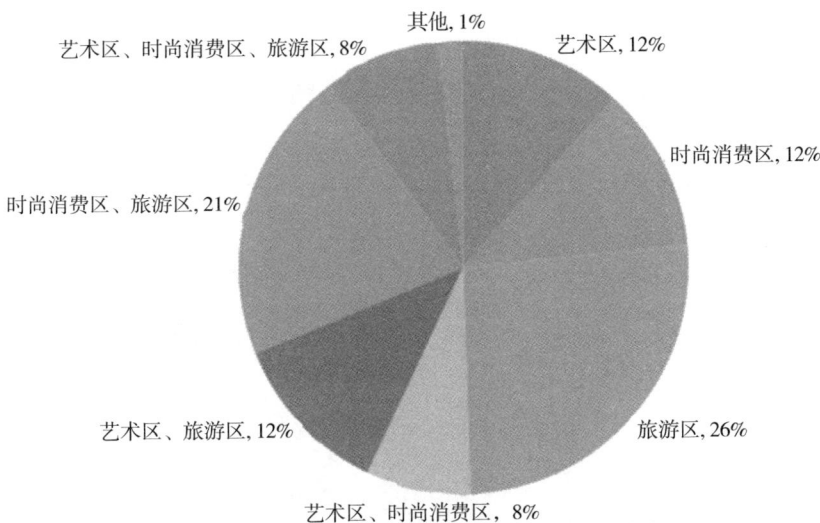

图 3-8　2013 年入驻机构对仁寺洞文化区现状的评价

　　艺术机构和商业机构中认为仁寺洞文化区是"旅游区"的占了最大比重（26%）。其次是"时尚消费区、旅游区"，占所有问卷的 21%。由此可见，如今提到仁寺洞文化区不可避免的最大话题——商业化、观光化的问题反映在了该调查结果中。从这些入驻机构的回答来看，认为仁寺洞文化区是"艺术区"的人只占 12%，这是相当低的比重。然而，在进行多项

选择时，选择"时尚消费区、旅游区"的同时也选择了"艺术区"的人达
39%。如此看来，多项选择的情况下虽然可以收集到各种不同的意见，但
其结果相对来说比较分散。为了使结果更加明确，需要利用统计的方法对
其进行再次整理。将多项选择的结果按照"艺术区、时尚消费区、旅游
区"三大类分别进行统计，最终整理得到的结果如下。简化的表格如图：

表 3-5

	艺术区	时尚消费区	旅游区	其他
艺术机构	33（36%）	22（23%）	39（41%）	0
商业机构	14（15%）	36（38%）	42（45%）	2（2%）
总　计	47	58	81	2

比例如下：

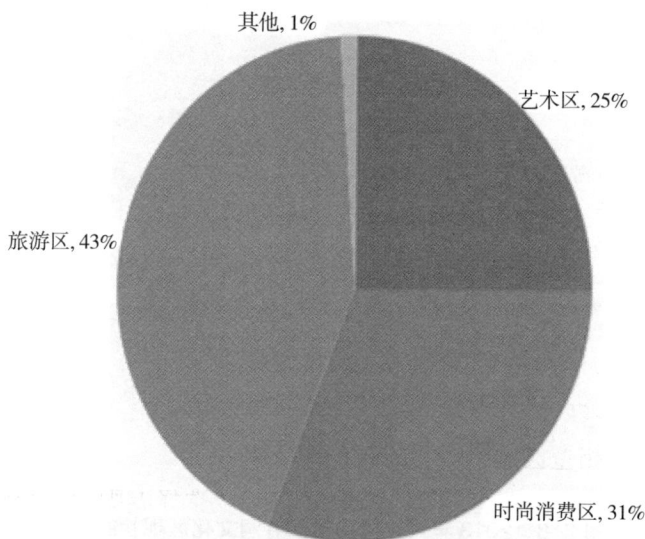

图 3-9　2013 年度入驻机构对仁寺洞文化区现状的评价

由简化的统计结果可以看出，入驻机构认为仁寺洞文化区是旅游区的
占 43%，占有压倒性优势。其次有 31% 的入驻机构认为仁寺洞文化区是时
尚消费区，最后认为是艺术区的占 25%，比重最小。认为仁寺洞艺术区不

是艺术区的足足占74%的比重，由此可知，在仁寺洞文化区内入驻的这些机构眼中，仁寺洞文化区并不是艺术区，而是一个具有其他特性的空间。旅游区的特征尤其突出的原因在于，仁寺洞文化区实行"无车之街"政策之后，包括国内外游客在内的流动人口大幅度增加，街道上始终充斥着熙熙攘攘的人群。这种独特的街头风景使得仁寺洞文化区不再是一个适合长时间驻足并欣赏文化艺术的地方，而变成一个适合短暂停留、通过街头摆放的商品和商店满足游客购物或观光的地方。

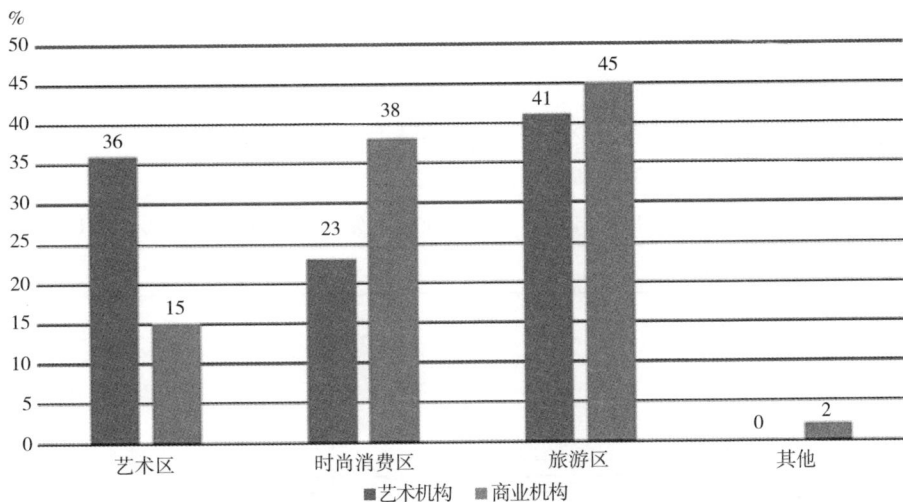

图 3-10　入驻艺术机构及商业机构对仁寺洞文化区现状评价的比较

将上面的调查问卷结果按照艺术机构和商业机构为基准，通过线形图的形式重新整理区分，可以发现一个十分有意思的情况，即艺术机构和商业机构的回答相差甚远。相同的是，两个行业都认为仁寺洞文化区是旅游区且比重最大，然而在艺术区和时尚消费区的选择上则大相径庭。在艺术区的选择中，艺术机构的36%选择了艺术区，而商业机构只有15%，相差超过两倍。在时尚消费区的选择中，艺术机构的23%选择了时尚消费区，而商业机构达到38%，近两倍之差。由此可见，在认为仁寺洞文化区的主要特征是旅游区的前提下，艺术机构的眼中仁寺洞文化区具有艺术区的特征，而在商业机构看来仁寺洞文化区则具有时尚消费区的特征。造成该结果的原因是，两种行业虽然同在一个屋檐下，但各自的目的和利益追求都各不相同，这对他们各自理解该地区的特征产生了很大的影响。

在仁寺洞文化区这一相同的空间中，不同阶层的人们以各不相同的方式理解并体验着该地区，这一点通过下面的统计结果可以进一步得到明确。后面将更详细地分析游客的调查结果，将该结果与入驻机构的结果相对比可以发现，理解方式与目的不同的群体之间，在了解仁寺洞文化区的现状上产生了一些值得深思的差异。

表 3-6

	艺术区	时尚消费区	旅游区	其他
国内游客（人）	58（34%）	33（20%）	76（46%）	0
国外游客（人）	70（35%）	43（21%）	89（44%）	0
艺术机构（家）	33（35%）	22（23%）	39（42%）	0
商业机构（家）	14（14%）	36（41%）	42（43%）	2（2%）
总　计	175	134	246	2

如下图：

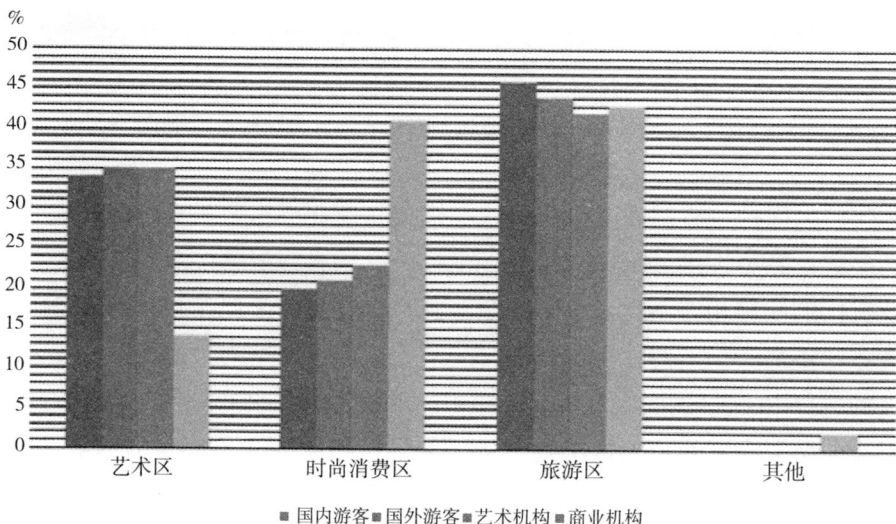

图 3-11　2013 年度不同类别入驻机构和游客对仁寺洞文化区现状的评价

艺术机构和商业机构等入驻机构，使国内外游客在整体上一致认为如今的仁寺洞文化区更具有旅游区的特质。然而，在艺术区和时尚消费区中，商业机构明显表现得不同于其他群体，他们认为仁寺洞文化区是一个商业氛围浓厚的地区，其比重是其他群体的近两倍。正如之前所说，各种不同的利益集团、不同阶层的人们在同一个空间下，自身的目的与追求的利益各不相同，对他们在理解该地区特征上产生了很大影响。对仁寺洞文化区未来发展的判断，整理后得到的最终结果如下。

表 3-7
单位：人

	艺术区	时尚消费区	旅游区	艺术区、时尚消费区	艺术区、旅游区	时尚消费区、旅游区	艺术区、时尚消费区、旅游区	其他
艺术机构	2	20	16	0	8	9	4	1
商业机构	1	19	9	2	5	17	4	3
总 计	3	39	25	2	13	26	8	4

比例如下：

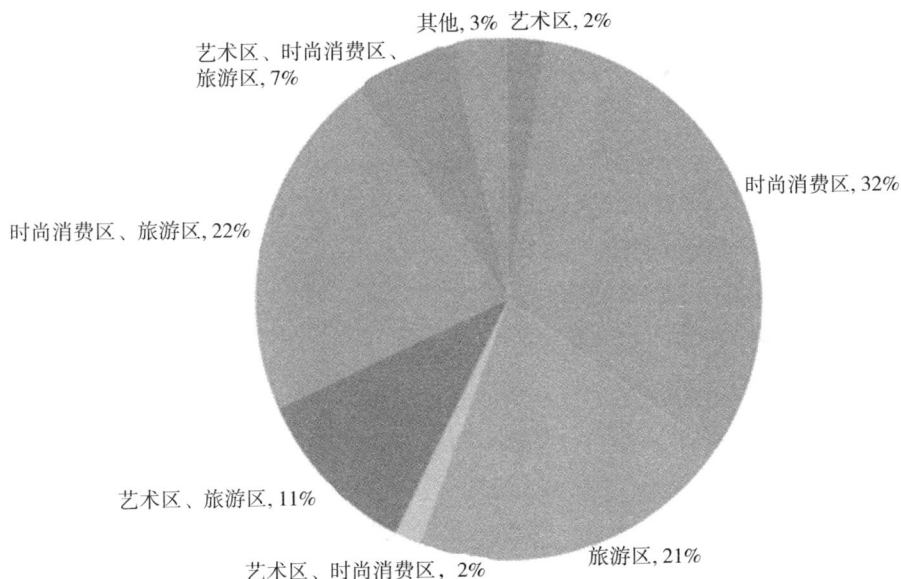

图 3-12 入驻机构对仁寺洞文化区未来发展的预测

在对仁寺洞文化区的现状进行评价之后，接下来的问题是"对仁寺洞未来发展的预测"，以期了解入驻机构对仁寺洞文化区的发展方向有哪些期待。由于是多项选择，所以收集上来的回答多种多样，其中占比重最大的是时尚消费区，达32%之多。其次是同时选择了时尚消费区、旅游区的占22%，选择旅游区的占21%。由此可见，仁寺洞入驻机构在回答仁寺洞文化区的未来预测这个问题时，足足有75%的人认为是时尚消费区、旅游区。这也从侧面反映了如今仁寺洞文化区不可逆转的商业化，以及人们对于其文化艺术氛围消失的担心，或者说对其艺术区功能与作用的失望。为了获得更加简单明确的统计结果，笔者对多项选择的内容单独区分统计，整理结果如下。简化的表格如图：

表 3-8 单位：家

	艺术区	时尚消费区	旅游区	其他
艺术机构	14（16%）	33（39%）	37（44%）	1（1%）
商业机构	12（13%）	42（46%）	35（38%）	3（3%）
总　　计	26	75	72	4

比例如下：

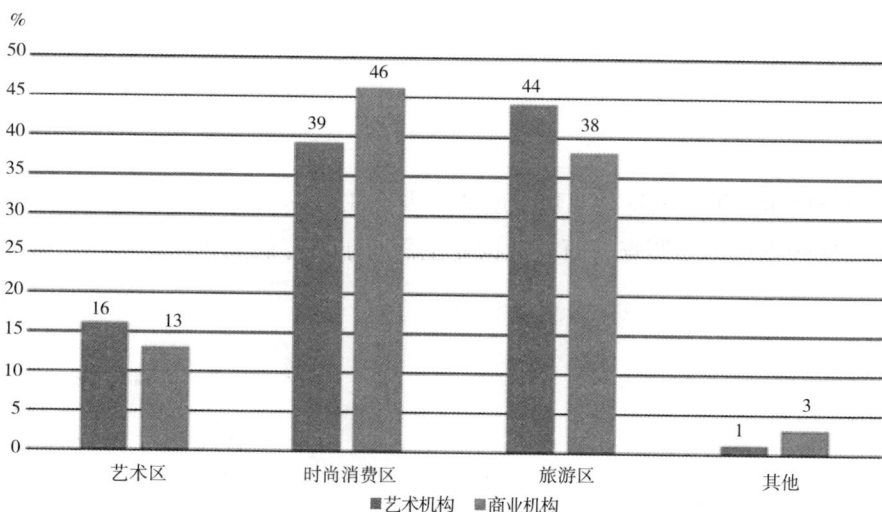

图 3-13　仁寺洞文化区未来发展的预测：艺术机构及商业机构比较

由图 3-13 可知，不管是艺术机构还是商业机构，仁寺洞文化区内的各入驻机构回答的比重大致相同。比重最大的是时尚消费区，回答旅游区的以微小的差距位居第二。入驻机构在预测仁寺洞文化机构发展方向时，选择艺术区的有 13%—16%。事实上，在以入驻机构为对象进行问卷调查时发现，许多艺术机构的业主对仁寺洞文化区的前景持有怀疑态度。他们说，这期间许多公务员、研究机构来到此地，进行现状考察以及各种调查，而现实并没有发生任何改变，仁寺洞文化区的情况不会好转了。与过去相比，如今反而有越来越多的商店和餐饮店大量涌现，今天的仁寺洞很难再恢复曾经作为艺术区的面貌与地位。

或许是因为开业、关门，或者搬迁、变更的循环周期较快，许多商业机构在仁寺洞文化区入驻的时间都比较短，只有 1—2 年，大部分商业机构的业主们对仁寺洞文化区的政策或管理模式不太了解或者毫不关心。他们以妨碍营业为由，拒绝接受问卷调查。由此可见，对他们来说，重要的是招揽更多的顾客，获得实质性利益，对于仁寺洞文化区的期待与展望则在他们的关心范围之外。然而，有几家商业机构的业主十分支持本次问卷调查，并提供了一些有价值的回答。通过他们的回答可以发现，对于如今仁寺洞地区流动人口较多、商业化功能得到进一步强化、逐渐变为购物街的现象，比起担忧，他们更多的是持有观望态度。然而，关于仁寺洞文化区的艺术文化性功能和作用的问题，他们表现出与艺术机构相似的担忧。尤其是担心仁寺洞文化区自身特征的消失，使商业化成为主流模式。具体表现为过于密集的店铺，充斥着大量国籍不明的劣质商品的街道，咖啡厅等连锁店和化妆品店的泛滥等。他们对于仁寺洞的现状持否定态度，我们不禁要思考一下造成这种双重态度的原因何在。

这些支持问卷调查的商业机构业主们对于仁寺洞文化区固有特征和地位遭受商业化侵蚀的现象表现出一定的担忧，这一点与艺术机构在某些方面一致，同时又呈现出不同。笔者在与问卷调查同时进行的采访中询问了相关原因，结果显示，艺术机构大多是出于希望保存并进一步培养仁寺洞地区的文化艺术气息，才批判该地区商业化的泛滥。与之相反，商业机构大部分认为如果仁寺洞文化区失去其固有的特色，游客自然会减少，对他们的经营造成不良影响。同时也有部分人由于对仁寺洞文化区的个人情感而希望重新找回仁寺洞当年的样子与地位。可以看出，重新找回并保持仁寺洞文化区作为艺术区的特征，对于商业机构和艺术机构来说都会产生积极的效果与意义。

为了对比对仁寺洞现状的判断和对仁寺洞未来的预判，笔者专门抽取了入驻机构对仁寺洞现状的评价和对仁寺洞未来发展的预测进行对比。

表 3-9   单位：家

现状	艺术区	时尚消费区	旅游区	艺术区、时尚消费区	艺术区、旅游区	时尚消费区、旅游区	艺术区、时尚消费区、旅游区	其他
对现状的评价	14	14	31	9	14	25	10	2
对未来发展的预测	3	39	25	2	13	26	8	4

图示如下：

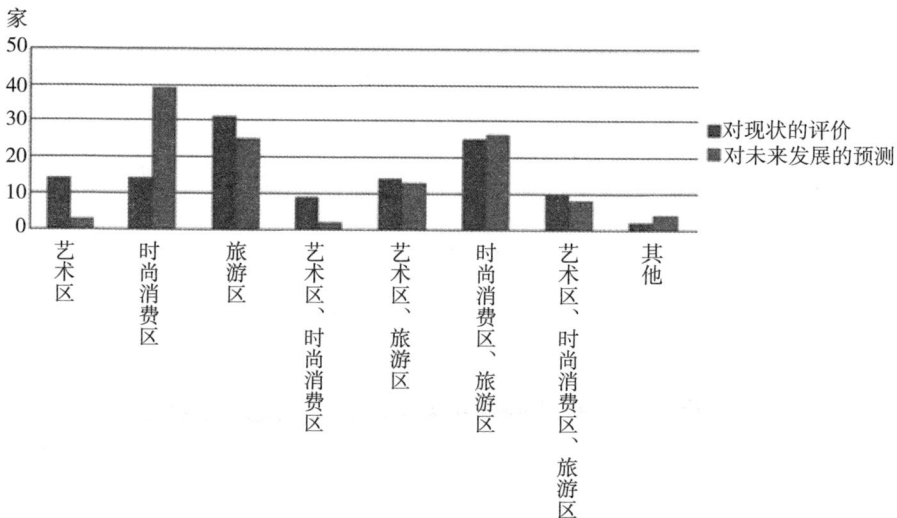

图 3-14　2013 年度入驻机构对仁寺洞现状和未来发展的预测

通过将对仁寺洞文化区的现状的评价和对未来发展的预测回答情况进行分析后可以看出，如果把多项选择的内容放在一起考虑的话，入驻机构对于仁寺洞现状的评价大多数认为是旅游区，而对未来发展的预测则大多数认为是时尚消费区。尤其是在现状的评价和对未来发展的预测中，差别最大的是艺术区和时尚消费区，排除多项选择的情况，仍然呈现出一个值得深思的结果。对现状的评价和对未来发展的预测中，选择艺术区的比重从12%降到3%，跌幅近4倍；而时尚消费区则从12%增至33%，涨幅近3倍。认为如今的仁寺洞文化区具有艺术区特征的一些包括画廊在内的入驻机构，在预测仁寺洞文化区未来发展时认为它仍然能够维持其自身艺术区特征的，比重骤减了4倍，只剩3%。相反，在预测仁寺洞文化区未来发展方向时，认为是时尚消费区的，比重增加了3倍，约33%，如果把多项选择部分考虑在内，则高达63%。也就是说，仁寺洞文化区的商业化问题如今成为了一个可以改变该地区特征、本质的影响力巨大的话题。

在与问卷调查同时进行的采访过程中，B装裱店的老板直截了当地说，仁寺洞文化区没有希望了。他抱怨说，这期间他多次向相关负责机构交流、提建议，然而入驻机构的意见却从未被采纳。关于仁寺洞文化区的发展方向，始终没有找到一个妥协点，在管理方面也没有任何改善。在如今维持经营都十分吃力的情况下，不得不在外面兜售一些廉价劣质的商品。造成这种情况的最主要原因正如第二章中提到的，仁寺洞文化区的管理制度和方案中，首尔市政府的政策和规定实际上是以规劝和引导为主，并没有实质性的约束力和强制性，最终导致政府的计划和管理制度变得有名无实。仁寺洞文化区的资本主义氛围日益浓厚，在房屋所有者的剥削和许多店铺对于利润的追求下，不排除仁寺洞文化区最终可能出现沦落为随处可见的大城市购物街的结果。

在调查对仁寺洞文化区发展方向的预测时，还有对仁寺洞文化区未来期望的调查。这个问题不是让调查对象考虑仁寺洞地区现状进行回答，而是单纯地表达自己对仁寺洞文化区怀有何种希望与期待。虽然这个问题有与现实脱轨的局限性，但如果和之前所做的仁寺洞现状和未来发展的预测调查结果进行对比，在设定仁寺洞文化区的建设性发展方向上可以发现一个更合理的观点。也就是说，不是出于行政上的方便而规划仁寺洞地区，并制定统一的发展规划，而是应该与入驻机构的工作人员和游客一起，通过那些真正利用并享用到该地区的人，共同探索出一条有效并全方位的发展道路。

下面是 2013 年入驻机构对仁寺洞文化区未来的期望的统计结果：

表 3-10

单位：家

	艺术区	时尚消费区	旅游区	综合区	其他
艺术机构	41（68%）	0	6（10%）	13（22%）	0
商业机构	20（33%）	8（14%）	12（20%）	20（33%）	0（0%）
总　计	61	8	18	33	0

比例如下：

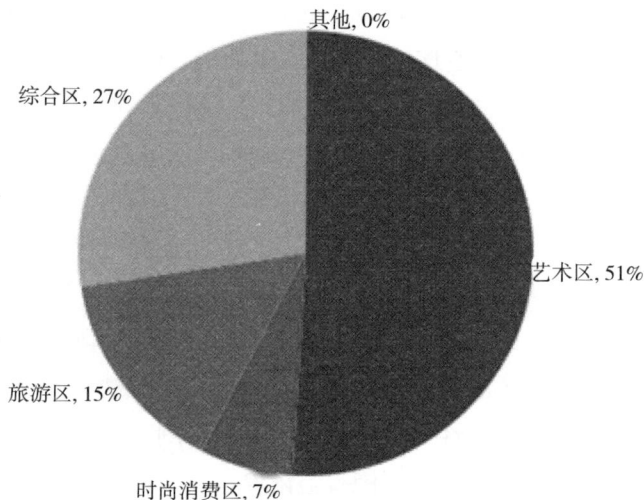

图 3-15　2013 年度入驻机构对仁寺洞文化区未来的期望

　　有趣的是，对仁寺洞文化区未来的期望的统计结果与之前所做的对未来发展的预测的结果完全相反。仁寺洞文化区的入驻机构中，有 51% 希望该地区发展为艺术区，其次 27% 是综合区，15% 是旅游区。其中最值得注意的是，在之前提到的对仁寺洞文化区发展方向预测中，比重占压倒性优势的时尚消费区在这里仅占 7%，比重最低。由此可见，仁寺洞文化区的现状和其发展方向与入驻机构的期待相差甚远。因此，在仁寺洞文化区的建设性发展方向的设定上，应该从缩小两者之间的距离着手。

　　为了更加详细地对比艺术机构和商业机构两者回答内容的差别，本文用另一种方式整理了上述统计结果，如图 3-16 所示。

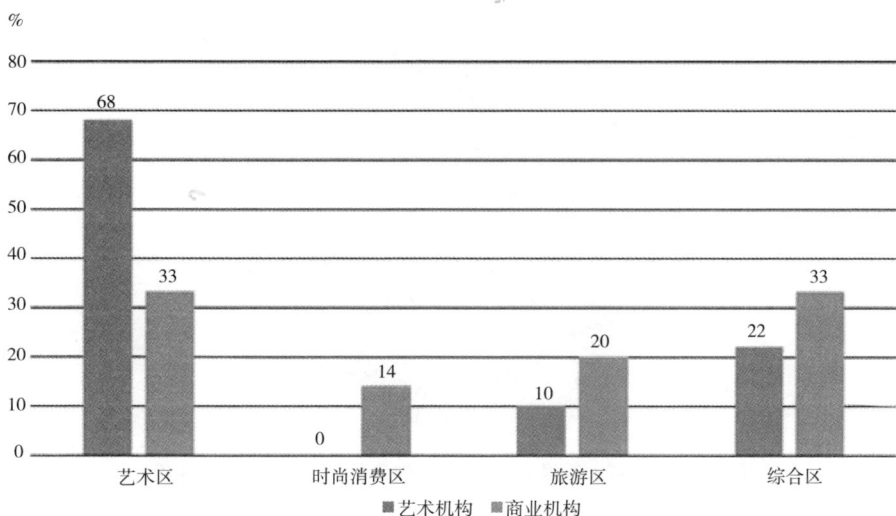

图 3-16　对仁寺洞文化区未来的期望：艺术机构和商业机构比较

　　在艺术机构和商业机构的回答中发现了明显的差别，商业机构的回答大体比较多样化，而艺术区和综合区各占33%，比重最大。相反，艺术机构中选择艺术区的占了68%，选择时尚消费区的则一个都没有（艺术区项的回答差超过2倍，而时尚消费区项的回答差足有14倍之多）。由此可见，在仁寺洞文化区的未来展望上，两个群体所做的选择反映出了各自的立场和利益。

　　最后看一下对仁寺洞文化区管理的评价这个问题的回答情况。入驻机构大部分对仁寺洞地区的管理持否定态度，认为管理很好的回答只占5%，认为管理不到位或者需要改进的回答达69%。特别是认为管理很好的5%都是商业机构，问其理由，他们的答案是因为在经营上没有感到什么不便，仁寺洞街道也保持得较为整洁，游客也在不断增加。

表 3-11 单位：家

	好	一般	需要改进	差
艺术机构	0	10	41	9
商业机构	6	21	28	5
总　计	6	31	69	14

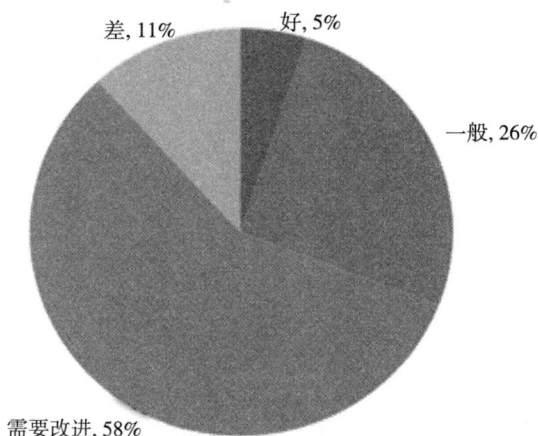

图 3-17　2013 年度入驻机构对仁寺洞文化区管理的评价

　　他们也说，从未听说过仁寺洞文化区的支援政策和管理方案，对此也并无太大兴趣。另外，认为管理一般的虽然占 26%，但调查过程中发现这些经营场所中大部分对于管理制度和现状并不太了解。考虑到这种情况，我们可以概括为，包括艺术机构和商业机构在内的入驻机构，它们对于仁寺洞文化区的管理和振兴政策的评价大部分都持否定态度或较不关心。同时，对于仁寺洞文化区可以通过政府政策或计划而获得改善持怀疑态度。

二、游客的评价

　　本研究的重点是艺术区这一物理性空间，在使用者的心理层面上重构或解体的过程中所生成的全新意义和价值。因此在做问卷调查时，以游客为对象进行调查的部分尤为重要。为了获得准确数据，调查的对象是入驻机构的两倍，共收到国内外游客 257 份答卷，其中国外游客 141 份，国内游客 116 份。

　　首先是关于仁寺洞文化区现状的评价，在艺术区、时尚消费区、旅游区三者之间可以多项选择的情况下，国内外游客回答结果如下。

表 3-12　　　　　　　　　　　　　　　　　　　单位：人

现状	艺术区	时尚消费区	旅游区	艺术区、时尚消费区	艺术区、旅游区	时尚消费区、旅游区	艺术区、时尚消费区、旅游区	其他
国内游客	24	13	40	3	19	5	12	0
国外游客	31	26	44	5	23	11	11	0
总　计	55（21%）	39（15%）	84（31%）	8（3%）	42（15%）	16（6%）	23（9%）	0

比例如下：

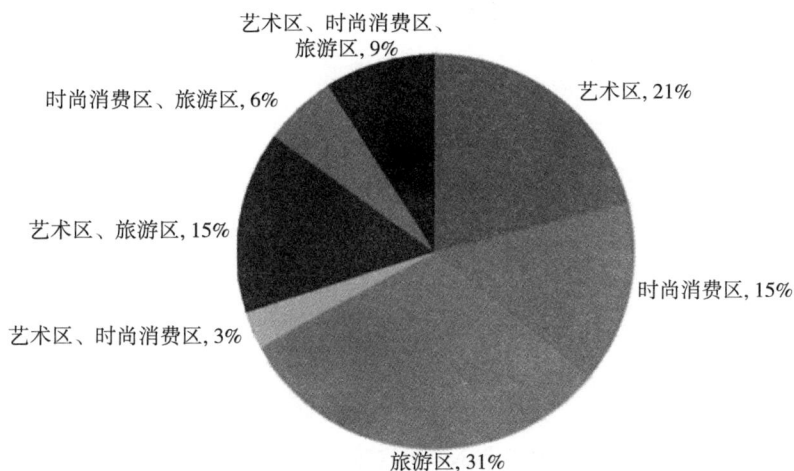

图 3-18　2013 年度游客对仁寺洞文化区现状的评价

　　对仁寺洞文化区现状评的价中选择旅游区的占 31%，其次是艺术区占 21%，除此之外还有其他各种回答。因为是多项选择，无法得到明确的结果，因此将该结果重新进行了整理。下面看简化的统计结果：

表 3-13　　　　　　　　　　　　　　　　　　　单位：人

	艺术区	时尚消费区	旅游区	其他
国内游客	58	33	76	0
国外游客	70	43	89	0
总　计	128（35%）	76（20%）	165（45%）	0（0%）

比例如下：

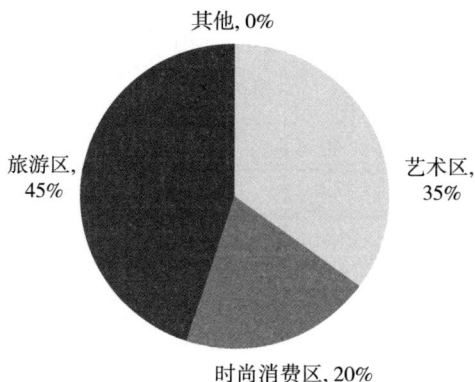

图 3-19　2013 年度游客对仁寺洞文化区现状的评价

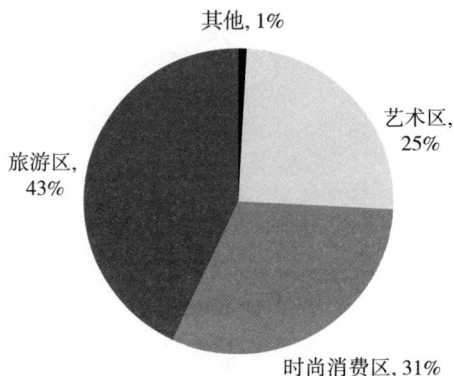

图 3-20　2013 年入驻机构对仁寺洞文化区的评价

通过比较入驻机构对仁寺洞文化区现状的评价和游客对仁寺洞文化区现状的评价，可以发现，两个群体中认为仁寺洞文化区是旅游区的占比最大。然而，在艺术区和时尚消费区的选择中，则呈现出完全相反的结果。比起入驻机构，游客认为仁寺洞文化区是艺术区的比重更高，而认为是时尚消费区的比重则更低。由此可见，在国内外游客的眼中，旅游区和艺术区是仁寺洞文化区的主要特征，而游客们在仁寺洞文化区所感受到的文化艺术气息远高于入驻机构。

在这里我们需要了解一下游客们理解并体验仁寺洞文化区的具体方式，因此本研究随机抽取了一部分游客，了解他们对于仁寺洞所特有气氛的理解。采取多项选择的方式，整理结果如下。简化的表格如图：

表 3-14   单位：人

	传统的	时尚的	国际的	历史的	混乱的	娱乐的
国内游客	83（46%）	11（6%）	22（12%）	22（12%）	34（19%）	8（5%）
国外游客	69（30%）	29（13%）	41（18%）	42（18%）	32（14%）	16（7%）
总　计	152（37%）	40（10%）	63（15%）	64（16%）	66（16%）	24（6%）

比例如下：

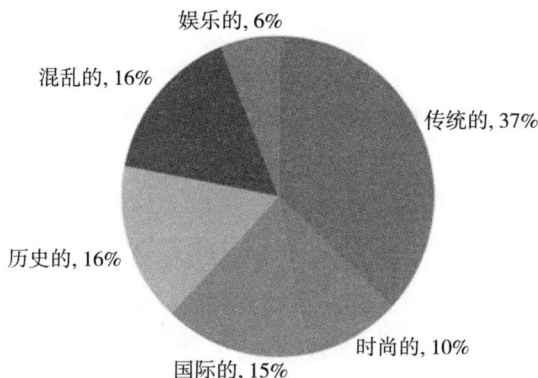

图 3-21　2013 年度仁寺洞文化区的氛围以及营造这些氛围的因素

　　国内外游客在描述仁寺洞文化区特有气氛的时候，37% 认为是传统的，其次 15%—16% 认为是国际的，历史的，混乱的。回答"传统的，历史的"是主要受仁寺洞文化区的韩国传统房屋、韩国传统营业场所、传统氛围的景观和装修等影响。而日益增加的国外游客、年轻游客、咖啡厅为首的外国连锁店使得该地区获得"国际的，混乱的"印象。
　　外国人和韩国人在很多地方都拥有着不同的体验和文化背景。因此面对仁寺洞文化区这一相同的物理空间，其产生的情感与反应也各不相同。通过具体统计分析，可以发现国外游客与国内游客的回答有何不同，统计结果如下图所示。

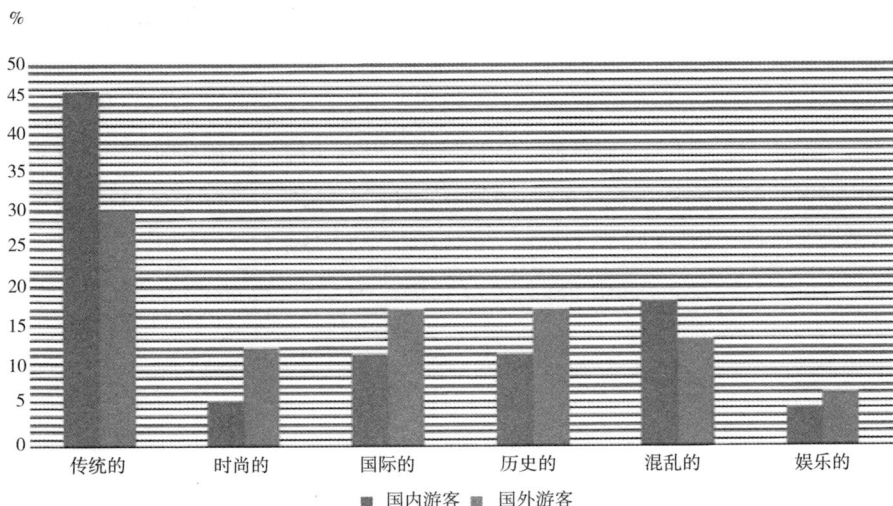

图 3-22　2013 年度仁寺洞文化区的氛围以及营造这些氛围的因素

由此可见，国内外游客的回答差别较大。首先，韩国游客认为仁寺洞文化区是"传统的"比例占 46%，而国外游客则占 30%。在"历史的"这一项中，国外游客为 18%，韩国游客则较低，为 12%。大部分韩国游客认为仁寺洞文化区是传统的，然而将其与历史性事物联系在一起解释的情况却很少，在与调查问卷并行进行的访谈中可以得知，许多人认为仁寺洞文化区只是将传统形象再现出来的"加工的空间"。而国外游客在"时尚的，国际的"选项中高于韩国游客的原因在于他们熟悉自己国家的文化，或者说如今由于西方文化作为"国际的"象征在全球通用，人们更容易接受这种文化。

韩国游客绝大多数都认为仁寺洞文化区是"传统的"。尽管如此，回答"混乱的"的比国外游客还多 5%，这一点也是不容忽视的。虽说在大部分韩国游客眼中仁寺洞文化区是传统的象征，但我们知道这并不能一概而论为对于该地区的整体性理解。换句话说，构成仁寺洞文化区的各个要素彼此产生影响，并形成了该地区的形象和特征，这种观点更加具有说服力。因此，韩国国内对仁寺洞进行的先行研究中，将仁寺洞文化区整体、单一地判定为传统性的做法是片面的，具有一定局限性。

为了进一步加深论述，问卷中设计了与上述问题相连的问题，从而了解打造出仁寺洞独特氛围的具体要素何在。问卷通过多项选择的方式得到以下统计结果，我们可以看到游客们在判断仁寺洞文化区内特有氛围时主要观察或考虑的要素是什么，由此更加具体地了解物理性空间与使用者之间的情感性反应是如何形成的。首先，为了慎重地选出与仁寺洞文化区相关的几个单词，笔者以活动于仁寺洞地区的美术馆负责人、美术专业大学生，或者熟人为中心的普通上班族为对象，进行了气氛轻松的访谈。该过程中共选出 7 个词，分别是景观、建筑、艺术及艺术品、洋气、韩国传统文化（上一章的 798 艺术区则是中国传统文化）、商铺及餐饮，以及游客，旨在将构成仁寺洞文化区氛围的所有有形无形要素，以及动静因素都考虑在内。

表 3-15 单位：人

	景观	建筑	艺术及艺术品	洋气	韩国传统文化	商铺及餐饮	游客
国内游客	46（16%）	50（17%）	33（13%）	4（1%）	64（22%）	29（10%）	61（21%）
国外游客	78（22%）	64（18%）	50（14%）	34（9%）	56（16%）	61（17%）	17（4%）
总 计	124（19%）	114（18%）	83（13%）	38（6%）	120（19%）	90（14%）	78（11%）

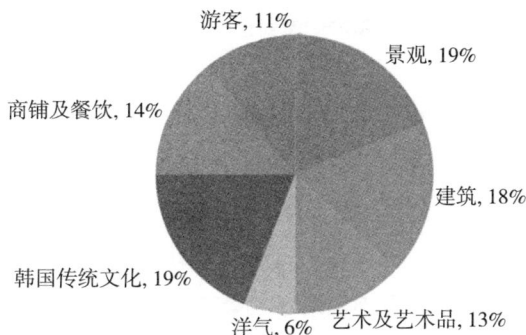

图 3-23 营造仁寺洞文化区氛围的因素

通过多项选择的方式得到的统计结果显示，仁寺洞文化区的游客们通过韩国传统文化、景观、建筑这些因素感受到仁寺洞特有氛围的占 18%—19%。同时，这三个要素彼此之间关系紧密，景观、建筑这些视觉性要素通过一系列的表象化过程，将韩国传统文化这一无形的要素原封不动地呈现出来。除此之外，艺术及艺术品、商铺及餐饮占 13%—14%，在体现仁寺洞文化区特有氛围中的作用亦不可忽略。在游客的感受中，大体上这些要素之间相差得并不大，而"洋气"却只占6%，比重较低，由此可见仁寺洞文化区的游客们很少感觉到洋气的存在。但考虑到国内外游客之间的差距，在分析统计结果时可以推出其他的含义，下图通过各个不同选项，将韩国游客和国外游客的情况区分开来进行重新整理。

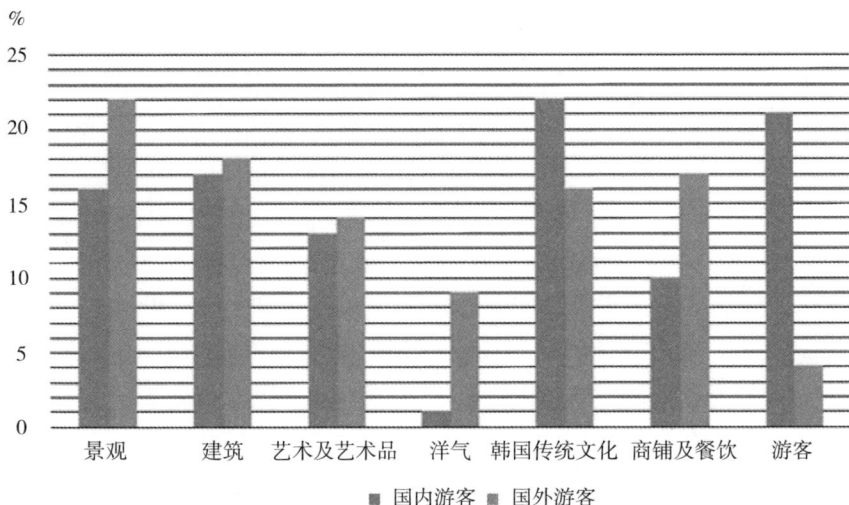

图3-24　2013年度游客对仁寺洞文化区氛围的感受

首先看一下选择结果差别较大的各项，韩国游客认为构成仁寺洞文化区独有气氛的最重要因素是游客，比重为21%，而国外游客选择该项的只有4%，相差近5倍。另外，在"洋气"一项的选择中，虽然两者选择该项的比例都不高，但韩国游客只有1%，国外游客为9%，两者相差足有9倍之多。这一点可以解释为国内外游客的文化背景各异，同时游览的目的也各不相同所造成的。韩国游客在各种要素中选择韩国传统文化和游客的最多，占21%—22%，其次为景观、建筑，占16%—17%。

国外游客认为构成仁寺洞文化区独有气氛的最重要因素是景观，该回答的比重为22%。其次是建筑、商铺及餐饮，以及韩国传统文化，回答比重为16%—18%。由此可以看出，不管国籍是什么，所有游客都通过景观、建筑、韩国传统文化这些占主导性因素去理解并享受着仁寺洞文化区。对于洋气和游客这些因素，本国人和外国人之间产生了较大的分歧，他们之间在对空间和场所的理解以及感受方式上存在着较为明显的差别。在第四章和第五章中将要探讨的通过 798 与仁寺洞文化区的表象化手段以及能动性重构与解体，对 interactivity 进行理论性阐述时，将以这里收集到的结果作为重要依据使用。

最后看一下游客们对于仁寺洞文化区的未来发展怀有哪些期待。上文中提到，绝大多数的入驻机构希望仁寺洞文化区未来发展为艺术区，与之不同的是，游客们选择艺术区和综合区的各占 38% 和 33%，比例十分接近。另外，选择旅游区的也有 25%，由此可见，整体上游客们对于仁寺洞文化区怀有多重期待。但是选择时尚消费区的只占 4%，低于入驻机构的 7%。

这里统计了游客对仁寺洞未来的期望，表格如下：

图 3-16   单位：人

	艺术区	时尚消费区	旅游区	综合区	其他
国内游客	49	3	27	36	0
国外游客	46	8	38	49	0
总　计	95（38%）	11（4%）	65（25%）	85（33%）	0（0%）

比例如下：

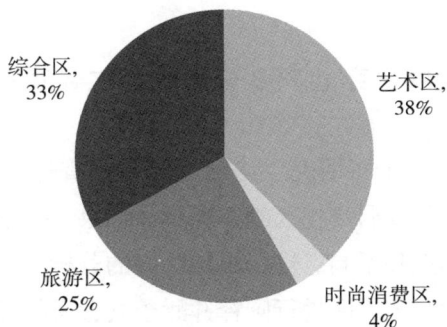

图 3-25　2013 年度游客对仁寺洞文化区未来的期望

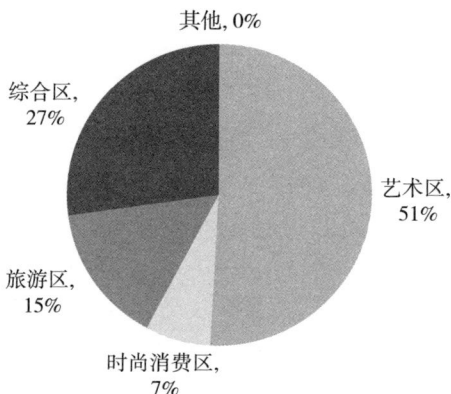

图 3-26　2013 年机构和个人对仁寺洞文化区未来的期望

如今仁寺洞文化区的街道都被露天摊和商铺摆放出来的大量商品所占据，大部分游客都喜欢在仁寺洞购买价格低廉的小纪念品，考虑到这一事实，不得不为游客们所做的选择感到惊讶。游客们不希望仁寺洞文化区变成一条购物街，反而希望仁寺洞一带变成艺术区或者综合区。因此，面对今天仁寺洞文化区最大的难题——露天摊和廉价商品的泛滥，不应该认为这是为了满足游客的需求，并给它安上了刺激旅游观光业和地区经济发展的美名任其发展，我们应该做的是更积极地满足游客们的喜好与期待，探索具体有效的开发方案，将仁寺洞艺术区建设成为真正意义上的综合区、旅游区、艺术区。

第三节　现状研究上 798 艺术区与仁寺洞文化区比较

这一节中，将通过个案研究、访谈、问卷调查这些人类学研究方法所获得的 798 艺术区和仁寺洞文化区的各种统计结果，按项目进行比较，试图对两个艺术区的共同点和不同点进行更加明确的分析。在第五章中将要进行的通过互动概念对两个艺术区进行阐释并赋予其含义的过程中，本节的分析结果将作为最重要的论证资料，因此可以说这是一个十分重要的步骤。首先，将对两个艺术区的入驻画廊的个案研究结果进行比较，然后将针对两个艺术区进行的问卷调查结果，从入驻机构和游客两个方面进行详细分析。

一、入驻画廊的比较分析

798 艺术区和仁寺洞文化区最大的共同点是，它们在各自的国家中都是画廊分布最密集的艺术区。以 2013 年为基准，798 艺术区有 260 多家画廊，而仁寺洞文化区有 170 多家画廊。尽管面对着势不可挡的商业化大潮，但两个艺术区依然是中国和韩国画廊分布最密集的地区。在以两个艺术区的入驻画廊为个案的研究结果中显示，两个艺术区之间存在着几个明显的差别和共同点。

我们首先看一下两者的不同之处。第一个不同点是 798 艺术区和仁寺洞文化区内入驻画廊之间的竞争程度相差甚远。仁寺洞文化区的情况是，大部分的画廊负责人都积极地接受采访，毫不避讳地谈及自身的内部情况或者存在的问题。因此，每次采访都会花费大量时间与他们进行交谈，不仅是画廊自身的问题，对于整个仁寺洞文化区的情况，甚至韩国现代美术存在的痼疾等问题也会涉及。然而不同的是，798 艺术区的大部分画廊负责人对待采访十分排斥，拒绝具体谈到他们的内部情况或问题。虽然考虑到笔者是外国人，在与 798 艺术区的画廊负责人进行语言沟通时能力有限，然而依然能够切身感受到两个艺术区之间存在相当大的差别。另外，接受访谈的 798 艺术区画廊的负责人异口同声地要求不对外公开自己画廊的名字。（而仁寺洞文化区大部分人表示公开自己的店名也无妨）同时他们还解释道，因为 798 艺术区的入驻画廊之间竞争十分激烈，所以不希望经营上的具体内容或详细内部情况被别的画廊得知。相反，仁寺洞文化区的入驻画廊并没有过多地表现出对其他画廊的关注，而是表达了对包括在该地区进行商业活动的露天摊贩在内的一些化妆品店、观光纪念品店、服装店等的不满。他们认为这些店铺过度的促销活动及擅自侵占街道，给那些来到仁寺洞文化区的美术爱好者带来了负面影响，同时也破坏了仁寺洞文化区的作用和氛围。

通过这种完全不同的反应，我们可以推测出两个艺术区中入驻画廊的功能性差异。798 艺术区的入驻画廊比较在意同业画廊，彼此之间的竞争也极为激烈，这一点说明了存在着共享或者抢占有限资源的压力。这意味着 798 艺术区的入驻画廊其主要收入来源依然来自于作品销售。在进行个案研究时发现，798 艺术区中，一些规模较小的画廊同时兼营着书店或咖啡厅等，试图扩大自己的收入来源，但具有一定规模的画廊仍然把作品销售当作是主要收入来源，中国的美术市场依然健在。这就充分解释了798艺术区的入驻画廊之间的竞争意识。而对于仁寺洞文化区的入驻画廊来说，在访谈过程中得知，他们的主要收入来源不是作品销售而是展馆租赁。因此，798艺术区中依然可以经常看到一些内容新颖且颇具实验精神的展览。而仁寺洞文化区比起企划展更多的则是租赁展，只要支付一定费用便可以进行展览，因此租赁展大多数是业余爱好者画家团体、协会展、美术学院毕业展、兴趣班展览等，可以说展示的不是当今韩国现代美术的真实状况，而更多的是体现大众化与兴趣化的展览。虽然20世纪八九十年代的仁寺洞文化区是韩国现代美术发展进行得如火如荼的地方，并形成了最大的美术市场，但仁寺洞文化区长时间受到商业化的侵蚀，一些优秀的企划展和实验性展出逐渐扩散到北村、西村这些周边地带，而韩国的全部美术市场都转移到了资金雄厚的首尔江南一带。因此，如今仁寺洞文化区的画廊主要承担了韩国美术的大众化和扩大基础的功能，而798艺术区的画廊则起到了美术市场的核心作用，其现在的情况与仁寺洞文化区过去的状态类似。

从798艺术区和仁寺洞文化区的入驻画廊中发现的第二个不同点就是国际化的程度。仁寺洞文化区中所有的入驻画廊都是韩国本土的画廊，虽然作品销售方面做得并不太完善，但目前几乎所有的收藏家都是韩国人。最近几年受韩流的影响，日本游客逐渐增加，因此经常会有一些日本人前来购买画作，然而后来由于日元的升值，原本的客户也都流失了。不同的是，798艺术区中20%的入驻画廊是纯外资画廊，加上中外合资机构的话，则有将近半数。另外，798艺术区的收藏家也来自各个不同国家，随着近年来中国国内美术市场的繁荣以及大众对于美术作品投资兴趣的扩大，越来越多的中国人加入到购买美术作品的队伍中来，而798艺术区的美术市场依然呈现出国际化的风貌。从街头风景来看，在798艺术区和仁寺洞文化区所感受到的国际化程度极为相似。全球各地拥有不同的肤色和头发颜色的游客说着各种陌生的语言会聚于此，这使得两个空间转变成全球化时代下活跃的国际化城市空间。但实际上，如果仔细观察两个艺术区内部的美术市场结构就会发现，与798艺术区的国际化进程相比，仁寺洞文化区呈现出相对局限性、区域性的特征。

现在让我们看一下两个艺术区的入驻画廊中呈现出的共同点。第一个共同点是两个地区都正在迈向严重的商业化道路。同一个空间内聚集了少到 100 多家、多到 300 多家的画廊。这一点可以理解成,这些空间拥有不同于其他城市空间的文化艺术价值,并确定了自身的场所特征,但同时这也意味着该空间内将不断地发生激烈竞争。因此,没有资本或竞争力的画廊将面临倒闭,取而代之的是竞争力更强的其他行业。其实这种弱肉强食的生存环境在资本主义社会中是一种司空见惯的事情,然而在艺术区这一文化艺术空间中多少显得不协调。商业化势头一旦兴起将很难熄灭,会一直持续到将该地区完全统一化。因此,798 艺术区和仁寺洞文化区或许会像美国的苏荷艺术区一样,蜕变成真正意义上的商业区。但是,在访谈过程中许多人异口同声地认为,一旦 798 艺术区和仁寺洞文化区中艺术消失了,那么两个艺术区就完全失去了存在的价值和意义。因此,就像今天苏荷区那些仰仗过去的荣耀,将如今不复存在的美术装扮成仍然存在的样子而从事生意的大量商店一样,不管是媚俗还是真实,对于两个艺术区来说,"艺术"是在当今严重的商业化和残酷竞争中必须要坚持的东西。

第二个共同点是出现在两个艺术区中严重的流动性。虽然上文中将这一现象与该地区过度的商业化联系在一起,提到了画廊之间频繁发生的开业和关门现象,但两个艺术区的流动性并不是一个只局限于画廊本身的问题。798 艺术区和仁寺洞文化区所体现出的流动性,事实上发生在从有形到无形的各种不同层面上。两个艺术区中来自全球各地的游客像潮涨潮落一样不断发生移动,根据时代流行的变化,入驻机构在分布上也产生明显的差别,随着大量资本的流动,两个艺术区的景观也不断发生变化与重构。这种流动性在后工业时代的城市空间中经常出现,然而在这里,它与本文在阐释 798 艺术区和仁寺洞文化区的真正价值和意义时所用到的重要特征——运动性联系在了一起。两个艺术区的相互运动性被看作是流动性这一特征,它在第五章成为直接连接互动概念的一道桥梁。

二、入驻机构和游客的评价比较

在 798 艺术区和仁寺洞文化区中进行的问卷调查的第一阶段,是以文化艺术机构、餐饮行业、商业行业、观光行业等各种类型的入驻机构为对象而进行的,随后的第二阶段是以在艺术区中遇见的游客、展馆观众等为对象而进行的。针对入驻机构的问卷调查是为了了解他们对于内部情况和制度性变化的评价，而针对游客的问卷调查则是为了了解真正体验到该空间的这个群体在情感或心理方面所产生的想法。特别是在对入驻机构进行调查时，本文选取了艺术区中彼此具有不同且互斥利害关系的各种不同阶层和团体为对象，因此对于艺术区如何被使用、理解以及探索，能够最终获得一个较为全面的结果。关于 798 艺术区和仁寺洞文化区的各个入驻机构如何评价各自所属的艺术区，其调查结果对比如下。

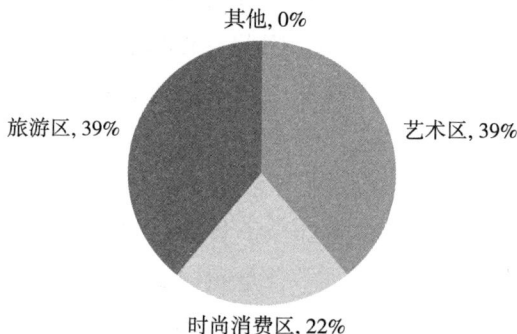

图 3-27　2013 年度入驻机构对 798 艺术区现状的评价

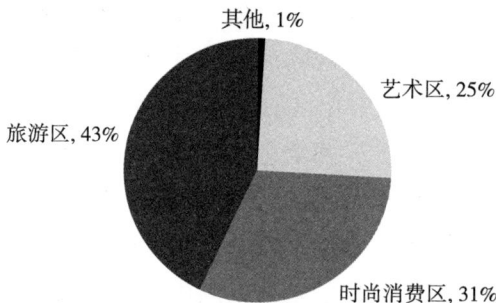

图 3-28　2013 年度入驻机构对仁寺洞文化区现状的评价

在本文的第一章、第三章所进行的现状研究中已经表明，两个艺术区都各自明显地呈现出旅游区或时尚消费区的复合特性，然而再次将两个艺术区进行直接对比可以发现其他有意义的事实。798 的入驻机构中，约 39% 认为 798 艺术区的身份特征是艺术区；然而仁寺洞的入驻机构中，只有 25% 将仁寺洞文化区看作艺术区。也就是说，798 的 61%、仁寺洞的 75% 入驻机构认为两个艺术区只是徒有其名，其真正的功能和作用都体现在了观光层面或消费娱乐方面上。由此可见，两个艺术区的入驻机构中

798更倾向于将自己所属的空间看作偏重于艺术区功能的地方，这一点与上文对于两个地区入驻画廊的比较分析所得出的798活跃且更具优势的美术市场功能联系在一起。虽然有程度上的差异，但入驻机构的半数以上都认为两个艺术区的主要功能已经转移到其他方面，这种观点的一致性使我们再次意识到两个艺术区中商业化影响的严重程度。

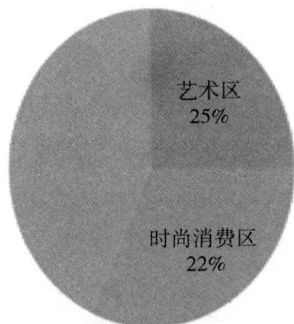

图 3-29　2013 年度入驻机构对 798 艺术区未来发展的判断

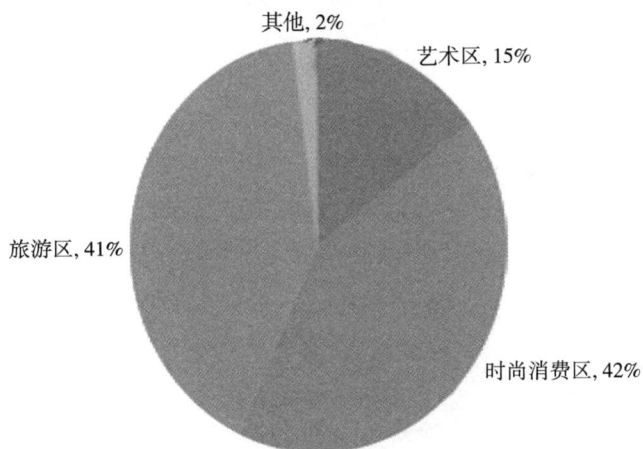

图 3-30　2013 年度入驻机构对仁寺洞文化区未来发展的判断

　　当请两个地区的入驻机构，在考虑艺术区的现状和这段时间所发生的变化的前提下，对其未来的发展做出判断时，各自的回答也大不相同。798的情况是 25% 的回答者认为 798 艺术区依然会维持艺术区的功能，而仁寺洞文化区中只有 15% 的回答者认为如此。这意味着足足有 75%（798）、

85%（仁寺洞）的人认为两个艺术区不会再保持艺术区这一主要特征，而是朝向时尚消费区、旅游区等其他方向发展。无论如何，如今两个艺术区都遭受了观光化、商业化等外界环境的严重侵蚀，因此在对未来发展的判断上，许多人对于艺术区从早期一直保持的艺术文化功能的有效性都持有否定态度。

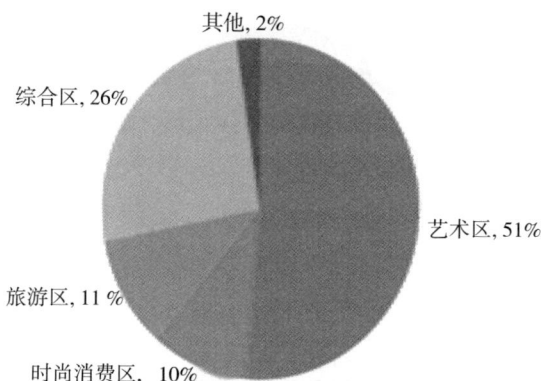

图 3-31　2013 年度入驻机构和个人对 798 艺术区未来的期望

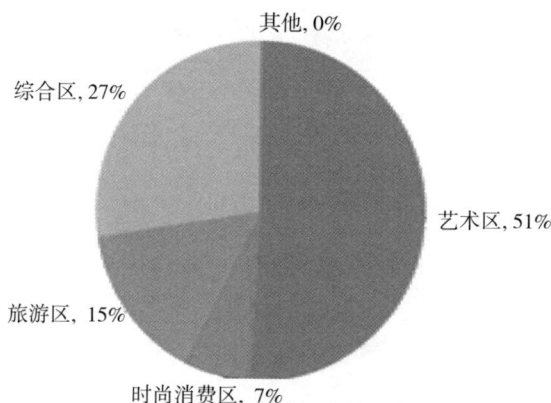

图 3-32　2013 年度入驻机构对仁寺洞文化区未来的期望

　　然而，当再次问到两处的入驻机构，如果完全不考虑 798 艺术区和仁寺洞文化区的现状或思考逻辑上的可能性，只是单纯表达对于两个艺术区未来的期望时，回答结果与之前完全相反。大部分的入驻机构都表示，希望两个艺术区依然能够朝向艺术区这一方面继续发展。如果将包括真正艺术区功能的综合区也囊括在内，798 足足有 77%，而仁寺洞有 78% 希望两个艺术区依然维持其真正含义上的文化艺术价值。考虑到回答的入驻机构中半数以上都是非文化艺术机构的普通商业性或餐饮类行业，可以得知对于各种集体和阶层来说，艺术的价值依然很重要，这也说明了艺术不仅是在文化层面上，在商业层面上也是一个极有价值的因素。造成该现象的原因在于后工业时代的大量城市空间在激烈地争夺有限的资本和游客（流动人口）时，各个空间和场所都战略性地将自身所具有的魅力和特征呈现出来，努力在竞争中获取有利地位。考虑到 798 艺术区和仁寺洞文化区也是城市空间的一种类型，这种背景和环境也是不容忽视的。另外，在第四章、第五章的阐释过程中讨论进入后工业时代之后的消费环境和传播方式时，该结果将作为一个重要依据而使用。

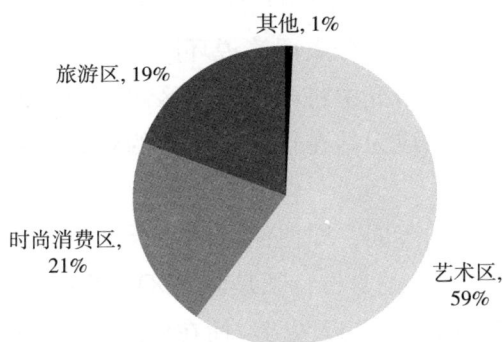

图 3-33　2013 年度游客对 798 艺术区现状的评价

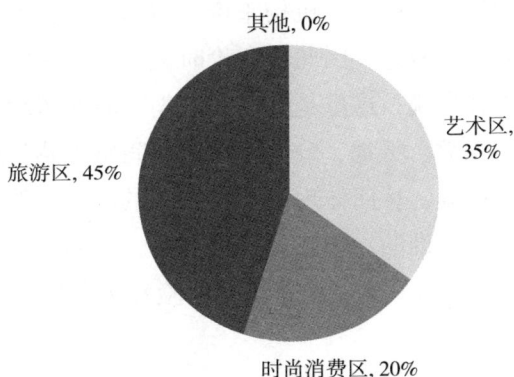

图 3-34　2013 年度游客对仁寺洞文化区现状的评价

下面对两个艺术区的真正使用者——游客的问卷调查结果进行对比分析。首先问到关于两个艺术区的现状的评价时，两个地区的回答情况相差甚远。798艺术区的国内外游客中足足有60%左右认为798的身份特征就是艺术区，而仁寺洞文化区国内外游客中只有35%认为仁寺洞是艺术区，而占比最多的45%的人选择了旅游区。在关于艺术区本来功能的问题上，798和仁寺洞带给游客的体验相差两倍之多。两国游客回答的区别与上文入驻画廊的个案研究中所表明的一样，在两个艺术区对于美术市场的真实力量和作用差距上也有所体现。特别是对于并不了解两个艺术区的内部情况且没有深刻问题意识的游客来说，虽然来到798艺术区和仁寺洞文化区只作短暂停留，但在此过程中仍然能够直接感受到该地区严重的商业化影响或者是活跃的美术市场氛围，由此可以推测周边环境和景观上产生了各种各样的相互性、因果性的影响。（笔者问到回答者的回答依据是什么，大部分人回答说环顾周围而产生的这种感觉，或者氛围如此等）因此本研究中将两个艺术区解释为由再现出的视觉形象而构成的景观，这一点成为站在普遍且整体的观点上分析两个艺术区的好方法。

由于立场和观点的不同，即使面对同一个空间，其感知与理解方式也完全不同。在认为798的身份特征是艺术区的问卷比例中，入驻机构为39%，游客为59%，两者相差近两倍。而在认为仁寺洞的身份特征是艺术区的回答比例中，入驻机构为25%，游客为35%，虽然不像798一样相差很大，但仍然是游客的回答比例较高。这就意味着，对于在两个艺术区中直接从事经济活动和竞争的入驻机构来说，内部一些大大小小的问题和管理层面的影响更大也更敏感，因此在评价时他们更关注实际的制度和现状的把握。而对于游客来说，这里是他们利用闲暇时间游玩的特殊空间，因此他们主要依赖于视觉、听觉、触觉、运动空间感等感觉层面上的要素对艺术区的现状进行把握，从而体现出两者之间的区别。然而，在这里很难评判入驻机构和游客中谁的立场或观点更真实、更明确，因为入驻机构和游客都是以各自不同的方式真实地使用并体验着两个艺术区。

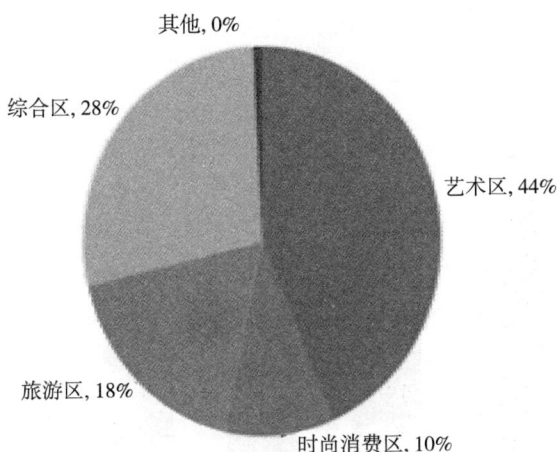

图 3-35　2013 年度游客对 798 艺术区未来的期望

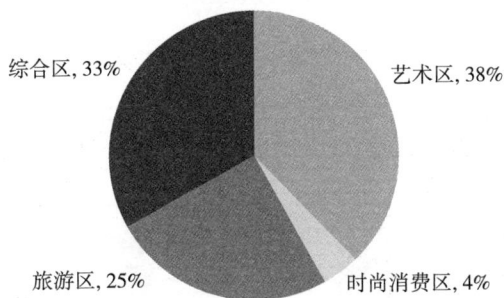

图 3-36　2013 年度游客对仁寺洞文化区未来的期望

　　对两个艺术区的未来的期望，游客的回答亦是别有一番趣味。与之形成对比的是，51% 的入驻机构希望主要朝向艺术区方向发展。该比例与入驻机构在针对两个艺术区现状的评价时所做的回答相差甚远。入驻机构在进行现状的评价时对作为艺术区的功能持怀疑态度，然而在对未来的期望中，则对他们感到遗憾的部分（作为艺术区的功能）表现出了关心。但是游客的反应则完全不同，游客在对两个艺术区的现状进行评价时，回答艺术区的比例远高于入驻机构，然而在对未来的期望中，选择艺术区的比例反而下降了 10% 以上，或保持在同一水平，反而是选择综合区的比例更高一些。如果对该现象进行解释的话，便是在游客们眼中 798 艺术区和仁寺洞文化区虽然是充满文化和艺术的空间，但他们更期望其中的实际活动能够不仅仅局限于艺术领域，而是扩展到观光和购物的娱乐性综合区。这就是游客在两个艺术区中希望体验到、所需要的东西。

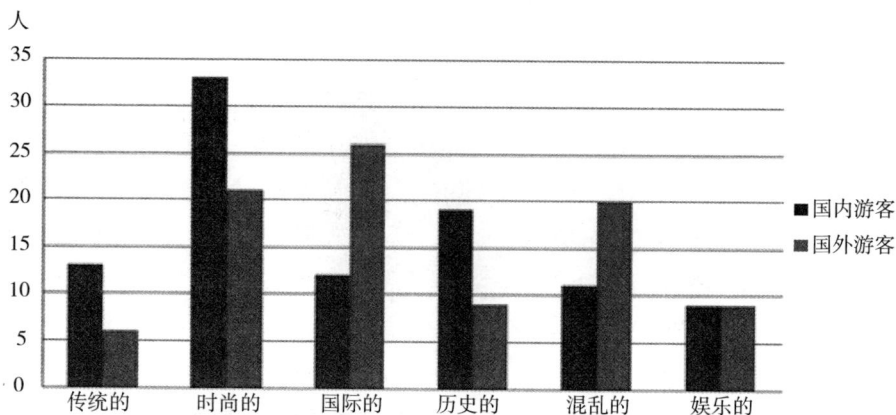

图 3-37　2013 年度游客对 798 艺术区氛围的感受：国内外游客比较

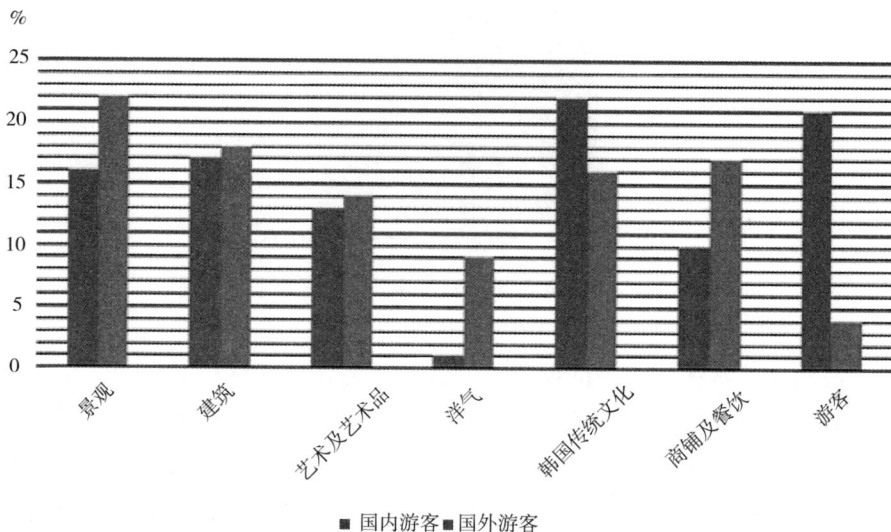

■ 国内游客 ■ 国外游客

图 3-38　2013 年度游客对仁寺洞文化区氛围的感受：国内外游客比较

　　最后在对游客进行问卷调查时必须确认的一点就是，游客在对空间进行理解时是否会受到自身的经验和价值观、文化背景等个人层面要素的影响。考虑到需要反映地域上的不同特征，因此在针对 798 艺术区和仁寺洞文化区的详细问题上会有差异，采取一对一方式进行探讨固然有一定局限性，但仍然可以看出在各艺术区游客的答案中，国内和国外的各个不同群体之间是否会出现不同。对于 798 艺术区来说，国内游客倾向于选择时尚的和历史的，而国外游客更多地选择了国际的和时尚的。而对于仁寺洞文化区来说，国内游客倾向于选择韩国传统文化（传统的）和游客（旅游的），而国外游客则偏向于景观和建筑。从中可以发现一些规律，在理解各个艺术区的时候，国内游客会将自身的历史和传统联系在一起，或者关心流行和观光要素这些娱乐性方面。而国外游客则对于掺杂西方文化的国际化氛围更加敏感。通过对于国内外游客的比较，我们可以得知空间的使用者面对同一空间时，会根据自身所拥有的各种个人背景、能力、需要而进行不同的理解和接受。这为后面第五章中，在主动积极的使用者（游客）心理层面上将 798 艺术区和仁寺洞文化区的空间看作是发生解构和重构的互动空间时，提供了实证性依据。

第四章　"边缘"和"传统"的表征

在第一章到第三章中，对798艺术区和仁寺洞文化区进行的田野调查进行了总结，考察了其历史变迁过程，目的在于更广泛地分析两个艺术区中在视觉上可以直接感知的表象，以及深藏在表象背后不容易被观察到的各种特征。通过以上分析，具体地呈现出了两者之间的共同点和不同点，在本章及第五章中将根据前文的调查分析，对本文的主要假设开展论证。即从各种不同的角度对798艺术区和仁寺洞文化区进行分析，从而进一步提升两个艺术区在当代的存在意义。

首先，在第四章中希望证明，虽然那些从视觉上可以感知到的所有文化符号（culture code）在798艺术区和仁寺洞的景观中，看似散落分布在各处，很难一下全部捕捉到，但事实上景观中的各种视觉装置都被战略性地灵活运用了，它们的设置是为了在各种不同的利害关系之间，悄然实现一个共同的目标。因此，本章将首先对空间、场所、景观这些基本且极为重要的概念进行界定，同时对第四章中将重点运用的空间理论进行概括性梳理。其次，在艺术区这一城市空间中，可以从视觉上观察到的景观是否可以与再现（representation）问题联系在一起，也将在后两章对该论点的合理性进行阐述。本文最终希望证明，后工业时代的798艺术区和仁寺洞文化区的景观，是两个艺术区对所面临的问题以及表面身份特征的一种表现形式，也是为了进一步巩固各自空间的身份特征和历史性而实行的一种表象化战略。

第一节　艺术区景观的再现

"景观"一词被广泛地使用在各个不同的学术研究领域中。它在日常生活中表示"景色"或"风景"的含义，也就是我们眼前所见的事物。此外，"景观"也被理解为由各种生态系统组合而成的一个复杂的生态系统。尤其是从景观生态的观点来看，在分析一个研究对象时，会把除了住宅、商业设施、工业设施之外，包括山林、人工造林、耕地等景观要素都考虑在内。不仅如此，景观也被看作具有多重的"意义层次"，其文化价值随着时间而变化，通过人类的干涉对景观的变化明确地产生作用，在这里我们对这种文化价值也将进行分析。

一般情况下，对景观的研究经常会跨越地理学、美术史、人类学、考古学等各种学术领域，因此研究起来更具趣味。本文在对798艺术区和仁寺洞文化区进行比较研究时也重点运用到了"景观"的概念，并进行了艺术人类学、美术史、地理学等跨学科研究。尤其在近段时期，地理学和人类学都受到了实践理论和现象学的影响，所以这两门学科间产生了紧密的联系。

"景观"（landscape）一词起源于16世纪画家们借用的荷兰语"Landschap"一词。"景色"（scenes）会随着观察者的角度不同而不同，而通过对深度和距离的欣赏与观察也可能会形成另一种不同的视觉角度。换句话说，迄今为止，通过绘画表现景观的方式一直支配着我们欣赏真实物体时的观察、感知方式。当我们看到一个物体十分美丽且充满生机，经常会发出"真是像画一样！"的感叹。因此，对于我们来说，景观是一个存在于外部并在视觉上被我们所欣赏的对象。由此可见，景观与绘画上的"再现"（pictorial）紧密联系在一起。然而本文的研究对象并不是绘画作品中静止不变且通过统一的规则再现出来的景观，而是一个真实存在的作为城市空间的艺术区。那么，时时刻刻不断发生变化的景观是否可以看作与绘画作品相同的再现？下面将对此进行可行性、合理性分析。

一、场所、空间、景观的关联

本文的研究对象——798艺术区和仁寺洞文化区，在视觉与空间上都十分明晰。首先，在视觉上观察到的两个艺术区的景观要素有大大小小的建筑，挤满了物品和人群的巷子和街道，来自世界各地的游客，摆放在橱窗里的各种吸引游客目光的商品和美术作品，路上到处贴满的宣传海报，等等，它们通过各自鲜明的色彩和特性把整个艺术区空间变得富有生机。

构成两个艺术区景观的这些视觉要素不断发生变化，因此很难用一个统一的标准去分析。因此，为了能够通过绘画上再现的方式对798艺术区和仁寺洞文化区进行阐释，首先必须进行严密的理论探讨工作。在此先对下文中将要用到的一些重要概念进行简单的整理，同时回顾与此相关的一些理论成果和研究方法。

"场所"（place）、"空间"（space）、"景观"（landscape）这些词汇，在我们的日常生活中经常接触并被广泛使用，但由于各自的经历和所处环境不同，我们可能以不同的事例为依据，并用自己的方式对其进行理解，导致我们对空间和场所的情感和思维方式极为复杂且多样化。因此，本文在此界定"场所""空间""景观"这三个概念，以防在此后的探讨中产生误解和错误。

"空间"和"场所"是为众人熟知的表现共同经历的词汇。我们都生活在空间中，同时所有的场所都比不上与家人一起生活的房子。我们理所当然地认为，"空间"和"场所"是我们日常生活的基本构成要素。然而，"空间"和"场所"也会被用作两个互相对立的概念。"场所"是人们赋予其意义创造出来的空间。不管怎样，场所都是人们所热爱的空间。"场所"最简单且统一的定义就是"具有一定意义的地方"。同时，场所总会具有一些具体的形态，它不仅要位于某个地方，具有某些物质上与视觉上的形态，同时它还要与人类形成某些具体的关系，具备能够生产与消费意义的这些人类性功能。换句话说，场所不仅仅是存在于世界中的一个事物，它更是理解世界的一种方式。

相反，"空间"是一个比"场所"更为抽象的概念。空间具有面积和体积。场所与场所之间有空间，当其中渗透了人类的经历之后就成为"场所"。当代著名华裔地理学家段义孚（Yi-Fu Tuan）将空间比喻为"移动"，将场所比喻为"停止"（停在路上）。

"统一的空间（差别化之前的空间）随着我们对它的了解加深，并赋予其含义，就成为了'场所'。……'空间'和'场所'需要通过彼此才能更好地定义自身。我们通过场所的安全与稳定性，了解了空间的开放性、自由、威胁，反之亦然。如果认为空间是一种移动，场所则是一种停止。在移动过程中每次停止的时候，该位置就可以变成一个场所。"

段义孚通过人类的具体经验对场所和空间进行阐述，这正是他研究的独特性所在。对于我们日常生活中接触到的空间和场所，不应单单只从认知的角度进行把握，而应将其理解为各种身体经验和移动。终日人头攒动的 798 艺术区和仁寺洞文化区摆脱了立体且坚固的物理状态的空间，它不断地像细胞分裂一样变得碎片化，其中重新产生了无数的场所。本文将两个艺术区的空间阐释为使用者的身体性经验和相互作用与沟通这一循环性、能动性的移动，而段义孚的这种观点为此提供了理论基础。段义孚的理论在之后的第五章中将会再次提到。

　　本章中最重要的概念是"景观"，它指的是在一个地方所观察到的地面上的某些部分。也就是说，所谓的景观是一处地面的物理性形态（可以观察到的）结合了视觉概念（观察的方式）。因此，不仅是观察到的东西，观察的方式也成为一个问题。景观是一个彻头彻尾的视觉性概念。因此，大部分景观的定义都是观察主体位于景观之外所赋予的，与之相反，场所的内部则存在很多东西。这正是景观不同于场所的重要特征。特别是景观中对"观察的方式"的重视，意味着要同时将"观察的主体"所具有的各种不同的条件考虑在内。也就是说，现在的景观不再是从认知角度进行把握的客观观察对象，而是从各种不同的角度进行的主观性阐释和理解。另外，由于景观是个视觉性概念，在对其进行阐释的过程中，一定的象征性价值将通过再现最终获得。

　　由此便产生了一个问题，将景观与表象以及再现联系在一起的这一新近的理论视角，对我们来说是陌生的吗？事实上，通过绘画或地图所传达的"景观"观念，一直以来都在对人类日常生活中的经验和观察世界的学术观点产生持续不断的巨大影响。例如，伯纳德·史密斯（Bernard Smith）在《欧洲的视野和南太平洋》（*European Vision and the South Pacific*, 1985）中关注了早期欧洲探险家们表现太平洋地区景观的方式。他发现探险家们在描绘神话中的阿卡迪亚（Arcadia）或伊甸园时，人物形象大多具有原始且野蛮的一面，这是欧洲探险家们面对未知的世界，借用了他们所见到的太平洋地区的居民描绘了一个神话中的空间。在此过程中，他们并不是真实地描绘太平洋地区原住民的样子，而是根据自身需要或肯定或否定地赋予其特定的价值。由此可知，从很久以前开始，景观就不仅仅是一个科学上的认知对象，它更接近于一个具有意义和象征性的表象。而最新的景观研究则更加强调人和景观之间的相互影响和相互创造。

空间、场所、景观之间有较强的关联性，在定义上也会出现彼此重合的情况。比如，列斐伏尔将空间分为两个范畴，一个是抽象的空间，即"绝对性空间"；另一个是含义丰富且实际存在的空间，即"社会性空间"。这里所说的"社会性空间"十分接近对于"场所"的定义。由此可见，大多数描述"场所"的句子的重点都放在意义和经验的领域上，原因在于"场所"是我们赋予这个世界以意义的一种方式，同时也是我们体验世界的一种方式。基本上来说，场所是在权力关系中被赋予一定意义的空间。将空间赋予一定意义的过程在世界各地大规模地上演，并且在人类历史上也时有发生。

除了上文提到的关于场所的各种学术性概念，在后现代美术思潮中，场所也发展成为美术史上的重要概念之一，并形成了与政治进步主义紧密联系且具有一定意义的美术类型——"场域特定艺术"（Site-specific art）。至此，美术作为一种空间和政治的问题摆在我们面前。如此一来，不仅仅在美术、艺术家与场所之间形成了恰当关系，美术还产生了另外一个重要含义，即关于场所性质的各种不同观点彼此竞争的场所。这就是"场域特定性"，美术家罗莎琳·多伊奇（Rosalyn Deutsche）这样对"场域特定性"进行定义，"一方面是美术、建筑、城市社会相关的概念，另一方面是城市、社会空间、公共空间相关的理论，它是将两者结合在一起的城市美学性或空间文化性探讨"。

20世纪60年代后期，继"极简主义"之后出现了"场域特定艺术"。当时对场所的理解大多是站在现象学与经验性的基础上。在经历了"制度批评"这一唯物论思考之后，场所被赋予了全新的理解，它被认为是规定并维持着美术的意识形态的体系，各种彼此相关的空间与经济，即画家工作室、画廊、美术馆、美术市场、美术批评等形成的锁链或网络。麦克·阿舍（Michael Asher）、汉斯·哈克（Hans Haacke）等画家认为美术的场所不是单纯的物理场所，而是经由社会、经济、政治所形成的复杂物体。如果说上述这些画家对美术意识形态系统的闭塞性提出了挑战，那么最近出现的如马克·迪翁（Mark Dion）、安德里亚·弗拉泽（Andrea Fraser）等画家则超越了熟悉的美术脉络，扩展到了更为"公共性"的领域。如今，场所跨越了更为广泛的文化性与社会性探讨的场。比起地图，美术家们更像是根据一个旅行日程表在流动，通过这种流动，场所具有了一定的"文本间性"（intertextuality），并扩展到广告牌、美术类型、被边缘化的地区共同体、制度性框架、杂志版本、政治讨论等多个领域。现在，场所可以像现实生活中的街道拐角一样成为真实的场所，也可以像理论概念一样成为想象中的场所。美术史中"场域特定性"的模式大致可按照现象学性或经验性、社会性与制度性，以及谈论性的三个发展阶段依次进行。另外，美术史中所讨论的扩张且进化后的场所概念，又与地理学和文化理论中涉及的场所概念的理解性扩张呈现出许多相似的地方，因此我们需要综合性地对其进行分析。

图 4-1　麦克·阿舍，《无题》（*Installation View*），1974

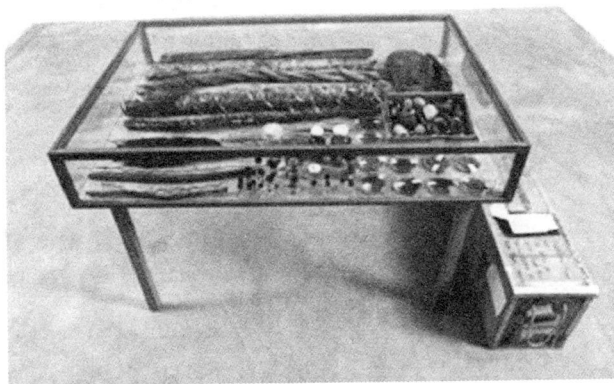

图 4-2　马克·迪翁，《热带自然》（*On Tropical Nature*），1991

正如上文所探讨，包括美术史在内的各类研究中所使用的空间、场所、景观等词语，由于其中各种权力间的冲突，而最终不可避免地具有强烈的政治含义。对作用于空间的权力关系、相关主体进行阐释并赋予其一定意义，同时对文化政治性含义研究最深刻的是"新文化地理学"（new cultural geography）领域的景观研究。景观是文化地理学的传统研究领域，而新文化地理学对景观这一概念的自身进行了重新解读。传统文化地理学将景观定义为"作为人类的创造品在一个地方留下的烙印""以相同的形态不断重复，并作为彼此发生作用的生态界的一部分而组成的与众不同的地区"等。景观形态学主要关心农村的人造物品，以及可以观察到的形态变化。与之不同的是，新文化地理学将景观定义为"视觉性的挪用方式"（ways of seeing），或者是"将外部世界构造并协调为一个视觉性统一体的方法"。即将景观看作各种不同的意义体系（signifying system），并将重点放在景观的意义化以及对这些意义模式的解释上。这种观点与本文在谈论性模式下对 798 艺术区和仁寺洞文化区进行阐释的立场基本一致。

时至今日，不仅在日常生活中，连学术领域上都越来越强调空间的重要性。原因在于，人类社会进入了拒绝宏大叙事，强调异质性和区别性的后现代时代。跟过去相比，如今各地区所呈现出的具体状态被赋予了重要的意义。空间谈论的最新发展方向是将物理性空间和社会主体之间的关系放在一起进行考虑。这些关于空间的探讨在空间现象的研究中十分关心具体的情况和脉络，同时还会对空间的媒介方式以及其中多方的压制与抵抗、作用和反作用进行分析。换句话说，对空间的分析不应是片面性、平面性的，而应从各个层次全方位地进行把握，这样才能观察并领悟到其中多种多样的方向性、目的性、目标等。而这也构成了探讨性层面上最重要的论据。

近来有关空间谈论的各种研究中，最引人注目的是"空间的文化政治学"（Cultural politics of space）。它关注围绕着空间和场所，控制力、抵抗力这些彼此相异的利害势力如何发生碰撞冲突，各种不同的意义如何彼此竞争、发生摩擦，又如何在空间中表现出来，并对空间通过何种方式产生新的空间也有全方位的涉足。换句话说，空间的文化政治学的主要研究对象是空间、主体、权力彼此结合并进行交涉的地点。在本研究中，对各种具有不同利害关系的当事者在艺术区这一空间中一起居住、从事经济活动、观光等现象着重进行了探讨，这与空间的文化政治学极为相似。另外，本次研究的根本目的在于对798艺术区和仁寺洞文化区进行整体且综合性的学术探究，因此，空间、主体、权力间的关联性显得更为重要。

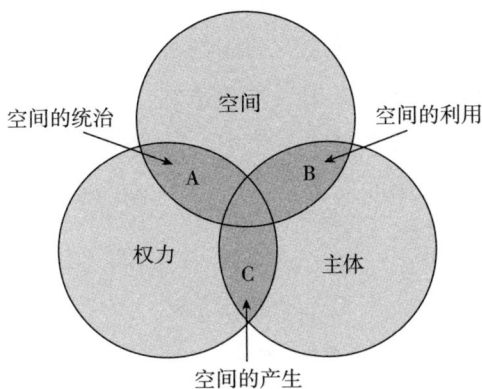

图4-3 空间的文化政治学概念结构

空间的文化政治学所讨论的主题可以理解为空间、主体、权力间的相互作用。即，空间的文化政治学主要研究的是三个要素彼此结合并进行交涉的地点。如图4-3所示，大致可以分成三个层面。第一，"空间和权力"（A部分）中涉及了生产空间，并对其进行支配、统治的社会性权力的作用。其中要谈到的是实际支配资本主义城市空间的生产过程的资本，国家权力对各种不同空间的支配方式，以及由此产生的空间变化过程。第二，"空间和主体"（B部分）重点论述了大众主体在面对支配下产生的空间时，将这些空间再现的方式，即对空间的阐释及意义赋予。第三，"主体和权力"（C部分）是形成各空间主体之间矛盾和权力关系及身份判定的政治领域。

将这一概念应用到本文的研究中，便得到如图4-4所示的结果。第一，798艺术区和仁寺洞文化区的空间与资本、政府管理制度等权力间发生交涉的A地点，主要指空间的商品化、城市景观（spectacle）、区域营销等问题。本文中主要讨论的是两个艺术区空间的各种商业化问题，以及两国文化艺术在国家盛事中的象征性。第二，798艺术区和仁寺洞文化区的空间在B地点面对观览者、游客等使用者时，作为主要文本被解读的景观以及重构的场所身份特征也是值得探讨的。本文将重点考察的是，两个艺术区的景观在视觉性再现的过程中所获得的象征性意义，是如何重新与两个艺术区所追求的场所身份特征联系在一起的。第三，在资本和政府管理制度与各个主体之间发生交涉的 C 地点，在与空间相关的消费和身份性特征方面发生了激烈的角逐，这些可以从广义的政治概念上进行分析。尤其是由国家、社会公开规定而形成的通用性身份性，与实际的使用者根据自身经验而体会到的身份性具有相当大的差别，本文将论述使用者的直接介入（相互作用，相互创造）对两个艺术区的身份性所起到的十分重要的作用。同时，明确这三个层面的差别将有助于我们将两个艺术区理解为更加富有生机的空间。

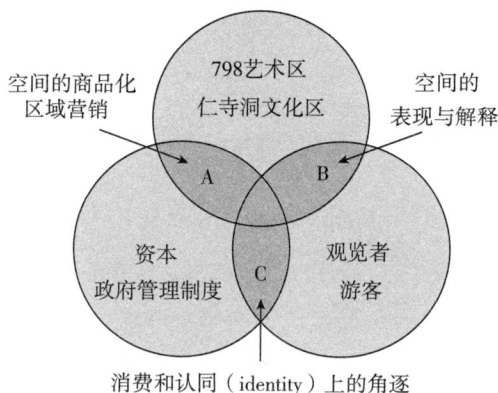

图 4-4　798 艺术区和仁寺洞文化区比较研究的概念结构

正如上文所说，我们日常生活中经常用到的空间、场所、景观这些词语在空间理论领域上极为不同又彼此联系。而空间理论的发展趋向必然朝向新文化地理学、政治经济学、后现代理论、人类学、美术史学等领域扩展。因此，本文的假设具有理论性支持，即在对 798 艺术区和仁寺洞文化区进行比较研究时，可以通过对两个艺术区的空间、场所、景观的阐释，挖掘出各群体对两个艺术区进行的重新定义与重构，及其能动性再现的表现方式。下面将从表象化战略的观点出发，探讨文化形象是否可以被看作景观再现，以及是否可以通过这种再现获得象征性价值。如果这一方法具有理论支撑及合理性，便可用于 798 艺术区和仁寺洞文化区景观的主导性分析。

二、文化形象：景观的再现

景观是一个历史性、文化性的观念，它是欧洲人在文艺复兴之后以全新的角度观察外部世界和自然的一种新的文化观念，随着社会经济的变化，景观的意义也发生了改变。随着资本主义的发展，对于景观的认识受到了浪漫主义文化运动，即"如画运动"（picturesque movement）的影响，它们主要描绘与城市的衰退和肮脏相对的自然的美丽和田野的丰饶。领导该运动的是意大利和荷兰的风景画家，他们认为景观是"在某个场景所看到的理想化的自然风景"。当时的风景画强调将如画般的完美景色再现到纸上，大部分绘画技巧都源于 13 世纪和 14 世纪文艺复兴时期意大利画家利用欧几里得（Euclidean geometry）原理创造出的"透视法"（perspective）。

透视法是将三维的空间表现在二维的平面上，它认为外部世界是存在于自身空间之外的独立个体。因此，空间就成了观察者的视觉性财产。这种技法采用近景详细描绘，远景模糊处理的方式，为事物营造出一种层次感。由此可见，透视法是个人站在完全中立的位置，从而在视觉上将自身消失后的三维空间完全占据的一种手段。因此，"景观"这一观念渗透了资本主义主体的世界观，它又被称为"视觉性记述"的层面，这种视觉性记述合理地重构并支配着那些以中立的态度将人类的社会关系，尤其是受剥削的劳动者变得不透明的"隐蔽"空间。事实上，透视法并不是只局限于绘画方面，其基本概念最早出现于日常生活和生产中。当时的农村发生了翻天覆地的变化，从封建领地变为租佃制度，种满扁柏的林荫小道连接着佃田和地主的宅邸。地主的宅邸里住着管家，地主住在繁华的城市里。这样慢慢形成了城市和农村，并形成了新的、透视的空间。同时，这与新阶级的形成、城市的集中等各种经济变化不无关系。

由此得知，如果以视觉性挪用（appropriation）的方式对一处景观进行思考的话，我们所理解的景观就绝对不是中立的，它反映了一定的权力关系和观察世界的主要方式。正如小说和电影是一个有情节的文本（text）一样，景观也可以看作一种文本。换句话说，文本中包括了作家、各种情节转折和记述方式。另外，根据解读的方式不同其意义也会大相径庭。由此可见，景观也构成了各种不同的意义体系，存在着意义生产和消费的过

第四章 边缘和传统的表征

程，同时以权力关系作为一种媒介。一种文化中可能存在各种文本，可以利用其他文本去领会一个文本的脉络，这种"文本间性"的概念在理解作为一种"文本"的景观时极为重要。同时，"文本"随着接受主体的立场不同，会出现各种不同的解释方式，因此，读者的"接受"概念同样重要。在本文的研究中，没有选择艺术家、画廊而是选择了游客、观览者作为与798艺术区和仁寺洞文化区空间相对应的概念，说明了比起两个艺术区空间的生产方面，它的接受和阐释更具有价值。

由此，景观的概念得到扩张，它不再仅仅是城市景观和街道、广场、商场、建筑物等物理性的环境，绘画、文学、电影、广告、音乐、照片、网络空间等可以将景观再现出来的其他环境也被囊括在内。因此，理解并阐释文化景观的象征及意义的方式变得更加多种多样。景观研究特别关注绘画性隐喻，卡斯格拉夫和丹尼尔斯的理论汇集了众多学者的智慧成果，他们认为景观是一种文化形象，同时也是一种再现、构建并象征周边环境的绘画方式，他们强调了景观的视觉性（visuality）。本文将站在表象化战略的观点上，将798艺术区和仁寺洞文化区的景观看作一种文化形象进行分析，为此需要进行相关的理论性探讨。

在卡斯格拉夫和丹尼尔斯看来，景观是一种通过绘画的方式再现、构建并象征周围环境的文化形象。这并不意味着景观是虚无缥缈的，而是以各种不同的物质和形态再现出来。就像画在帆布上的画，写在纸上的字，地球上的泥土、石头、植物一样，景观的再现可谓多种多样。如今对于景观的研究已经转到文化性再现这一层面（layer）上来，研究者们经常把景观看作一种文化象征或形象，尤其是把景观比喻成可以阅读的一种文本。

通过他们的著作《景观图像学》（*The Iconography of Landscape*, 1988）可以得知，他们在面对一个景观的时候，就像分析阐释一件美术作品一样，将其看作再现的图像或者一种象征。现以卡斯格拉夫和丹尼尔斯所进行的现代性景观研究为下限，系统地回顾对景观概念的研究，这些探讨将为后文分析798艺术区和仁寺洞文化区景观的表象化战略时提供理论依据。首先，所谓的图像学（iconography）指的是针对作品的一定主题及其包含的个别形态、个别形态的象征物（attribute）、象征（symbol）、讽刺（allegory），所进行的一种形象程序的把握，并进一步对所有个体综合分析的一个美术史方法论。由阿比·瓦尔堡（Aby Warburg）最早创立的图意学（iconology）由图像学发展而来，解释图像的本质性并研究其内容和形式之间的关系。近代图像学从17世纪发端，在19世纪成为美学史的一个重要理论，1900年之后，由瓦尔堡的学生潘诺夫斯基（Erwin Panofsky）进一步将其具体化并发展为"图意学"。

　　潘诺夫斯基的图意学是对象征性形象的阐释，这里参考潘诺夫斯基的同事恩斯特·卡西尔（Ernst Cassirer）对"象征"所作的概念。对于卡西尔来说，象征性的东西指的是连接在真实世界和人类精神之间的所有普通媒介。换句话说，卡西尔把认识主体和认识对象之间的所有结合点都看作象征，因此不仅语言，包括音乐、绘画等在内的所有文化表现物都是一种象征。卡西尔认为，人类并不是生活在物理性宇宙空间内，而是生活在神话、艺术、语言、宗教等象征物的世界里。也就是说，人类虽然直接面对物体存在的世界，却无法真正地理解它们，人们是通过自己创造出来的神话象征、艺术象征、语言、宗教仪式、科学概念等媒介来观察并理解这个世界。另外在他看来，象征是只存在于人类世界，类似符号（sign）的一种东西。与卡西尔一样，对于根据特定的文化需求来构建世界的象征性形态，潘诺夫斯基也予以了关注。

　　为了更具体地了解景观的绘画性再现，以及由此获得象征性价值的过程，我们首先看一下16—17世纪的欧洲风景画。身兼美术评论家和历史学家的约翰·拉斯金（John Ruskin）最早对欧洲风景画的传统产生了兴趣，他当时观察和分析风景画的方式在很多方面和今天的现代性景观研究如出一辙。拉斯金认为，所有存在于这个世界上的东西必然反映了某些内容。因此，拉斯金将景观看作一种可以阅读的文本，他的风景画欣赏方法源于对圣经的阐释，当时的英国进入商业化，整个社会处于一片混乱，他的这种方法只为在乱世中寻找一丝平静。因此，他对风景画进行阐释的主要目的超越了形态研究和风格史，而是将景观放置于一个更广阔的环境中。面对威廉·透纳（William Turner）这些大家笔下再现的风景画，他并不是站在学术性的传统风格范畴将其归类为历史画，而是将其看作包含着那个时代最急需的深厚道德底蕴和艺术真实价值的对象，对其进行阐释。

　　由此可见，从19世纪开始，理论家对风景画中再现的景观已经不再是单纯地站在美术史的大环境下对其进行分析，而是将其看作以再现的方

第四章　边缘和"传统"的表征

179

式表现各种与当时的时代背景结合在一起的价值和意义。除了拉斯金之外，还有一些理论家将风景画中的景观作为一种再现的文化形象进行解释。拉斯金的追随者肯尼思·克拉克（Kenneth Clark）在他的著作《风景进入艺术》（*Landscape into Art*, 1949）中，试图以哲学的方式或者站在社会大环境下对于各种不同风格的风景画视情况不同进行重新诠释。尤其是 17 世纪荷兰的现实主义风景画被看作"资本主义形式的艺术"，是对集中在阿姆斯特丹（Amsterdam）和哈勒姆（Haarlem）的中产阶级商人赞助者所生活的世界的再现。另外，约翰·伯格（John Berger）利用文化上层建筑和经济基础这一马克思主义哲学用语将潘诺夫斯基所说的意义的多重层面进行重新表达，这对于在今天复杂的经济、政治背景下通过各种方式进行解释奠定了基础。同时，这与本次研究着重分析后工业时代的 798 艺术区和仁寺洞文化区的商业化现象也具有一定关联性。他的著作《观看之道——影像阅读》（*Ways of Seeing*, 1972）对 18 世纪英国的风景画《安德鲁斯夫妇》进行解释，并指出了自然之物不得不与经济联系在一起的原因。

图 4-5　托马斯·庚斯博罗，《安德鲁斯夫妇》，油画，69.8cm×119.4cm，1750

"安德鲁斯夫妇并不是卢梭想象的自然世界中的一对夫妇。他们是地主，他们的姿势和表情都表现了他们是周遭事物的拥有者。……若要享受未受污染的最原始的自然，必须要拥有这片土地。也就是说，这里不能包括别人拥有的土地。……安德鲁斯夫妇望着自己的土地所感受的快乐中包含着自身作为地主的身份得到确认后的快乐，而这种快乐又因油画技术使他们的土地呈现出全部实质而得到进一步增强。"

由此可见，景观的再现不再是仅仅局限于镜框中的图画中，它逐渐向外扩展，试图呈现出社会关系并积极地介入其中。因此，作品中再现的美丽风景都是通过生动的表现和美好景色来取悦拥有这片大自然的地主们。景观不再是一个自然之物，而具有了一定的文化意义。因此，在伯格这些理论家看来，对于景观的阐释不是像印刷字体一样真实且固定，它更像电脑画面上一按键便可删除所有内容的 Word 程序一样具有流动性与可变性。从这个意义上来说，景观不应该理解为单独存在的，而应放置于一定的背景和大环境下予以考虑和分析。这种景观形象的双重性可以说极具后现代特征，对此评论家米契尔（W. J. T. Mitchell）说过下面一段话：

如今，语言和形象变得像与整个世界脱离的谜语一样，需要对其进行解释。事实上，如今的形象研究需要像语言一样被理解，原因在于近来所有的形象都被看作一种符号。符号不同于透明的玻璃窗，它整个都是不透明且扭曲的，并肆意地用各种方式再现。然而为了掩饰这种状态，形象（或者符号）会披上看似透明且自然的具有欺骗性的外表出现在我们面前。

目前为止，第一节的主要内容是将 798 艺术区和仁寺洞文化区的景观看作一种再现的文化形象，其中的象征性意义可以像文本一样，对其进行阐释与解读，并由此确立理论性基础。正如米契尔所说，在包括景观在内的所有视觉形象和符号看似简洁的外表后面，隐藏着复杂且晦涩的再现过程。对介入到这些复杂的再现过程中，并引发了或大或小变化的原因尤其需要着重分析。因此，对眼睛所看到的景观上的所有事物不应该一次性全盘接受并理解，而应意识到景观的表面和深层之间存在着变化和扭曲。换句话说，应该考虑介入到景观再现过程中的一系列企图和战略。而本文将要关注的是，"边缘"和"传统"这两个象征性价值，作为更好地体现 798 艺术区和仁寺洞文化区的魅力和身份特征，而在两个艺术区景观中有意识呈现出来的"表象化战略"。

第二节 景观的表象化战略

本文的中心论点是 798 艺术区和仁寺洞文化区的景观可以被看作一种再现的形象，并对其中的象征性价值进行解释，上文主要针对该论点进行了理论探讨。引用了卡斯格拉夫和丹尼尔斯的观点，并回顾了他们的现代性景观研究背后的理论发展过程。因此我们关注景观的视觉性，在绘画作品中可以发现的各种类似的再现原理对景观的构成和阐释产生了巨大影响，在该过程中，景观作为一个再现的文化形象，获得了包括时间空间在内的各种背景和条件的符号与象征性价值，并留下了大片的阐释空间。

第二节将站在"再现"及与之相关的"象征"角度，分析 798 和仁寺洞的景观。为了更好地理解隐藏其中的再现战略，首先通过"空间"和"景观"的观点，分析如今两个艺术区所处的时代背景和含义，以及两个艺术区开始启动特定的表象化战略，如何获得"边缘"和"传统"这一特定的象征性，这种象征性又如何使它们自身魅力和身份特征得到进一步巩固，以及此后表象化战略持续维持并强化两个艺术区身份特征的方式。

一、后工业文明的空间与景观

首先，把"后工业"这一时代背景予以考虑的原因在于，"艺术区"这一现象是出现在后工业时代背景下的城市空间的一种文化现象。把时代背景考虑在内，并关注其中的相关性，对艺术区中发生的大大小小现象进行分析，将使 798 和仁寺洞景观的阐释工作具有现实意义和价值。

正如过去的产业社会中，资本作为人类产业活动的结果支配着整个产业社会一样，后工业文明则以信息作为人类知识活动的结果支配人类生活的社会。这种后工业文明出现在西欧的时间大致是 20 世纪 60 年代之后，出现在韩国的时间是 80 年代之后，而出现在中国的时间则是 90 年代之后，可见彼此的时间间隔较大。由丹尼尔·贝尔提出的基本框架可知，后期产业社会的核心不是经济的生产性，而是理论知识的符号化。其技术体系并不是机械技术，而是知识性技术。生产方式也不是制造，而是信息的处理。因此，与之前的产业社会进行对比存在大量不同，不同于过去市场上以制造业的商品为中心，后期产业社会中服务业迅速膨胀并成为产业的中心。

后工业文明并不单纯在经济层面上产生影响，它动摇了现今国家和国境这一空间概念。随着如今发生在各种层面的消费行为，过去只限定于物品的消费对象逐渐扩大到形象、符号、文化、艺术等多个领域，它们之间频繁地发生着剧烈的相互影响与融合。另外，全球化这一与后工业化含义几乎相同的概念，简单来说就是经济活动和社会活动的范围超过了单个国家并在全世界范围内开展的一种趋势。因此，全球化首先需要有一个类似于世界贸易组织，对同一个世界市场进行运营管理的超越国家的组织出现，在全球化的国际秩序中跨国型企业也成为了类似国家的行为主体，具备了超越国家的性质。跨国型企业利用自己的企业组织网，超越全世界的国境，将制度和规则进行统一化，从而以更加迅速的步伐进行扩张。因此，我们在世界各地都能见到吃麦当劳汉堡与喝可口可乐的人，而他们手中大多拿着苹果和三星的智能手机。

这种全新的发展趋势可以概括为全球化和地区统合，其中占据最核心位置的就是信息通信技术的发达和信息化。贝尔认为，如果说过去的商品生产中心型社会是产业社会的代表特征，那么当今后期产业社会最大的特征在于信息化社会。如今，信息不断地迅速传递给人们一些新鲜、与众不同的东西，信息化可以称之为全球化的物质基础，同时也是全球化机制的中枢神经。另外，它也可以被定义为，以互联网为核心的信息网络技术的高度化，以及随之而来的沟通方面的革新。首先利用高度发达的技术力量开展沟通方面的革新，并逐渐扩展到各部门和领域，将之前的许多不可能变为可能。也就是说，现在进入了一个与过去完全不同的新时代。本文第五章中作为中心概念出现的"互动"和"相互沟通"可以在该背景下被更好地理解。

正如贝尔所指出的，在后期产业社会中，商品从社会经济构成的核心地位上退出，代替其位置的是以信息为中心的符号、形象等新的消费对象。因此，过去含义较单纯的消费行为，如今作为一种极为复杂的文化、政治状态开展。如今的798艺术区和仁寺洞文化区不仅仅是享受文化艺术的地方，它们与各式各样的消费活动一起（或者说主导性地）出现，因此我们需要对后期产业社会中消费的意义以及其全新状态进行考察。布迪亚

第四章 "边缘"和"传统"的表征

183

认为消费是分析现代社会的一把钥匙。事实上，在现代社会中消费不仅仅决定了与事物之间的关系，更具有决定与世界之间关系的主动性。如今，消费超越了"使用消耗完"这一经济学意义，同时将"欲望"的满足这一含义也包括在内。现在所谓的消费，不仅包括事物所具有的实际功能的消费，同时还包括体现出幸福、富饶、权威、新鲜等炫耀性含义的消费。由此可见，消费社会作为后期产业社会的另一个侧面，被称为产业化高度发达，消费已经超越了满足生理性欲望的社会。如今，我们存在的理由似乎已经从过去勒内·笛卡尔的名言"我思故我在"转变为"我消费故我在"了。

同时，消费引发了社会学家们的兴趣，并经常出现在各种学术讨论中，这源于结构主义这一研究方法的发展。法国人类学家克劳德·列维·斯特劳斯在第二次世界大战之后，将结构主义发展成另一种形态。它是为了对没有文字语言的社会，即文字出现前的社会进行分析，强调的是这种社会的神话与仪式结构中符号和象征的作用。然而，在文字语言已然存在的当今社会中，符号和象征的作用依然不容忽视。而后期产业社会中蔓延的大众传媒和在广告中看到的符号与象征，以及迷惑了不特定多数消费者的商品的诱惑性外观就是相应例子。比起因为商品本来的价值而产生欲望，人们更多的是因为代替其本来价值的"其他东西"而产生欲望，这就是商品的"符号价值"。这种符号价值概念在消费行为中成为最重要的选择因素，对此，我们思考一下如今商品的意义化过程就能够很容易理解。最昂贵的香奈儿手提包，李维斯牛仔，设计别致的苹果笔记本等商品，事实上比起其自身功能，购买者更多是因为其品牌形象。即，品牌形象就成为符号价值。

现在将消费概念扩展到本文的重要概念之一——空间上，正是资本支配并控制着资本主义城市空间的生产过程。"空间的商品化"意味着空间成为被资本利用于不断创造利润的工具。空间的商品化过程在销售和消费行为发生的空间中活跃地开展，空间超越了产生并促进商品消费的单纯角色，其自身也被直接消费。扩大化的消费概念，必然发生将形象、符号这些视觉性要素置于空间之前，并转变为消费对象本身进而导致和谐的丧失。消费空间变得强调质上的巨大差异，即美学上的差别性，为了掩盖不均衡空间之间的各种矛盾，资本对欲望加以利用。正是从这里开始，扭曲而随性的再现战略在消费空间的景观构成中变得不可或缺。资本的全新空间战略不再仅仅是构建资本累积的物理环境并生产空间，而是将空间自身商品化并进行消费，最终获得利润的扩大再生产。因此，在空间的消费过程中，相比于强调商品功能的"必要"原则，强调商品销售空间（百货店、购物商场等）的美观感受的"欲望"原则，才更具优势。与消费结合在一起的欲望经过这段时间不断地训练，大部分已经变得随着视觉的刺激而推动了。因此，空间出于战略性考虑推出的所有美学价值都集中在视觉性上，同时对于在真实空间中以现存状态呈现的所有视觉性再现物，应该与其历史性、地理性等价值区别开来。另外，正如在商品的符号价值形成中，品牌形象成为符号价值一样，空间也需要脱离其功能性、历史性含义，塑造出一种与众不同的加工而成的品牌形象，这一点即可以还原成空间的符号价值。

798 艺术区和仁寺洞文化区除了艺术区这一明显的功能特征之外，还有一个不容易忽视的就是两个地区作为城市空间的一部分所具有的商业功能。第一章到第三章中对两个艺术区进行的田野调查结果显示，如今两个地区的商业化程度已经相当严重，以至于最初的身份特征和价值都遭受破坏，其波及力非同小可。那么，到底如何解释艺术区（或者是其中的艺术）与消费的共存？两者究竟是不是毫无瓜葛？在此需要详细分析。在研究消费理论的众多理论家中，布迪厄尤其关注"文化资本"，他认为文化资本不仅表现出消费上的经济差异，同时也有助于确立各社会集团之间的阶层差异，是一系列的社会、文化性实践。比如说，劳动阶级的下层民众和中上层人之间，在饮食、服装、家具、室内装修、休闲生活方式等方面存在巨大差异，社会阶级因此得以更加明确地区分开来。

在布迪厄看来，为了巩固自身的社会地位，人们采用了特殊的消费方式将自己与他人的生活方式区别开来，这种消费包括符号、象征、观念、价值。布迪厄认为规定文化资本的核心主体是知识分子和艺术家，这意味着包括艺术在内的高级文化，在各种消费方式中一直被积极地利用着。阅读书籍，购买绘画作品，以及能够欣赏话剧、电影、听音乐会的能力也应该被看作一种消费要素，因此艺术（和教育一起）应该被看作包含在现代资本主义社会化消费过程中的一种要素。

如今，艺术被囊括在新定义的消费范畴之内，而艺术通常以美术、雕塑、音乐、文学名著为主要构成。798 艺术区和仁寺洞文化区中，也是以画廊为媒介、以造型艺术为主的美术市场体系占据了中心地位。即使没有布迪厄的文化资本所带来的消费的社会学探讨，通过画廊中精致的展馆和策展人及收藏家们，我们也可以清楚地看到艺术区中艺术和资本以和谐且高效的方式结合在了一起。正如上文所述，消费与人类无止境的欲望联系在一起。为了满足享受或者拥有高级艺术的欲望，不仅出现了购买绘画作品的收藏家，同时与美术市场体系毫无直接关联的所谓游客们也欣然加入。比起来到艺术区的收藏家的人数，反而是来此购物娱乐的游客人数占压倒性多数。那么，他们来到 798 艺术区和仁寺洞文化区的目的是什么？换句话说，他们为什么在艺术区进行日常消费，这种欲望的创造和表现为何在艺术区这种空间内得以实现呢？

艺术作为艺术区空间的商品化和消费方式，通过大众主体创造出新的生活方式而不断地扩大再生产。在吃喝玩乐的日常生活消费中，我们不再关注商品单纯的作用和使用价值。重要的不是消费商品的内容而是其表面，即所谓的"形象"，通过消费这种形象，使得自己在别人看来是某种类型的人。也就是说，所谓的类型不是"我是谁"，而是"我看起来是谁"，这种强烈的自我表现形式也是形成自我特征的一个重要根源。艺术区与其他城市相比具有各种文化要素和美学价值，而艺术区的表面形象，即景观，强烈吸引着拥有这种欲望的人们。与此相关，刘明亮在自己的论文中对 798 艺术区的 LOFT 生活方式进行了详细说明。

事实上，LOFT 生活方式源于美国的苏荷艺术区。美国的制造业在进入后期产业社会之后崩溃，城市经济的发展方向转向了服务业和高级住宅空间，其中起到核心作用的就是集体居住在美国苏荷一带的艺术家们所倡导的"城市空间的改变"，即所谓的"LOFT 现象"。20 世纪 60 年代末，艺术家亲自动手，将破旧的工厂和仓库改造为工作室兼住所，废弃工厂发展成为最受关注的艺术区，包括艺术家和非艺术家的早期"LOFT 生活"在很多地方都具有共同生活的特征。在那里，与个人主义生活相对的"公社"（commune）理想在燃烧。由此我们获得的启示是，一旦作为其基础的空间发生变化，以真实的空间为基础而持续的生活也会朝着完全不同的方向改变。

主导 798 和苏荷地区生活类型化的正是以广告为中心的大众媒体下

的视觉形象。对于新鲜类型的追求始终是商品成功的必要条件，因此掌握着所有城市空间的广告不断地散发着消费的信息。然而，诉诸视觉形象的广告的欲望刺激效果在城市空间中也被照搬使用，商铺和建筑，甚至连街道自身也成为了一个形象消费空间。就像在外国电影中经常见到的，摆满异国风情的装饰品和灯光幽暗的咖啡厅，类似装置艺术的空间布置和进行商品展示的服装店，都是为了刺激大众的欲望而营造出必要的氛围。作为一种符号的消费空间，以及构成它的众多符号不是作为一种含义，而是作为一种感觉，即形象，走进大众的心里。广告的逻辑扩张到橱窗，由购物广场或大型百货店这种单一的场所再次扩展到整个城市。这种消费空间聚集形成的街道自身也成为一个消费空间，街道上的商店和建筑的布置和样子，店铺门口招牌和霓虹灯，街头来来往往的行人，都成为消费的对象。这种情况以相同的方式出现在艺术区中，需要注意的是，空间、景观、消费、表象战略等这些重要概念始终首尾相连地紧密联系在一起。

艺术区的空间、景观这些概念从各种不同的层面上与消费产生了密切的联系，而消费也将再次与大众欲望联系在一起。在后工业时代，大众的欲望大体上通过广告、新的生活方式等视觉形象表现出来，这种通过视觉形象的欲望刺激效果在空间中也得以运用。因此，构成空间的街道、建筑、商铺为了实现刺激大众欲望这一特定目的而采取了表象化战略。本文想要说明的是，798艺术区和仁寺洞文化区为了寻找与众不同的独特之处，或者为了追逐时代潮流，为了满足消费该地区形象的大众欲望而进行了一系列的表象化战略，这些表象化战略不仅仅在消费层面，它最终在美术史层面上也成为一种具有一定意义的象征。若非如此，798艺术区和仁寺洞文化区则会变成迪士尼乐园一样虚构的空间，因此对这一点的阐明十分重要。当然，在两个艺术区的景观中，视觉上"构成"的一系列特征并不是事先考虑了美术史意义才出现的。但是艺术区与其他城市空间不同，该地区及国家的美术变迁过程在时间和空间上完整地烙印于此，考虑到这一点，将为下文的探讨提供一定的合理性依据。

二、798与仁寺洞景观的表象化战略

为了更好地对798与仁寺洞景观的表象化战略进行探讨，我们首先要了解的是景观被看作一种具有象征性价值的文化形象的理论性依据，同时具体分析后工业时代艺术区空间和景观所包含的独特意义和价值。这些可以看作对第二章第三节中"发展与变迁中的 798 艺术区与仁寺洞文化区比较"部分所进行的直接阐释。换句话说,这里关注的是两个艺术区的美术史在发展过程中呈现出的"不同之处"。(对于两个艺术区所呈现出的"共同点"将在之后的第五章中进行探讨)上文对中韩两国美术史进行了简单的探讨,由此我们可以发现中国和韩国的现代美术所面临的问题差异甚大。中国在世界美术市场中取得了巨大成功,同时获得官方体制的默许并与之共存,虽然外界环境发生了改变,中国美术在国际舞台上依然将反体制、前卫的特征作为自身特点而不断加强巩固。相反,韩国在接连经历了日本殖民统治和韩国战争这种国家性灾难后,整个国家没有机会自主地进入现代化,对于在这种历史背景上发展而来的韩国现代美术来说,虽然由于自身精致的形象与独树一帜的创意在当今世界美术界获得了一定地位,但仍有一个紧迫的问题摆在面前,那就是从历史的脚印中寻找根基和历史。

如果仔细观察 798 与仁寺洞的形成过程,就能够发现两者并不是通过城市开发计划而形成的,而基本可以看作一种自发形成的文化现象。798 艺术区最早始于一群聚集在废弃工厂的艺术家们,而仁寺洞文化区则始于几家画廊,它们入驻这条从事朝鲜时期没落贵族的物品交易的古董街中。之后,两个艺术区都经历了剧烈的变化,在如今全球化、后工业时代这种大的时代背景下,过度商业化成为当今最大的话题。从城市学角度来看,随着经济的发展,城市空间变得越来越密集,因此历史上具有价值的中心逐渐消失,整体上变得更加中立。例如,美国的纽约、芝加哥等大城市在经济的高速发展和商业化的影响下,房地产价格以几何级数飙升,最终导致人们离开城市,选择搬到郊区或新城市区生活,并出现了城市共同化的现象。这些城市的中心街道被一些毫无特色的摩天大楼和办公室所占据,在城市的任何角落都很难再找到那些与众不同的历史性、地域性特征。因此,在分析 798 艺术区和仁寺洞文化区的商业化问题时,也可以预想到该地区在空间和景观上会出现类似的共同化现象。然而有趣的是,两个艺术区早期的大部分景观都被保留了下来,并努力进行保护。这一现象存在着一些必然的原因,将作为本章的重要内容进行具体阐述。

所谓的景观是一个彻头彻尾的视觉性概念,在对 798 艺术区和仁寺洞文化区的景观问题做具体探讨之前,首先对两个艺术区的景观中不同的

视觉性要素进行整理和对比。笔者将现场调查中所观察到的内容整理如表
4-1 所示,可以看出两个艺术区在景观上存在明显的区别。在 798 艺术区,
年代久远的包豪斯风格的工厂以及废弃的机械设备和配件大部分都原封
不动地保留下来。而仁寺洞则与 798 不同,曾经坐落于此的成排雅致的韩
屋,现在都被大量的高层现代建筑代替。尽管如此,仁寺洞文化区依然积
极地试图将传统文化要素融入造景、商品、装潢等方面,努力保持其原本
的风貌。另外,798 艺术区通过随处可见的坍塌墙壁上的涂鸦和装潢,让
人们联想到一个与挤满国内外游客、人山人海的繁华都市相距甚远的、隐
蔽且被疏远的曾经的艺术家村的形象。与仁寺洞文化区中心街道两旁的现
代高层建筑不同的是,如果深入到街道两旁一直往里走,就能够发现一条
条弯弯曲曲别致的小巷子,以及坐落在巷子里的一排排历史悠久的韩屋。
通过对比两个艺术区的各种景观要素,最终可以证明两者利用景观上的各
种视觉装置实现一定的象征性,其中 798 艺术区意在实现“边缘”这一象
征性,而仁寺洞文化区则试图巩固“传统”这一象征性。笔者把这一现象
称之为,如实呈现中韩现代美术史上最重要问题的“表象化战略”。

表 4-1 798 艺术区与仁寺洞文化区的景观要素比较

798 艺术区		仁寺洞文化区	
	德国包豪斯风格的工厂建筑		朝鲜时代的韩屋和改良韩屋
	废弃空间设施和机器		韩屋的低矮屋顶并联在一起的弯曲小巷

189

798 艺术区		仁寺洞文化区	
	随处可见的涂鸦		采用韩国传统花纹和设计的街头造景
	利用装潢进行修饰的坍塌工厂墙壁		摆满橱窗的韩国传统观光纪念品和古董

虽然一些明确的视觉性证据很容易在景观中发现，但重要的不是看见的东西，而是看见的方式。在这里，对景观进行阐释的主体充满着变数。798 艺术区和仁寺洞文化区中各种完全不同的利益集团共存一处并发生竞争，因此呈现出极为复杂的形态。正如上文所述，负责管理 798 的七星集团一直希望通过该地区的文化艺术认知度上升而实现该地区房地产价值的最大化，而占据在仁寺洞文化区的各种商业场所关心的则是将其打造成购物街以吸引更多的流动人口。798 早期入驻的艺术家们为了逃避该地区昂贵的租金和纷杂散漫的氛围而搬到其周围或其他地区。仁寺洞文化区中大量的画廊都关门停业，或者搬到周边的西村和北村这些租金相对低廉，同时环境比较清静的地方。如今，两个艺术区中画廊、商店、咖啡厅和餐厅不断地反复出现着停业又重新开张的现象。彼此不同的社会团体面对一个场所和空间持有完全不同的利害关系，流动性因此加剧。同时，从物质、文化到审美，个人和团体都持有完全不同的理解。因此，面对相同的景观，不同的主体会用不同的方式阐释。随着每个主体站在经济、文化、艺术等不同的角度对景观进行解释，景观也因此获得了多重且复杂的象征价值。

同时，包括 798 艺术区和仁寺洞文化区在内的许多空间都因为全球化现象，不可避免地卷入了投资、劳动力、游客的争夺战之中。在许多人看来，全球化使得许多东西变得均衡且统一，哈维却认为全球化招致了地方化。哈维认为，"空间壁垒的坍塌并不意味着空间重要性的减小。……随着空间壁垒的缩小，我们对于世界上空间所包含的一些东西变得更加敏感。"即，随着时间、空间壁垒的坍塌，场所的特殊性，即一个场所所具有的建筑、历史、物理环境等的特殊性变得尤为重要。有趣的是，围绕在一个场所周围的所有利害当事人都以不同的方式观察该场所，并对符合该场所特定形象的方面产生兴趣。这就解释了为什么要努力"创造"出一个对于资本和游客来说有魅力的场所、自然，以及传统氛围。然而，这里需要思考的问题是，"边缘"和"传统"这两个根源于中韩现代美术史问题的艺术区的象征性价值，到底是否可以通过景观的再现而被创造出来。

　　对于这一点，霍布斯鲍姆（Eric Hobsbawm）站在人类学和历史学的交叉点上展开了有趣的论述，他主张人类历史上始终出现着"传统的发明"。他认为，随着社会的迅速转型，建立在旧传统之上的社会模式逐渐削弱或被破坏，其结果是，新传统形成的时候经常出现传统的发明。此过程中与众不同的是，将过去的旧材料加以利用，将新旧两者结合在一起，从而构成一种新类型的传统。如此创造出来的传统，其特殊性多在于将它与过去的连续性人为地呈现出来。虽然该观点是霍布斯鲍姆在说明民族和国家共同体层面时所提出的，但本文在通过表象化战略对 798 艺术区和仁寺洞文化区的景观进行阐释时也从中获益匪浅。

　　事实上，中韩现代美术史与过去传统东方美术史的传承并无太大关系，而是起源于从西方传入的美术思潮和样式。因此，与西方国家不同，东方国家为了摆脱模仿和二流的耻辱，如今面对的最急迫的问题就是确立本国现代美术史的传统和身份性特征。因此，不管通过何种方式，如今急需填补近代之后中韩现代美术史与之前传统美术之间明显的断层。虽然摆在两个国家面前的艺术问题的目标相同，但考虑到两国现代美术的出发点不同，两者所要回归或恢复的传统范畴也不尽相同。在维持身份特征和历史传统性的各种方法中，798 艺术区和仁寺洞文化区通过自身景观的（绘画式）再现方式可以取得较理想的效果。

　　正如霍布斯鲍姆所指出，新传统的发明并不只局限在所谓传统社会中，它也可能发生在各种不同形态的现代社会中。然而，认为旧传统因不适应于现代社会的新现象而消失，或者因为无法灵活运用旧传统而出现新传统的单纯想法都是错误的。正是因为处在新的环境中才利用旧的东西，或者是为了实现新的目标而利用过去的模型，这才是真正的"适应"之道。任何国家或社会都积攒了大量过去的旧材料，在这里各种象征性实践和沟通方式被选择性编辑，并随时可供利用。因此，798艺术区和仁寺洞文化区将798工厂的旧建筑和机械设备，仁寺洞街的韩屋和古董品这些原来的旧物品尽可能地予以利用，试图通过景观的再现进行象征性实践，并利用各种符号和形象进行沟通。所以"边缘"和"传统"得以通过作用于两个艺术区景观上的表象化战略明确地再现出来，其象征性价值和中国现代美术史上的核心问题联系在一起，同时在后工业时代围绕资本竞争的大多数城市空间和场所中，通过自身独特而富有魅力的形象独占鳌头。所以，尽管两个艺术区内各利益集团目的不同，但人们都会努力将两个艺术区早期的景观继续维持下去。798和仁寺洞虽然有无数问题存在，但它们至今依然稳居中国和韩国代表性艺术区的位置。

由此可见，798艺术区和仁寺洞文化区的景观解释具有多重意义和价值。许多先行研究认为，两个艺术区在中韩奥运会这些国家级盛事中被积极运用，之后作为代表性旅游胜地的功能得到进一步强化，因此逐渐倾向于"区域营销"这一城市政府在政策层面上的开发战略。区域营销是城市政府为了提高自身竞争力而采取的战略中的一部分，通过区域营销可以提升城市形象以及树立场所自身的独特性。这种区域营销宣传的是扎根于该地区的传统和历史，为了强调该地区的独特性而创造出"场所神话（place myth）"，最终实现城市空间的再创造或者新形象的打造。然而，这种区域营销战略多次被批判为缺乏文化真实性（cultural authenticity）或捏造文化。因此，在以区域营销的观点对798艺术区和仁寺洞文化区进行阐释时，可能将它们景观中所呈现出的各种象征性含义扭曲成为迪士尼乐园或侏罗纪公园这些虚幻空间中捏造出的价值。纵观两个艺术区的历史发展和今天的地位，可以明显地感觉到它们与其他世俗性城市空间的不同。因此，必须将两个艺术区景观中的象征性形象，与那些在购物空间、想象空间、游乐园等地方为了快乐而被生产出的加工符号和形象区别开来。

虽然798艺术区和仁寺洞文化区通过景观的表象化战略获得了"被

创造出的象征性价值"，即"边缘"和"传统"，但它们的美术史问题和成就，以及变迁过程都原封不动地保存于此。因此，两个艺术区景观在视觉再现的过程中所获得的象征性价值，将再次与两个艺术区所追求的场所独特性有效地联系在一起。如今，中韩现代美术史上的激烈探讨与思索，通过艺术区这一平台以及景观的视觉再现方式，在具体空间中真实地展现出来。最终，通过景观的表象化战略"被创造出的象征性价值"反而在烙印着中韩现代美术史发展变迁史的艺术区空间中再次获得历史价值和文化真实性。

第五章　艺术区空间中的互动实践

在第四章中主要关注的是景观的视觉性，认为798艺术区和仁寺洞文化区并不是在后工业社会的城市空间中单纯地作为一种区域营销手段的虚幻景观出现，而是通过表象化战略获得一种历史性和身份性的象征价值，并在其中完整地体现出中韩现代美术的思索与成果。在第五章中将要进行第二个阐释工作，即试图通过互动概念来证明两个艺术区的空间并不是固定不变的物理性空间，而是通过使用者的经验和身体，以各种不同的方式解构及重构而成的。因此，不同于一些先行研究中将两个艺术区看作一个明确的物理性范畴，以极端结构主义的角度进行分析并得出片面性的结论，本文不仅指出798艺术区和仁寺洞文化区空间中展开了激烈的再现战略，同时通过那些比过去更加主动且活跃的使用者，将两个艺术区的空间被割裂成不同的个人"场所"，在此解构过程中，使用者们根据自身经验和喜好的不同对这些小"场所"进行重构，以自己独有的方式体会并运用艺术区的空间。因此最终得出的结论是，在解构与重构的过程中，真正意义上的互动概念在日常生活和日常空间中，而非概念性、理论性层面上得以实现。

正如第四章中重点讨论了798艺术区和仁寺洞文化区在发展和变迁上所存在各种历史性、现象性的区别，在第五章中将充分利用田野调查结果。在前文中对两个艺术区入驻画廊进行个案研究后发现，两个地区存在一些根本性差异，在此前提下，本章将再次通过对游客的调查问卷结果的统计分析，试图证明两个艺术区中实现了互动、相互创造等全新的价值和意义。因此，本章采取与第二章和第四章相似的结构，与第三章中的论证相互照应，并与第四章在概念化、理论化层面上相互配合。

第一节　艺术沟通与共享

过去美术史范畴内狭义的纯艺术形式如今已摆脱其狭窄的框架，以各种不同的方式被阐释并创造。因此，如今对美术的研究不再单纯地触及美术史、艺术学等相关学科，同时还需要贯通人类学、社会学、心理学、地理学、经济学、媒体学、传播学等广泛的理论领域。若非如此，将很难为那些复杂且难解的美术现象找到合理的解释。这种变化集中出现在经济、社会结构发生剧烈变革的20世纪之后，这意味着美术不再仅仅是一种美学价值，同时还积极地反映了政治经济制度、科学技术、环境变化等各种外在因素的影响。因此，在以798艺术区和仁寺洞文化区空间的使用者为中心进行的互动实践上，首先要探讨的就是相互沟通和相互影响这一传播学的概念如何能有效地运用到美术上来。为此，我们先对互动和传播这两个概念进行简单的整理，然后再分析它是以何种方式与观众（接受者）的经验、身体性联系在一起的。本研究关注的是两个艺术区"艺术的扩散与共享"这一核心功能，尤其是对美术史上新出现的互动艺术进行探讨，然后再反过来重点分析围绕在我们周围的环境（包括社会、文化在内），以及日常生活中能够带来划时代变化的情况。变化是本文讨论的重中之重，即我们的感知方式通过媒体的扩张发生改变，通过那些伴随着身体活动的经验和游戏，我们主动地享受并操纵、介入分布于美术作品中或我们周边景观中的大量形象之中。

一、互动（interactivity）概念

今天的时代可以说是名副其实的数字时代，随着智能手机的普及，如今已进入了"私媒体"的时代，人们用各自的方式在互联网建立的"虚拟现实"中记录自己的日常生活，并与别人进行沟通。由于网络使用者的数量庞大，网络世界中不断有大量的想法、意见、形象在更新。和现实世界一样，网络的世界也存在着由各种不同类型的人构成的社会。马歇尔·麦克卢汉指出，新媒体的出现意味着人们对新世界的感知方式的变化或者沟通方式的变化。由此可见，随着数字时代的到来，互动变得更加重要，它

意味着一个时代的转换。如今，互动这一概念可以说获得了稳固的地位。然而，虽然地位得到稳固，但互动这一概念却仍没有得到准确的定义，或者即使得到定义也存在一定不足。虽然在定义概念时经常不可避免地发生为了强调各自的用途而导致概念性不明确或混乱的情况，但是为了更好地阐释798艺术区和仁寺洞文化区空间的使用者之间发生的一系列积极的相互影响和相互创造，先对互动的主要特征进行简单的整理。

在分析互动的特征之前，我们需要先对人类之间的相互作用和人类与媒体之间的相互作用进行对比分析。首先，通过观察人与人之间进行的对话可以发现，所谓相互作用指的是两个人连续地向对方产生反应并发出反馈的过程。通过该过程，人们之间逐渐磨合形成一定形态的关系。作为彼此妥协和协商的结果，两个人的关系虽然是由两个人共同创造，但它却不隶属任何人，而是独立地存在于两个人之间。其次，两个人之间形成的关系并不是固定不变的，而是彼此不断交换信息并持续发生变化的。在此过程中，参与该对话的人为了把握对方的心思或者判断彼此关系的价值，会积极地运用各种信息。同时，为了给对方留下好印象或达成某种目标，而有目的地选择最有利的信息。由此可见，人和人之间的互动经常会受到各种变数的影响，并被人们有目的地运用。

人与人之间的互动可以分为社会学观点、文化研究观点、传播观点，以不同的方式进行定义。首先，从社会学的观点看来，互动指的是在某种情况下，两个或两个以上的人让对方适应彼此的行为并发展关系的同步性过程。其次，在文化研究观点看来，互动包括了接收者和媒体信息之间发生的所有过程。阅读便是具有代表性的例子，所谓的作品出现于原作者的文本和读者的主观性（即理解阐释）之间，在两点之间存在着大量的虚拟点，其中一个虚拟点被确定并赋予现实化后就作为一个作品而出现。最后，以沟通的观点来看，互动是发生同步且持续交换的沟通条件，这种交换具有一定的社会结合力。将这些观点进行简单整理可以发现，社会学观点下的互动指的是最少两个人彼此面对面的情况下所形成的互惠性关系，而文化研究关系的互动指的是文本和读者之间的关系，沟通观点下的典型性互动则是通过社交性网络服务（Social Networking Services, SNS）而形成的。综合来看可以概括为如下几条：第一，互动发生于某种体系内部。第二，互动具有关系性或联系性。第三，互动允许直接介入到再现的内容中去。第四，互动是重复发生的。

下面对比分析人和媒体之间的互动。建立在复杂心理关系上的人与人之间的互动，与人和媒体之间发生的互动存在着明显的区别。其中最大的区别是，电视机实现的是不同于人和人之间对话的一种与"再现的世界"之间的互动，与再现的世界或者形象的互动又与心理性互动联系在一起。比如，观看电影或电视的人虽然存在于荧屏之外，但他与媒体发生着一定的互动。在文学和美术中也存在观众或读者通过自身想象将画面中省略的部分自行填充的心理互动过程。

"所有的古典与现代美术都以自己独有的方式进行互动。省略画法，省略了对事物进行详细描绘的视觉艺术，不进行一一描绘而只利用重要部分的表现手法使得观看者以自己的方式将省略的部分进行填充。另外，观众们在戏剧和美术中的兴趣点虽然不同，但舞台技巧和构成方法却始终吸引着观众的注意力。观看雕塑和建筑的人也通过移动自己的身体欣赏空间结构。"

由此可见，如果将传统的模拟媒体加上心理的互动，就可以从物理性互动中发现数字媒体（Digital Media）或者互动媒体（Interactive Media）的特征。所谓的物理性互动指的是通过人类的感觉而获得的感性经验，这种经验不仅由视觉和听觉，还通过触觉和嗅觉等感觉器官获得。不同于依赖心理互动的传统媒体，数字媒体中的感性经验进一步增大。同时，以身体为基础的经验、体验也变得更为重要。

广义的互动媒体指的是包括电脑在内的媒体，特征是具有所谓的"互动"性。在这里，互动的含义大致可以分为两种。第一，在旧媒体方式中不过充当一个被动观看者的观众，如今通过物理的互动成为与媒体发生相互作用，并创造出新含义的一种所谓的共同创造者。我们耳熟能详的脸书（facebook）或微博就属于此类。第二，心理的互动，包括电影电视在内的所有当代媒体和艺术对心理互动都具有强烈的依赖倾向。我们习惯将现代美术作品中表现的或夸张或不完整的对象进行心理填充并欣赏。这种将省略的信息进行心理填充后加以理解的心理性互动，在认知心理学中被称为"心理趋合"（Psychological Closure），是一个重要的概念（图 5-1）。心理性互动发生于媒体和使用者之间，像流水一般从一个事物流向另一个事物，从一点流向另一点，传递着思想和能量。因此，媒体成为移动内容的沟通工具。

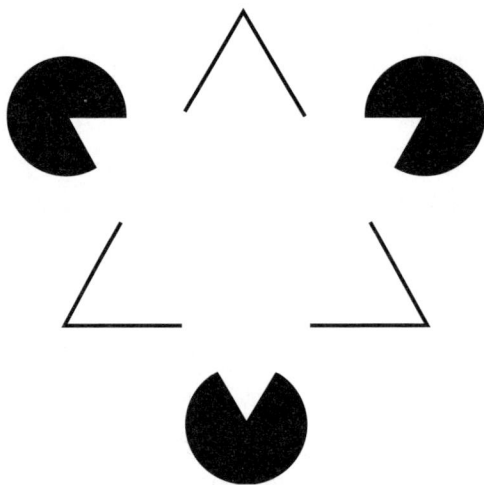

图 5-1　心理趋合的例子

　　艺术作品是时代的产物。这句话意味着艺术作品诞生于该时代，因此积极地反映了时代的风貌，同时也对时代进行预言。这也说明了艺术作品与一个社会所处的文化、经济、历史情况绝不是毫无联系，它同时也能引导这些情况的发展。后工业社会的信息化社会新出现的各种建立在互联网基础上的尖端科技，预示着我们进入了一个不同于以往的新时代。如今，美术也顺应时代潮流积极地呈现出新的形式和内容，并引发了"互动艺术"这一全新艺术类型的出现。

　　互动艺术较重视作品和接受者之间的传播性"媒体"，被称为"数字媒体艺术"（Media Art）或"新媒体艺术"（New Media Art）等，其概念使用范围也较广泛。广义上的互动艺术最早可以追溯到 20 世纪 60—70 年代。韩国的白南准是 20 世纪 60 年代出现的 Video 艺术的创始人，他为许多艺术家和观众带来了灵感。当时电视机的大量普及给整个社会带来了巨大的影响，白南准以全新的方式改造了被称作"傻瓜箱子"的显像管媒体，并将其变成自己的作品（图 5-2）。类似 Video 艺术的媒体艺术即是利用电视或录像等大众媒体的艺术，包括虚拟系统在内。此后出现的数字媒体艺术不仅包括利用数字媒体（影像及声音等）的雕塑、绘画、装置美术，还意味着利用数字媒体本身所形成的所有新的美术形式。同时，这些概念再次被归类于互动艺术，作为一种包括媒体艺术和表演、录像艺术、录像装置、虚拟现实、互动形式在内的艺术形式，指代所有利用电脑创造出新形象的艺术种类。

图 5-2　白南准,《电视佛爷》,混合材料, 1974

由此可见，互动艺术是将作品本身作为连接观众和作品的一个接口引发互动，同时在其中成为发挥多重影响力的催化剂。互动艺术从多个角度反映着我们所处的现存状态，它摆脱了过去美术史中经常出现的形式，以多样化的方式对后工业社会中应该从社会、文化角度进行广泛理解的复杂形象和象征等进行创造。最终，媒体环境的变化完全改变了作为接受者的大众的感知方式。感知领域中所发生的变化随即引发了艺术的变化，生活在现实与虚拟杂糅一体的"混合现实"（Mixed Reality）中，导致了所谓"互动艺术实践"的产生。非物质性空间和现实混合而成的混合现实是将艺术和科技的共生关系呈现出来的一种典型形式。混合现实将现实空间和虚拟空间进行并列整合并创造出新的空间，也就是将现实和虚拟这两个完全相反的概念并列混合于同一个空间中（图 5-3）。现实和虚拟结合的空间生成了新的形象，彼此相交的部分形成了该空间特有的现实，这样形成的空间在与现实的关系中具备"复合性现实"的特征。这种复合现实对艺术也产生了较大的影响，并最终给日常生活带来许多影响。如今，能够实现添加与变形的形象加工与再现方式已不再仅仅局限于美术作品中，所有艺术性战略和形式都以互动艺术这一突发性媒体的扩张为契机，对构成人类生活的各种内外环境产生影响。换句话说，通过媒体的发展和扩张，我们的感知方式与过去产生了相当大的距离，因此我们开始以全新的方式认识并解释周边的环境。

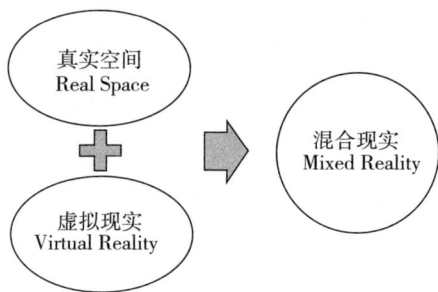

图 5-3　混合现实的概念图

　　现在的我们在观察周边的环境与自然时，不同于过去我们的祖先怀着敬畏之心将之看作包含伟大内在原理的完美对象，而是像互动艺术不断创造并改变虚构的世界与环境一样，将周边的景观也看作可以添加或改变的。如今围绕在我们周围的空间不再是物理上坚固且明确的，而是以形象为基础随着不同的再现目的发生各种改变的。作为一种"形式"出现的空间物理性结构已不再是最重要的问题，更重要的是其中时时刻刻发生变化的景观形象，以及与这些视觉性变化联系在一起的心理性"内容"。这意味着互动概念不仅在电脑科技和艺术领域，而且使由此带来的感知方式发生根源性变化，从而使日常环境发生巨大的变化。本文正是从这一点出发，利用互动概念对 798 艺术区和仁寺洞文化区进行阐释，试图证明随着使用者的经验和爱好的不同所产生各种不同的心理反应，会将两个艺术区的空间割裂成无数个碎片，并重新组合成为个人的"场所"。使用者的经验在这里尤为重要，它不仅是本文在证明假说时特别关注的部分，同时其重要性在互动艺术的感知方式中也已经得到明确体现。

　　传统的形象体验方式主要是接受者站在形象外部观察，从而接受整个形象。然而，互动艺术需要接受者走进形象世界内部，而不是站在形象外部。当然，这里并不是指真正地走进该形象创造的空间中去，而是从效果和感知层面体验如同走入该形象世界中的感觉。换句话说，传统的艺术作品接受者站在艺术作品之外，即在该形象面前观察其内部空间。相反，互动艺术中所创造的形象空间需要接受者积极地走进形象内部，进行全身心的体验。在这里，重要的是两种方式下艺术作品和接受者之间的关系产生了明显的差距。传统美术作品将保持美学距离作为接受的基础，而如今的互动艺术抛弃了美学距离，要求接受者全身心地投入到艺术作品之中。在此过程中，艺术不再是认识和解释的对象，而是"体验"和"参与"的对象。观众积极地参与到创造性过程中。由此可见，对于互动艺术来说，以接受者的身体体验为基础的接受方式具有极为重要的意义。互动概念对于本文解释并赋予798艺术区和仁寺洞文化区以一定含义来说，十分重要。

二、传播与体验

上文首先以互动艺术为基础探讨了互动概念，即站在以使用者为中心的互动实践这一观点上，对798艺术区和仁寺洞文化区进行理论分析。为了对相互沟通的过程进行更深入的分析，下面对"传播"的概念进行论述。人们通常认为艺术和传播学相距甚远，这种看法是错误的。美学和传播学以新媒体为媒介而联系在一起，同时也使两门学问的内部产生了变化。传统的美学层面上的作者与观众的角色发生了变化，尤其是接受美学将过去局限于作者、作品、批评家这三个传统领域的美术表现问题转换到观众（接受者）主动创造意义的观点上来。在这里，将一个艺术文本转变成作品的不是作者，而是观众（读者），因此作者的表现和接受者的解读存在不一致的可能性。这时，问题的重点由作者的"意图"转到观众的"意义"上来，同时实现了强调接受"主动性"的认识论方面的转变。由此可见，艺术不能以对艺术本身进行定义作为前提，应该将其看作一种开放的概念，或者是一种过程论的概念。艺术的这种变化则与传播学联系在一起。

如果说美学是对美的本质寻求答案的一种艺术哲学，那么传播学就是一门讨论以语言等象征物为媒介，发生在说话者与接受者之间的互动类型的学问。美学领域提出的几个问题在传播学中也出现了相似的思考与争论。传统美学中艺术家中心的发起人观点与传播学的思考问题联系在一起，提出了读者（接受者）作为传播代码（艺术信息）的解读人，其接受能力也应该一并进行讨论的全新观点。另外，因为传播能力既存在普遍性又具有特殊性，艺术又是时代性传播的一种方式，因此有必要对扮演社会和艺术关系网中的传播者角色的艺术家予以解读。即，在承认艺术多元性的基础上，从沟通中追踪艺术的实体，由此描绘出内涵丰富且具有开放性的艺术形象。另外，传播能力在协作、控制、适应的基础上实现与他人的相互作用，它不仅是一种语言、交际能力，同时也是一种关系性能力。由此可见，艺术上的表现可以理解为艺术家将自己的想法承载于艺术代码之上的一种能力，同时通过这种表现为接受者带来审美体验，并有效地传递艺术家想要表达的信息，具有审美说服力。如此看来，传统美学的各种讨论很早就接近了传播学视角中的"媒介性观点"，并与上文所提到的互动艺术的样式性、美学性中心概念相符。

发报者 (Source) ➡ 信息 (Message) ➡ 通道 (Channel) ➡ 接收者 (Receiver) ➡ 效果 (Effect)

图 5-4　拉斯韦尔的 SMCRE 传播模式

　　下面探讨在对美学理论进行理解时，能够通过传播学的基本模型获得哪些新的含义。传播学从根本上来说强调过程中心论，这是认为艺术本质是不发生变化的美学实体中心论一直忽略的部分。同时，传播学以行为理论为基础，这是美学认识中心论中较为薄弱的部分之一。传播的基本过程正如哈罗德·D.拉斯韦尔（Harold D. Laswell）的命题一样，可以定义为 SMCRE。图 5-4 中五种构成要素和反馈被认为是解释传播现象时最经典且普遍的模型。如果将该方式运用到艺术领域当中，则会产生图 5-5 所示的过程。可见，通过 SMCRE 图可以了解艺术接受的整个过程，作为发起者的艺术家将其意图和表现欲望联系在一起，成为接受者理解的基础。而接受者对于艺术的接受可以从效果层面解释，并具有一定的偶然性。然而，拉斯韦尔的线性传播模式依然无法呈现出通过新媒体传播所实现的双向相互作用。

艺术家 ➡ 创作 ➡ 艺术作品 ➡ 知觉作用 ➡ 观众

图 5-5　运用于 SMCRE 传播模式的艺术接受过程

而图 5-6 则将建立在传播双向相互作用上的互动艺术接受过程呈现出来。线性传播模式所呈现的艺术接受过程大体是单方向地从艺术家流向观众，然而互动艺术的接受过程则采用完全不同的模式。首先，互动艺术被看作一种未完成的状态，这在过去美术史上很难找到先例，可以说是艺术形式上发生的巨大变化。作者只在互动艺术的设计、设置等实际制作阶段介入作品之中，而观众则通过身体的运动和经验以各自的方式完成作品。因此，一个互动艺术通过大量观众不同的经验和主观理解被创造成无数个不同的作品。其次，互动艺术的艺术家并不限制作品的意义和意图，而是采用开放的形式，将作品本身以未完成的形态留给观众。因此，观众从过去被动接受者的立场脱离出来，开始积极地介入作品中并自行创造。最终，互动这一全新的美学目的达到了符合艺术品形式的阶段，因此可以从一直以来存在的艺术作品的形式限制和规律中完全挣脱出来。

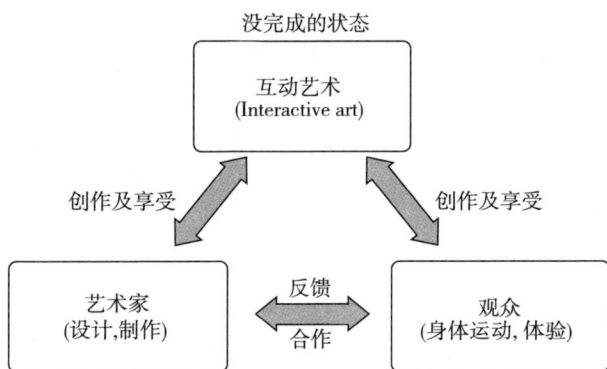

图 5-6　互动艺术的接受过程

如果说过去的艺术作品偏重于视觉中心的观看性欣赏，那么今天的互动艺术以及各种互动性文化艺术战略则以观众（接受者）的经验和身体性体验为基础。其中最具突破性的变化是，接受者的经验再次与类似"游戏"的行为联系在一起，艺术作品不再单纯地从美学水准上进行理解，而是根据接受者的能力与目的的不同而以各自不同的方式从不同的角度上进行欣赏。因此，同一个作品不仅属于单纯的审美欣赏领域，很多时候还被看作获得新经验和进行游戏的工具。这种通过各种知觉反应进行身体体验和游戏的兴趣最早出现在我们的日常生活中。如今每个家庭的电视机与 20 世纪七八十年代的相比不仅体积变大了，使用的技术也都是最先进的。为了获得更加生动的体验，尽管新款电视机价格高昂，消费者也会毫不犹豫地购买。LED 平面电视的鲜明画质随即发展成 3D 这种三维立体画面，人们戴着特制的眼镜在家里看电视，沉迷于那些从电视荧屏中蹦出来的神奇立体图像。电影院也一样，如今 3D、4D 这些较为生疏的名词经常出现在电影院售票处。3D 是给观众提供一种特殊眼镜，从而能够观看到三维立体的画面。而 4D 则是在 3D 的基础上，增加了随着电影场面而晃动的座椅，以及喷洒粉末或者散发香味。如今看电影的观众不仅在视觉上，而且触觉、嗅觉、运动等全部感知器官都被调动起来，以求获得更加逼真的体验。从媒体发展的方向能够得知，人类在通过媒体获取并享受信息的过程中，尤为追求利用身体感觉获得更加多样化的体验。在此过程中，画面中再现的形象获得了时间性、空间性、现实性等，并实现了以身体性为基础的生动体验和游戏过程。

然而不容忽视的是，通过扩大化的媒体摆脱单纯的视觉性欣赏，运用所有的身体器官追求多角度的体验与享受，并不是最近才出现的事情。19世纪初期，铁路的扩张加速了城市化的发展，消费和休闲活动因此集中到了城市，其结果是建造了许多大型建筑，并出现了真正利用媒体科技的视觉性娱乐工具，其中具有代表性的是"全景体验剧场"（图 5-7）。在全景体验剧场中，会产生十分强烈的幻影，以至于观众经常感到晕眩或恶心。在当时，这种全景式的写实主义效果使观众无法分清现实和影像的距离，

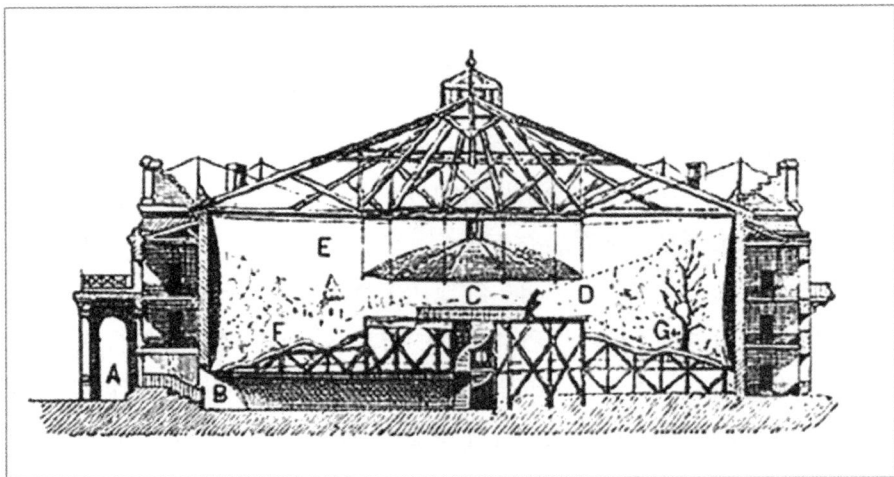

图 5-7　全景体验剧场（Panorama Theater）

深深地沉迷其中。全景所提供的感知效果大致可分为两种：第一，全景强烈地刺激了观众的想象，将观众转移到想象的世界中去。第二，全景体验剧场中观众体验到的感觉并不只局限于视觉方面，而是扩张到触觉、听觉、时间、空间方面。由此可知，以人类的身体经验为基础的幻境游戏，从19世纪末期就开始出现并持续不断发展至今。

通过以上的分析，我们可以得知互动本身包含着游戏的特征。游戏作为传播的目的之一，使人们从工作中脱离出来获得短暂停歇，这是一种自发的行为。在今天的后工业时代，随着人们消遣时间的增多，游戏的时间也持续增加，尤其是数字科技带来的媒体互动的增加，使观众的娱乐体验得到进一步发展。从史前时代开始，各种游戏就存在于所有的文化中。1938年荷兰的人类学家约翰·赫伊津哈（Johan Huizinga）在《游戏的人》（*Homo Ludens*）一书中，发表了关于游戏和游戏要素的划时代性研究成果，在这里游戏被认为是一种文化现象。在赫伊津哈看来，所有的游戏都是一种自发的行为。"只通过自由这一本质，就能够将游戏和自然的发生过程区别开来。"这一观点说明了游戏可以随时延长或中断，摆脱了物理性需求和道德性义务。同时，游戏不是日常的活动，也不是真实的活动。所谓的游戏就是脱离真实的生活，进入到十分自由的暂时性活动的领域，即"虚拟"中去。在这里，游戏与日常生活区别开来，可以被看作一种脱离日常时间与空间的行为，而游戏的固有意义正在于此。比起时间的限制性，在游戏中空间的限制性尤为明显，所谓的游戏总是发生在一切固有的游戏场所中。这种"虚拟现实"不管在现实上、观念上，还是意图上，都是可以预先自由设定的空间。因此，游戏这种行为与空间的关系极为紧密，从这一点来看，798艺术区和仁寺洞文化区的游客们在该地区发生的所有游戏性活动（购物、享受美食、观光、观看展览等），包含了赫伊津哈所说的所有游戏特征。

除此之外，威廉·燕卜荪（William Empson）所提出的七种领域的游戏区分，几乎将所有的人类行为都归类到游戏上来。将所有个人、集体的活动和行为包含到游戏之中，因此源于这些活动和行为的游戏，其特征也是极为广泛的。根据这种分类方法，文学和艺术也属于欺骗性的游戏。白南准于1984年在美国制作了录像节目《早安，奥威尔先生》（*Good Morning, Mr. Orwell*）并取得成功后回到韩国，在采访过程中他将艺术定义为一种欺骗的游戏。"本来所谓的艺术，其中一半就是欺骗。艺术是欺骗与被欺骗的过程，在欺骗中也属于高级的欺骗。使众人眼花缭乱的正是艺术。"通过大量关于游戏的理论性探讨可以得知，不仅仅应是从文化、人类学层面，同时在美学、艺术性层面上也应对游戏予以充分思考。

而对新的媒体环境的积极接受，会导致游戏方式发生变化与发展。进入后工业社会以后，人们的闲暇时间进一步增加，不管对于整个产业来说还是个人来说，游戏时间和方法都变得越来越重要。数字科技所带来的媒体互动的增加逐渐朝向为观众（接受者）带来更多娱乐体验的方向发展。在对空间的把握中，可以观察到闲暇时间的增加在形成游戏行为中的重要性。今天我们在对空间的规定和理解上，相较于过去的物理性层面，更加关注那些流动可变的因素。事实上，空间同时具有主观形态和客观形态。与客观空间不同，主观空间属于精神性领域，它意味着事物的中心，即经验的内在方面。主观经验因为人类的身体变得可能，越来越多的人对人类身体产生兴趣，原因是在空间和人类的互动过程中，空间和人类的各种感觉敏感地联系在一起。至此，通过互动艺术、传播学等产生的互动概念，又再次回到空间问题的领域中来。

如今，艺术家和观众从创作者和接受者的关系中脱离出来，逐渐变为建立在彼此互动基础上的反馈与合作的关系。最终，观众的个人经验和文化背景在互动艺术中成为一个极为重要的因素，完全不亚于作者的艺术观念和经验。同时，一个互动艺术作品并不是以一种固定不变的样式存在的，而是通过所有观众的主观理解与创造、以大量不同的形态同时存在的个别方式。因此笔者正是从这一点出发，从双向沟通模式对798艺术区和仁寺洞文化区进行分析，以互动概念作为重新阐释两个艺术区的空间的理论依据。在当今的传播学观点看来，过去一直受到轻视的被动性观众（接受者）更加主动地介入作品之中，在作品的创作和完成过程中起到不亚于艺术家的重要作用，其基础在于个体的经验和身体性运动。同时，在"游戏"的观点看来，个人水准的游戏和经验同样重要。游戏是能够给某个个体带来快乐的精神语言或者是与自身的对话。严格来说，互动所具备的游戏特征并不是与其他人一起产生的，而是产生于个人的内心，具有强烈的心理特征。同样，作为798艺术区和仁寺洞文化区空间的使用者，游客（接受者）根据各自的经验和喜好，对两个艺术区的空间选择性编辑后进行欣赏。因此，对于某些人来说两个艺术区是与美术界人士见面的场所，而对另外一些人来说也可以成为适合与异性朋友约会的时尚之街。最终，两个艺术区被割裂成在数量上与该地区游客一样多的个人"场所"。为了更加充分地证明这条假说，下文将对物理性空间如何跨越到心理领域，并发生一系列解构和重构的过程进行进一步论证。

第二节　艺术区空间中的互动实践

进入后工业社会之后，包括所有国家和社会在内的全部领域都发生了整体性结构变革，个人和集体层面也因此经历了各种变化。本研究关注的是建立在人类身体基础上的感觉层面的各种变化，关注焦点是再现具有象征价值的文化视觉形象的"景观"，以及被看作是利用感官进行个人身体活动体验的"空间"。第四章中论述的 798 艺术区和仁寺洞文化区的景观，具有通过表象化战略明确呈现某些特定价值的导向，且运用了各种视觉性装置，这些装置同时反映着完全不同的利害关系。基于这一点，第五章中将进一步论证 798 艺术区和仁寺洞文化区的公共空间是如何在主观层面或者心理层面发生了解构与重构。即以表象化战略呈现场所身体特征的空间，在游客自身的体验和经验中被割裂成无数小块，然后再次重组并最终实现空间的解构与重构的过程。

一、物理境到心理场：空间的解体与重构

我们周围的空间以各种不同的方式发生变化并被重组。随着铁路等交通工具以及大众媒体的发展，人们开始重新审视社会空间。在围绕社会空间进行的讨论中，最重要的是空间的扩大和空间的分裂。传统的时间和空间来源于原始的交通方式，一切事物的移动就相对缓慢，而人类得以和自然有机地联系在一起。这种传统的时间和空间是与自然有机联系在一起的，因此移动的过程中所观察到的风景作为一种极为自然的景观再现出来。近代的时间与空间的诞生主要来源于铁道和通信技术的发达。铁路带来的最大变化是"间隙空间"的消失，重要的只是起点和终点，中间的旅程则变得无关紧要。即，近代性时间和空间的诞生意味着空间的扩大，以

及因距离而存在的间隙空间的消失。所有的事物变得越来越近，作为之前生存方式的"现在"和"这里"逐渐解体，"同时性"这一时间概念开始出现，并且大大摆脱了空间上的制约。这一改变并不只存在于哲学或科学的理论层面，在我们的日常生活中这种现象更为突出。这意味着关于时间和空间的探讨从抽象层面转变到社会层面上来了。

随着这种近代性时间和空间的出现，作为观察者的主体于是作为近代人类出现在历史舞台上。作为观察者的近代主体也通过各种不同的方法将"看见"进一步扩大。这是由于观察能力和范围的扩大意味着主体权力的扩张。正是这一点成为媒体能够积极介入到空间的可变因素。除了铁路和交通工具发展带来的空间扩大，视角主义的空间阐释还与媒体——确切地说是由于摄像头与多样化编辑而产生变化的媒体空间，直接相关。如今，暗箱（Camera obscura）原理融入所有的视觉媒体中，并支配着我们，我们对于实际上看不到的视觉效果也能够顺理成章地接受，即产生了错觉而以为是自然发生的。变化不是发生在单纯看到的东西上，而是根源于观看的方式上。因此，用于认识周围环境的视觉信息不只依赖于客观现实，而是赋予建立在再现原理之上的"虚拟"效果和象征以更多价值，被看作景观的空间已经失去了作为一种曾经完整且坚固的绝对空间的地位。建立在新媒体基础之上的空间不仅动摇了我们一直以来持有的传统时间和空间概念，同时也动摇了文化上准确定义的过去、现在以及未来的界限。里和外，熟悉和陌生，以及公共和私人之间的界限陷入一片混乱，因此"长久以来的社会性时间和空间的解体"从多个角度开始出现。

这种空间的扩大和分裂导致了人们对于空间的理解也发生了改变，如今的空间不再是绝对单一的，而是相对多元化。对空间的理解由于观察空间的人或者体验空间的人不同，其理解方式也不尽相同。如今不存在绝对且确定的空间，空间被看作由体验者主观、相对地进行理解，且发生或多或少的改变与重构的事物。正是在这一点上，空间从物理层面的物理境转移到了心理层面的心理场，发生了巨大的改变。这里的物理境是指纯天然客观存在的事物，心理场则是存在于人们心目中的事物。其中心理场（psychological field）是格式塔心理学派中常用的一个概念。这个学派引用了现代物理学中有关"场"的理论和概念，直接用来论证他们的理论观点。库尔特·勒温（Kurt Lewin）认为，个人的心理活动是在一种心理场或

"生活空间"发生的。生活空间包含着可能影响个人的过去、现在和将来的一切事件，而从心理学的观点看，生活中这三方面的每一方面都能决定任何一个情境下的行为，它是由个体需要组成的，这些需要和他的心理环境发生相互作用。勒温用"生活空间"这一术语来说明个人与其所在环境的关系，认为人的行为是由当前这个场决定的。他的基本公式是：行为依赖于人和环境的相互作用。基于此，本研究将从心理层面对798艺术区和仁寺洞文化区的空间进行探讨，并由此提出空间在使用者的个人经验层面上不断反复地发生自由解构与重构的观点。

由于798艺术区和仁寺洞文化区是城市空间的一种类型，所以在对空间的解构与重构着手分析之前，需要先认真探讨一下"城市"这个对象。城市是利用各种信息和知识、商品、人力等开展符号的交换和经济行为的手段。原本作为一个集体性居住空间而诞生的城市，如今作为文明的结晶发生了巨大的进化。马歇尔·麦克卢汉从20世纪60年代开始提出了终结论，他认为城市只不过是为游客提供慰藉的方式，它将不再真实存在。他提出了较为悲观的看法，认为互动将逐渐代替城市居住者们面对面的沟通，而电信科技的发展将代替城市居住者的物理性移动。然而结果却并不符合他的预想，不论是长途还是短途，在人类文明史上，人们从未像今天一样大量的移动。可以预想得到，今后人类的物理性移动的距离和次数都将急剧增加。不同于一些未来学家所担忧的那样，城市依然保持着居住及立足空间的功能。然而，城市空间的居住者们不断地发生物理性移动，同时依靠电信技术在多重空间实现多重功能，并进行各种虚拟的移动。这是一个与过去空间完全不同的特征。城市的居住者活动的世界没有一个统一的规则，就像存在于超文本的个别单词或媒体一样，从一个文本转移到另一个文本，或者是从一种媒体转移到另一种媒体，每个瞬间都有不同的碎片构成非线性的连贯性，并呈现出碎片化的形态。

由此可见，如今的物理性空间不同于过去的传统空间，其中充斥着媒体形象和大量的数据层，并为生活在其中的我们提供了一种完全不同于以往的空间体验。城市空间呈现出一丝真实空间和虚拟现实混合在一起的"混合现实"的征兆，特别是建立在互动基础上的数字新媒体，更使现代人完全沉浸于虚拟空间中去。在虚拟空间中，各种空间特征产生新的融合，给我们的感知提出新的要求，同时也提出了关于空间的新观念。如今的城市空间可以看作一种"混合空间"（Hybrid Space）。混杂性一词指的是彼此不同的空间层次与行动层次所形成的混合于一体的文化趋势。因此，所谓的混合空间指的是隶属不同本质的符号体系和象征体系融合在一起的空间。如此一来，数字形象将真实和虚拟的世界糅合在一起，彼此之间的界限变得模糊，绘画、照片、电影等不同的视觉材料抹去了有关其根源的痕迹。数字媒体带来的混杂性超越了单纯的表现样式层面的变化，而是参与到由具体的体验空间、媒体空间、精神空间融合形成混合空间的过程中去。如今，空间成为多层重叠、彼此发生摩擦的流动场，各种复杂要素融合其中，并发生着冲突。

哲学家格罗斯克劳斯（Götz Grossklaus）提出了关于混合空间的卓越理论，在他看来，社会空间就像列斐伏尔的观点一样，不是普遍且绝对不变的，而是在社会中形成的。他所研究的空间不是抽象或科学的空间，而是一种社会空间与日常空间。他的理论核心是媒体所带来的时间和空间的整顿问题，他废除了各种类型之间、生产者和接受者之间的界限，将其融合在一起，并对这种混合空间给予肯定性评价。格罗斯克劳斯关注媒体空间的理由极为平常，因为虚拟空间和真实空间之间的界限逐渐被打破，日常生活中的每个人都能轻易体验到。因此，随着 Cyber Space 这种虚拟空间的出现，传统的二元化空间代码逐渐消失，取而代之的是混合空间的出现。这种混合空间将内变成外、外变成内，陌生的地方变成固有的地方、固有的地方变成陌生的地方，公开空间变成私人空间、私人空间变成公开空间，世界性空间变成地域性空间、地域性空间变成世界性空间。二元性的空间概念混合一体，并随着情况和观点的变化而发生变化。随着坚固的物理性空间转变成概念上具有流动性与可变性的空间，出现了一些担心现存空间所具有的意义是否会褪色的声音。然而格罗斯克劳斯却认为，数字媒体所引发的空间问题反而带来了关于"场所"的讨论。在网络空间这一没有具体空间和场所的非物理性空间中，人类反而对空间和场所产生了兴趣。在这里，场所与个人的经验和记忆，以及身体的各种痕迹密切相关。

对于空间的所有使用者来说，空间不仅仅是一个再现（被认知）的空间，而是被体验的空间。与空间专家们（建筑家、城市规划者）所构思的"抽象空间"相比，使用者们日常生活的空间是一种"具体的空间"。所有的主体通过成长过程等个人经验，以各自不同的方式定义自己所体验的场所，在此过程中私人性明确地呈现出来。同时，在场所或空间中，私人性在与公开性事物相遇时发生冲突与摩擦。列斐伏尔曾说过，"各种场所并不是只并列于社会空间内，它们深入并干涉彼此，从而发生重构。它们层叠在一起，偶尔会发生冲突。在这种高度的复杂环境中，个人或单元具有相对固定性和移动性，场所中的所有要素彼此渗透并发生冲突，在此过程中空间的轮廓逐渐变得清晰。"这使得空间的多样化变得可能。身体感知的复原伴随在私人场所的集中过程中，触觉、语言和声音、嗅觉、听觉等全被调动起来。因此，一个空间被割裂成各主体的私人性场所，并呈现出大量不同的关系。

事实上，无法拥有物理性城市空间的大部分城市民众将自己的历史、文化、知识烙印在"身体"上。这是我们能够以使用者的身体经验为基础，将一个空间割裂为私人性场所的最根本原因所在。因此，在798艺术区和仁寺洞文化区这一既是艺术区又是城市空间的空间中，我们的身体是体验该地方的主体，同时也是衡量该体验的工具。因此，两个艺术区被我们的身体经验割裂成无数个小场所，然后随着我们的移动被重新组合成一种具有流动性的新结构。这就是笔者提出的两个艺术区空间的解构与重构，艺术共享的"互动"价值在此过程中得以实践。

二、798 与仁寺洞的互动实践

笔者在对798艺术区和仁寺洞文化区进行比较研究的过程中，最关注的不是从物理上把握的结构性层面，而是具有流动性与可变性的感觉性、心理性层面。这两种研究方法的差别在于，物理结构上把握的是固定不变的研究对象，因此较容易得出明确且具体的结论，但讨论的范围也因此极为狭窄，容易变得僵硬无趣。相反，从感觉性、心理性层面上对表象、多元性等进行关注的解构主义观点出发，研究对象始终是相对且流动的，因此虽然易于分析那些广泛且复杂的各种现象，但探讨的范围很难限定，因此可能引发讨论上的混乱。通过上文的论述可知，笔者是站在解构主义的观点上展开论证，艺术区被看作反复不断发生解构和重构的流动性对象。因此，本文通过对出现在艺术区的各种不同且复杂的现象进行整体性把握，得出了有意义的结论。

本文首先关注的是798艺术区和仁寺洞文化区在历史和变迁过程中，

景观的不断变化与个性，证明了景观不仅仅是客观的环境，还是反映出高端再现战略的文化性、政治性视觉环境。在论证的过程中，用表象化战略指代运用于两个艺术区景观上的一系列再现原则与方向性。第四章中，通过探讨中韩现代美术史的核心问题的关联性，对两个艺术区通过视觉再现景观获得的象征性价值，如何再次与两个艺术区所追求的场所特征性联系在一起的问题进行了分析。因此，目前的问题是对游客这一空间的真正使用者来说，艺术区的通用定义及场所特征是否依然有效。实际情况是，对于两个艺术区的身份特征来说，根据国家、社会的公开性（对外性）规定而通用的身份特征，与实际空间的使用者通过自身体验所感受到的特征之间具有相当大的差异。上文以入驻机构和游客为对象实施的问卷调查结果显示，面对同一个空间，人们对于该场所的身份特征具有不同的看法。这意味着，如今很难草率地站在一个主导性的观点上对 798 艺术区和仁寺洞文化区进行规定，而需要同时考虑多个因素。

进入后工业文明这一全新的时代后，人类所处的所有环境都发生了剧烈的变化。随着数字技术和互联网环境的突破性发展，更加形象、栩栩如生的各种媒体开始控制并支配着我们的感知。因此，虚拟现实和网络空间这些虚拟环境反过来对我们所处的实际日常生活环境以及感知方式产生巨大的影响。我们在日常生活中不知不觉地体验着虚拟现实与真实现实糅合在一起的混合现实。这种现象同样延伸到纯艺术领域，过去的观众被看作被动且毫无意义的，作者则是创造一个完整作品的人。而如今这种二分法不再有效，在互动艺术中，观众以更加主动且具有创造性的方式介入到作品及周围环境中，并推动其发生变化。环境的这种改变能够使我们在感受周围环境时变得更加自由且独立，自身的兴趣和爱好以及需求成为看、听、触摸以及移动的过程中最重要的核心。因此，在把握 798 艺术区和仁寺洞文化区的场所特征性时，不仅入驻机构和游客之间存在差别，游客之间也呈现出较大的不同。这是因为空间使用者在对空间特征性进行把握时，是建立在个人经验（包括过去和现在）和身体性体验产生的各种私人性信息的基础上的。同时，使用者也试图通过各种不同的方式直接介入到空间中来（相互作用、相互创造）。如图 5-8 所示，798 艺术区和仁寺洞文化区的空间以及入驻机构、游客之间发生着活跃的互动，对互动的多层差异和运动性的明确，将有助于将两个艺术区看作生机勃勃的空间。

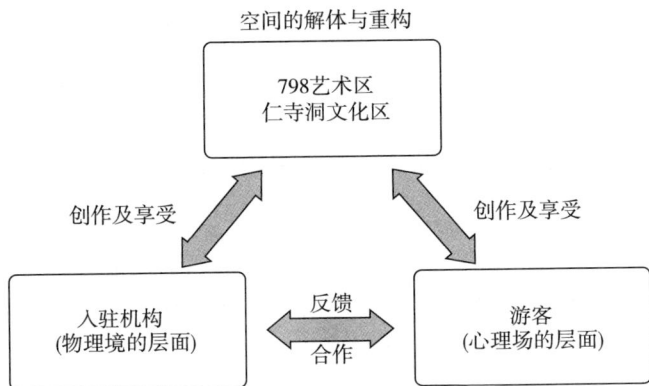

图 5-8 798 艺术区和仁寺洞文化区的互动实践

　　然而在下结论之前还有最后一个部分需要明确。虽然通过空间使用者的积极介入和与作品实现活跃互动值的提倡，但是单纯地将艺术区的发展寄托于游客的需求和爱好则有些过犹不及。两个艺术区中出现的商业化弊端已经严重到令一部分相关人士感到了深深的失望，更大的问题是这种商业化呈现愈演愈烈的趋势。在这种情况下，只依赖于互动的美学理想价值，认为可以在艺术区内部的不同阶层和集体之间的相互沟通和反馈下摸索前进的观点，可以说是一种严重的脱离现实与自我欺骗，这无疑是过度的简化论（Reductionism），不存在任何研究的可行性意义。

　　因此，我们需要分析一下在我们所处的时代中，艺术到底意味着什么，并且处于何种情况之下。现代艺术于 20 世纪 60 年代波普艺术出现之后，与大众文化和资本紧密地联系在了一起，它们之间形成了稳固的共生关系，无法脱离彼此而对其中任何一个进行单独讨论。曾因提出文化产业论而著名的西奥多·阿多诺（Theodor Adorno）认为，大众媒体为现代大众文化带来了十分负面且错误的认识，接受者并不了解自己所处的真实社会情况，一味地被蒙骗，受众们共同生活在这种"被管理的社会"中。大众媒体将艺术贴上商品的标签，同时将商品美化成艺术，因此阿多诺将文化产业看作一种"去艺术化"的现象。他认为，艺术才是处于"被管理的社会"之外、能够否定并批判整个社会的唯一手段。因此，艺术不是商品，甚至可以说绝对不能成为商品。商业也是一样，绝对不能披上艺术的外衣。艺术即艺术，商品即商品。

阿多诺批判道，"那些对于文化产业习以为常，被蒙骗同时享受并追逐文化产业商品的人们绝对无法到达艺术的领域。"因为在他看来，文化产业从多个层面对艺术进行恶意的歪曲，破坏了艺术的严肃性。最终，文化产业的产物，即商品，不过是对于艺术的一种模仿，这就是阿多诺眼中文化产业的本质。文化产业终究只是一个名副其实的产业，是一种与艺术欣赏毫无关联的娱乐产业。文化产业的核心是将消遣制作成一种商品进行销售的娱乐产业。为了进行消遣，受众不必积极地思考或行动，而这些具有娱乐性质的文化产业的产物就像速食食品一样已经搭配妥当，因此选择它的人们只能享用同一种食物，这就是阿多诺的观点。在此过程中，文化和艺术原本所持有的新鲜感、特殊性，以及个性都烟消云散，留下的只是成为渣滓和包装的"网络个性化"。

阿多诺的这种观点对于如今只在市场逻辑下运行并被理解的艺术界来说，具有一定的意义。但是，与该文章发表的 20 世纪 70 年代相比，如今的媒体环境已发生了巨大改变，对于大众文化接受者的解释以及作用也相去甚远。另外，今天的艺术界中发生了大量大众文化和艺术、商品和作品之间不断交叉移动的现象，因此不能单纯地将与产业联系在一起的艺术，或者与艺术联系在一起的产业看作假冒、伪造的东西。时代不同，承载该时代想法和思潮的容器也发生变化，因此在艺术的媒介和形式，以及概念上自然而然地发生改变。正如上文所说，随着经济结构的改变，进入后工业时代以后，信息、形象、符号被看作最真实且具有价值的对象。因此，不仅是围绕在人类周围的环境（城市、自然都包括在内）发生了改变，连基本的感知方式都发生了变革。城市形象和情感说明了我们所生活的城市并不是单纯的物理性、功能性空间，而是哲学家亨利·柏格森（Henri Bergson）所说的"作为一个形象集合体的物质"，甚至类似于呈现出来的象征物体。真实生活的空间中所创造出的大量形象作为一种象征停留在我们的记忆之中，而城市就相当于驱动"生活"运转起来的巨大有机体。同时，作为象征性有机体的城市也是一个通过不断地与社会文化条件发生相互作用，而进行自我再生产的生命体。

我们所生活的时代，在日常生活层面或者是美学的艺术现场中，都不会再出现阿多诺所担心的单方面且不怀好意的灌输与煽动。所有的范围、领域和层次都不断地发生着反馈和相互作用。因此，阿多诺式刻板的二分法不再有效。如今，我们目睹了承载着新时代声音的新类型的美术，作品被有意地以未完成的状态呈现出来，曾经处于创造者地位的作者将自身功能的一部分分配给了接受者。曾经无知愚昧，经常遭受洗脑的接受者，如今更多地关注自身的特质和声音。同时，在接受者的选择中起到最重要作用的（同时也是遭到阿多诺批判的）是"娱乐"价值，它在今天的互动艺术中作为新的美学价值得到重新审视。因此，电脑游戏或者虚拟现实体验这种娱乐性、游戏性的活动如今也活跃于艺术领域，并形成了各种各样的话题。另外，美术所发生的具体空间大部分都位于城市里面，因此不管是直接还是间接，都不可避免地与各种产业发生联系。就像阿多诺所担心的一样，产业会破坏艺术所具有的新鲜感、特殊性、个性，然而在城市空间中，随着产业和艺术联系在一起，场所的特殊性和魅力得到进一步强化，并实现了差别化，这对美术的发展和复兴来说并无大碍，反而起到一定的助推作用。为了对此更好地理解，笔者直接引用了在与画廊主人访谈过程中印象最深刻的一部分：

美术的确十分重要，特别是在城市空间中。韩国那么多大学中为什么偏偏以弘益大学一带最为著名呢？还不是因为弘益大学是美术学校。美术将仁寺洞变成韩国的文化艺术中心，它还将一部分转移到了北村，形成了三清路。那里紧跟潮流并充满时尚氛围，因此成为最适合恋人约会的场所。这里首先是画廊入驻，文化性的东西入驻，随后具有艺术气息的咖啡厅开始出现。整个室内装修如同装置作品一样，散发着无与伦比的前卫气息。但是，我们想象一下如果这里所有艺术性的东西都消失的话，那么该地区将失去生机。人们将不再来这里，商店也都关门停业。所有的流动人口、游客都消失了，最终美术也走向死亡。

在空间的这种变形过程中伴随着可以视作"混合化"（hybridization）的变化。建立在互动基础上的数字媒体和移动性大大加快了不同领域和文化之间的交流，加速了文化和类型的混合化过程。其结果是全新类型的文化混合化得到发展。这里的移动性主要表现为大规模搬迁、观光，以及各种各样的旅行，文化性变形和混合过程取决于人类、商品、形象的固定性和运动性两方面，该过程被称作"混合化"。798艺术区中形成了国际性的美术市场，东西文化融合的特征在这里得到完美的体现。正如无法把一个现象从混杂纠缠的网络中抽离出来单独分析一样，我们在讨论当代艺术的时候，也需要将各种相关联的要素一起考虑。

798艺术区和仁寺洞文化区的空间彻底变得商业化，这也是中韩现代美术史所面临的苦恼和问题。两个艺术区中各种不同的入驻机构为了利益目的，重视该地区内的经济、商业化发展，同时也希望维持其文化艺术价值。大量不同国籍的游客虽然因为该地区的文化艺术而慕名前往，但在里面获得的真实体验和选择则完全取决于个人喜好和需求。对入驻画廊和艺术家来说，值得欣喜的是随着艺术区游客的增多而带来了更多的潜在顾客；然而由于该地区租金和物价的飞速上涨，他们也不得不面临要搬迁到其他租金低廉的地方去的问题。中韩现代美术在798艺术区和仁寺洞文化区中向许多观众集中地呈现出各种不同的样子，然而也可能同时出现逐渐走向大众化或商品化的问题。

正如上文所述，798艺术区和仁寺洞文化区中各种不同类型的复杂现象与作用，同时在各方面不断发生。本文最终选择了一个能够对所有现象进行整体把握的方法，即互动概念中的相互流动性。我们所处的时代从许多方面看都正处于过渡期或剧变期中，因此，发生在所有领域和部门的变化相较于之前的任何时代，速度和大小都更强烈。当今学术研究的价值可以体现在，预测事物在急速的变化和运动下到底会朝什么方向发展，并提出方向性预测或提议，本文也坚持了这种观点。论文在论点展开的过程中，对互动概念的关注其实源自游客。换句话说，艺术区的空间不是空间自身的物理性结构，也不属于画廊和艺术家这些内部当事人，而属于观光和观赏等日常生活的行为状态，关注的重点则在置身于后工业时代的城市空间中并践行着流动性的游客身上。这不仅适用于导出结论的逻辑性分析方法，也适用于艺术价值的判断。传统美术市场体系中，画廊和艺术家占据着美术作品的生产和流通的中心地位，而如今随着新互动艺术和互动概念的出现，美术的中心逐渐转向游客（接受者）。因此对于美术来说，除了销售和收藏的价值，它还获得了一起参与并重新创造，以及共同分享的全新价值，其出发点正是游客（接受者）自身。通过他们，798艺术区和仁寺洞文化区实现了真正意义上的艺术共享，践行了互动的价值，并作为一个全新含义的空间被赋予新的解释。

结　语

本论文的初衷很简单。笔者最初的专业是艺术学，在转向艺术人类学之后，对中韩现代美术进行了田野调查，并产生了对两者进行对比研究、为两国现代美术的变迁和发展方向提出建设性意见的想法。这是笔者在学术研究中一直关心的问题，同时也切身体会到研究的必要性。因此，笔者毫不犹豫地选择了中国北京的798艺术区和韩国首尔的仁寺洞文化区作为研究对象。除了作为中韩两国第一批指定的文化艺术特区这一共同点之外，两个艺术区还是闻名世界的艺术区，被看作中韩现代美术的圣地麦加。刚开始的时候，笔者认为这两个艺术区体现出中韩两国特色，且身份特征突出，应该很容易寻找到一些与两国现代美术相关的话题和价值，然而结果并不如此。其中最大的问题是，798艺术区和仁寺洞文化区由于资本和市场原理的作用发生了巨大的改变，其改变程度和速度仍在不断加快。因此，两个艺术区虽然有程度上的区别，但已经像美国的苏荷艺术区一样，明显地呈现出迅速走向商业区的过渡期征兆。在与中韩两个艺术区的一些相关人士的访谈中可以发现，他们一致提出的问题是已经无法对两个艺术区的商业化程度采取措施，如今很难期望在这两个地区寻找到真正意义上的艺术。然而，笔者依然能够在这里感受到生动的艺术气息。仁寺洞文化区是从20世纪90年代中期笔者读本科时就十分喜欢前去的地方。而798艺术区则是2005年有机会来到中国之后，第一个去的地方，因此两者对于笔者来说都是十分亲切且重要的艺术现场。一直以来通过书本所接触到的各种艺术面貌，如今在时间、空间上可以真切地观察到。然而，笔者在中国和韩国进行田野调查时遇到的大多数游客都对艺术区持有完全不同的立场。对于他们来说，两个艺术区是别致的咖啡厅和美味的餐厅以及聚集的时髦场所，而他们来此地的目的主要是见朋友或购物。那么，为什么会出现这种差别呢？

  798 艺术区和仁寺洞文化区对于某些人来说是现代美术的现场，而对另外一些人来说则是购物街或者是约会场所，这种差别到底意味着什么？这些疑问又不断地制造出新的问题。因此，我们可以连锁性地发现几个重要的问题点。首先，通过各种大众传媒或舆论被众人熟知的两个艺术区的场所特征是否依然有效并符合实际？其次，两个艺术区的景观中所呈现出的视觉上的独特之处与魅力是否依然是自然形成的，或者是出于某种战略意图而重新打造的呢？再次，两个艺术区中到底是否可以发现中韩现代美术的精髓或者是生动现场，若是如此，在后工业时代、信息化时代美术是以何种方式体现出来的呢？最后，两个艺术区的游客根据各自的经验和爱好，将同一个空间以不同的方式重新组合并享受于此，其中包含着哪些含义？可以说寻找这些问题答案的过程决定了本文的整体结构。

  本文通过各种不同的理论途径对如今的 798 艺术区和仁寺洞文化区进行整体性把握，其间一直关注的是两个艺术区的空间特征以及与中韩现代美术的相关性。换句话说，性质不同且多元化的各种现象同时复杂地出现在一个空间中，在对其中具有一系列含义的现象进行解释时，中韩现代美术的讨论与思考问题等美术界的观点是否还能有效？为了寻找两者之间合适的结合点，本文跟随许多理论家的思想脉络，对空间要素，比如场所、景观、城市空间等概念和艺术学与美学的学术领域如何结合在一起的过程进行了充分的探讨。在对两个艺术区进行分析的过程中，"景观"和"空间结构"两个层面上的分析占据了主导地位。首先，"景观"关注的是视觉性，从过去开始，景观就被认为不仅是一种客观事实的传递，更是为了巩固一种特定目的而被运用的"再现"。在此基础上，798 艺术区和仁寺洞文化区的景观也可以被看作为了实现特定目的和价值而被特意塑造出来的视觉性再现对象。其次，"空间结构"关注的是在当今后工业社会中，随着新媒体的出现与传播的发达，人类的感知方式已经完全不同于其最初的水平，798 艺术区和仁寺洞文化区的实际使用者被重新赋予该地区的积极参与者、创造者的身份。因此，两个艺术区不应该被看作是静止的坚固的物理性结构，而应被理解成一个不断发生相互反馈，具有传播性的全新空间框架，将新时代的互动艺术所具有的一定意义的美学价值包含在内的互动空间。

  将本文最终得出的重要结论进行整理，大致可以分为两点。第一，798 艺术区和仁寺洞文化区的景观中采用了表象化战略，因此而获得的象征性价值不仅在经济层面上，同时也承载着中韩美术史的思索和问题。在全球化的大环境之下，城市中所有的空间都不可避免地卷入了资本、劳动力、游客的争夺战之中。这时，某个场所所具有的建筑、历史、物理环境等场所特殊性显得尤为重要。因此，与某个场所相关的所有利害关系人都关注于将该场所打造得与众不同，或者使该场所符合某个特定的形象，努力在后工业时代激烈的空间竞争中获得优势地位。在此过程中，场所的身份特征、传统以及自身魅力通过各种不同的实践方式明显地呈现出来。然而，必须要考虑到798艺术区、仁寺洞文化区与其他城市空间的区别。两个艺术区作为与中韩美术史的发展直接相关的具体性场所，可以看作没有依靠刻意的开发政策，而是经过自然发生与变迁的中韩美术史的微缩图。因此，通过表象化战略再现的景观形象必然与中韩现代美术中与两个艺术区的过去与现在持续发生相互关系的核心问题，有着千丝万缕的联系。

实际上，中韩现代美术史与过去本国传统的东方美术传承并无太大关系，它们起源于从西方流入的美术思潮和样式。由此可见，东方国家与西方国家不同，东方国家为了摆脱模仿和二流的耻辱，当今面临的最急迫的问题就是确立本国现代美术史的传统和身份性特征。因此，不管通过何种方式，急需填补近代之后中韩现代美术史与传统美术之间明显的断层。798艺术区和仁寺洞文化区将798工厂旧址的破旧建筑和机械设备、仁寺洞街道的韩屋和古董品这些原来就有的旧东西进行最大化利用，不断尝试通过景观再现的方式进行象征性实践，并利用各种符号和形象进行传播。可以说，没有哪个舞台和场所比生产社会主义国家军需物资的798工厂，以及朝鲜王朝灭亡后大量进行古董交易的仁寺洞街道更适合体现中韩现代美术的身份特征。中国的情况是，在世界美术市场中取得了巨大成功，同时获得官方体制的默许并与之共存，虽然外界环境发生了改变，中国美术在国际舞台上依然将反体制、前卫的特征作为自身特点而不断加强巩固。韩国的情况则是，连续经历了日本殖民统治和韩国战争这种国家性灾难，整个国家没有机会自发地进入现代化，对于在这种历史背景下发展而来的韩国现代美术来说，摆在自己面前的一个紧迫问题就是，在自己的历史脚印中寻找自身的根基和历史。概括来说，"边缘"和"传统"是通过作用于两个艺术区景观上的表象化战略而明确地再现出来的，其象征性价值和中国现代美术史上的核心问题联系在一起，同时在后工业时代背景下围绕资本竞争的大多数城市空间和场所中，两个艺术区通过自身独特而富有魅力的形象而独占鳌头。构成两个艺术区景观的所有视觉性装置和形象同时反映着不同的利害关系，进一步来说，中韩现代美术史上的激烈探讨与思索通过艺术区这一平台，以景观的视觉再现的方式在具体空间中真实地展现出来。最终，通过景观的表象化战略而"被创造出的象征性价值"反而在烙印着中韩现代美术史发展变迁史的艺术区空间中再次获得历史价值和文化真实性。

下面是第二个结论。通过景观的视觉性呈现出来的798艺术区和仁寺洞文化区的公共空间，反过来通过使用者的身体经验被割裂成个人的场所，并在主观、心理的层面上进行解构与重构，在此过程中，可以发现互动的价值，正是互动使得多元性相互作用变得可能。可以说，全球化时代的最大特征是资本、人类、文化、商品、知识等一切有形无形的对象迅速且频繁地发生着移动。也就是说，我们现在的时代可以被理解成不断朝着各个方向流动和运动的过程，这种特征在本文的研究对象——798艺术区和仁寺洞文化区空间中也如实地体现出来。首先在现象的层面上，两个艺术区在各种入驻机构之间，艺术区景观上，艺术区空间和游客之间，人和人之间，各种各样的大众媒体报道中不停地相互介入与影响，并不断发生变化。另外，在观念的层面上，两个艺术区的空间要素曾经的主要目的是通过景观的表象化战略展现该场所独有的特征，而如今这些空间要素被看作具有流体特征的可变性物体，即在不特定人数的游客自身经验作用下被分裂成无数小块，然后再次结合在一起。

事实上，今天我们周边的物理性空间已不同于过去的传统空间，其中充斥着媒体的形象和大量的数据，而对于生活于此的我们来说，是一种完全不同的空间体验。数码影像将真实和虚幻的世界混淆一体，并模糊了两者之间的界限，城市空间如今呈现出现实空间和虚拟空间混合的"混合空间"的征兆。如今，在被看作混合空间的城市空间中，呈现出分别隶属不同本质的符号体系和象征体系融合在一起的现象，如今的空间转变成一个多层次交叉重叠，各种相斥的复杂要素融合在一起并发生冲突的流动的"场"。从日常的标准到观念的层面，数码时代的全新环境完全改变了我们的感知方式。这种时代变化再次造就了"互动艺术"这种全新的美术，在这里，我们通过美术触摸到了我们自身一种新的可能性。过去地位被动，价值未得到认可的观众如今积极地参与到互动艺术作品中，成为完成作品的主动参与者。另外，这种新的关系在日常领域中也发挥着影响，798艺术区和仁寺洞文化区的游客们不再呈现出被动且消极的状态，而是以积极主动的态度快乐地享受并体验着两个艺术区。根据自身的需要和爱好，对艺术区的空间进行选择，每个人都以各自不同的方式体验着各个空间。因此，同一个空间可以作为画廊街、购物街、约会场所、结婚照拍摄地、观光地等无数个场所同时存在。

如今，798艺术区和仁寺洞文化区对于游客来说，已不再是单纯的再现（被认知）的空间，而是体验的空间。在这里，我们充分发挥各种感觉，用两只眼睛观看，吃吃喝喝，直接触摸各种物品，用自己的脚步踏遍每一个角落。这种空间可以被理解为一种主观的空间。以包括各自成长过程在内的各种个人经历与爱好为基础，所有的主体所体验到的空间被转变为承载着个人意义的场所，并具有各自不同的方式。因此，一个空间被割裂成各空间主体的私人场所，并呈现出无数种关系。所以说代表中韩两国文化与艺术的798艺术区和仁寺洞文化区，先被我们各自的身体经验割裂成无数个小的场所，然后根据我们的选择和移动被重新组合成一种具有流动节奏和趋势的新结构。这就是笔者所主张的两个艺术区空间的解构与重构，在此过程中，真正意义上的艺术共享的"互动"价值才能得以实践。

本研究的意义在于，并没有把798艺术区和仁寺洞文化区限制在一个明确的逻辑框架内，而是试图将两者朝同一个方向聚拢。为了对两个艺术区进行整体分析，笔者尝试进行了广泛的理论探讨和各种田野调查。因此，本文的整体结构可以看作由多个颜色各异的车厢连接在一起的火车。本文提到的各种理论性探讨和论述将前后文的结构紧紧联系在一起，就像奔跑在同一条车道上的火车一样，驶向同一个方向。798艺术区和仁寺洞文化区是具有文化真实性价值的空间，两个艺术区的景观将其中各种中韩现代美术的思考和价值象征性地再现出来，呈现在我们面前。我们可以像互动艺术的创造性观众一样，用自己独有的方式体验并享受两个艺术区。因此，不仅是本文的结构，798艺术区和仁寺洞文化区两个空间自身也如同两台由各种颜色的车厢串联在一起的蒸汽机车，这台蒸汽机车奔跑着发出响亮的汽笛声，希望轨道的尽头是能够给我们每个人带来快乐的"艺术共享"终点站。同时，我相信这也是今天新时代的艺术应该向往的方向。

附　　录

一、2013 年仁寺洞传统文化节以及仁寺美术节的节目

2013 年第 26 次仁寺洞传统文化节（INSA TRADITIONAL CULTURE FESTIVAL）

时间：2013 年 9 月 25 日—10 月 1 日（7 天）

地点：南仁寺洞广场、北仁寺洞广场、仁寺洞宣传馆、仁寺洞一带

主办：钟路区

主管：团体法人仁寺传统文化保存会

援助：首尔市，GBF 国乐广播

节目：

地点 ＼ 时间	9/25	9/26	9/27	9/28	9/29	9/30	10/1
南仁寺洞广场				传统文化队伍（15：00—15：30） 开幕式（15：30—16：30） 宫中服装时装展（16：30—17：30） 国乐演出（17：30—18：30）	国乐演出（14：00—16：00）		
北仁寺洞广场				传统工艺体验（13：00—18：00） 传统茶道体验（13：00—18：00） 传统乐器体验（13：00—18：00） 泡菜体验（13：00—18：00） 中韩文化交流展——工艺品创作试演（13：00—18：00）			
雨林画廊				中韩文化交流展——工业艺术展（10：00—18：00）			
仁寺洞一带的艺术文化机构				第三次仁寺洞传统名家展			
仁寺洞一带					第 15 次仁寺洞传统饮食节（13：00~17：00）		

2012 年第 5 次仁寺洞艺术节（5th Insa Art Festival）

时间：2012 年 11 月 7 日—11 月 13 日（7 天）
地点：仁寺洞一带的画廊
主办：仁寺洞艺术节促进委员会
主管：团体法人仁寺传统文化保存会

二、个案研究：仁寺洞入驻画廊的展馆设计图纸

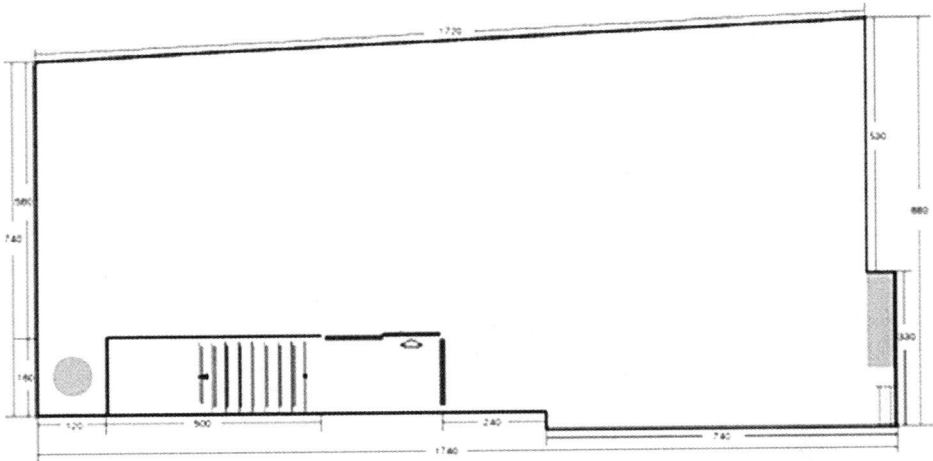

제 1전시실 2nd Floor

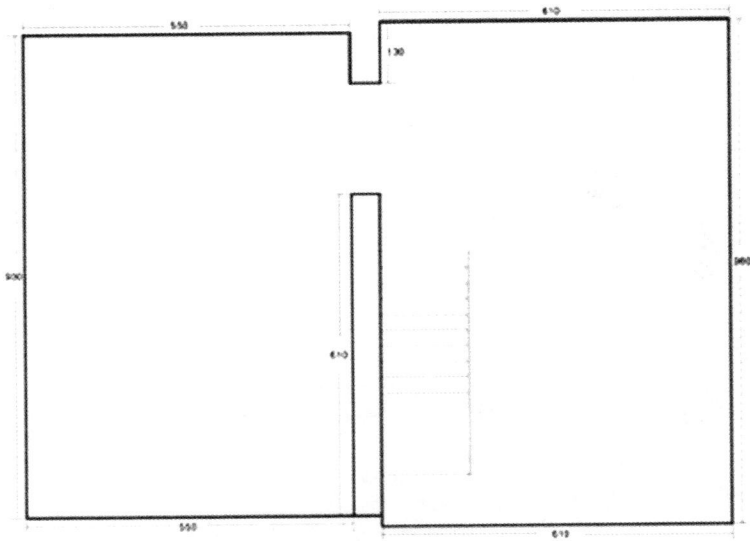

제 2전시실 3rd Floor

NOAM 画廊

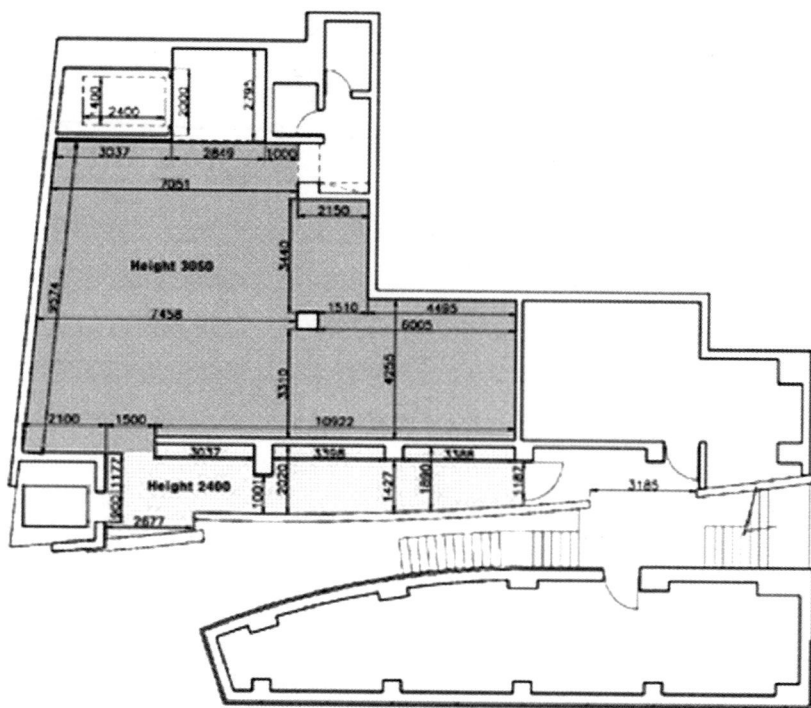

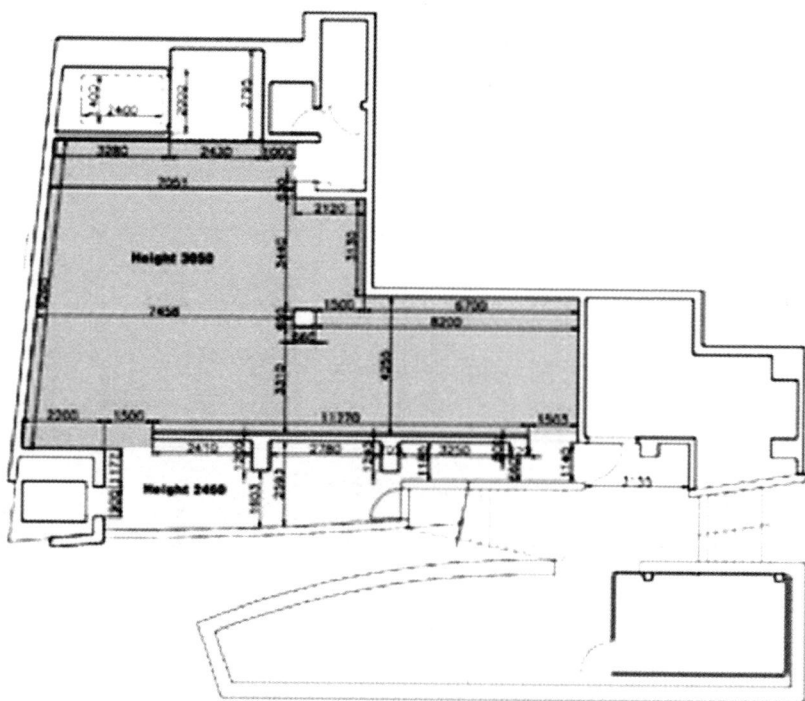

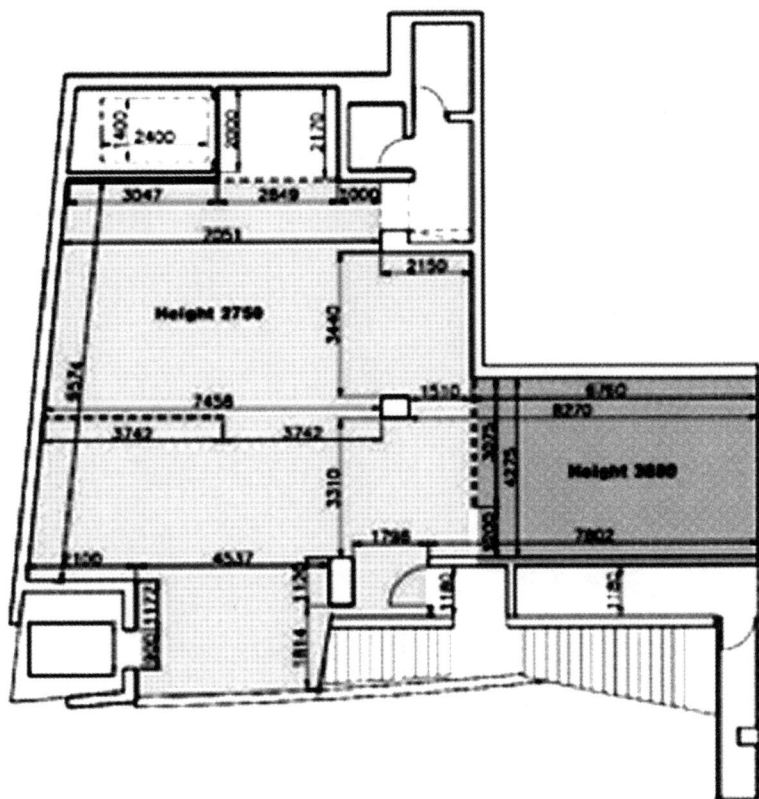

Dukwon 画廊

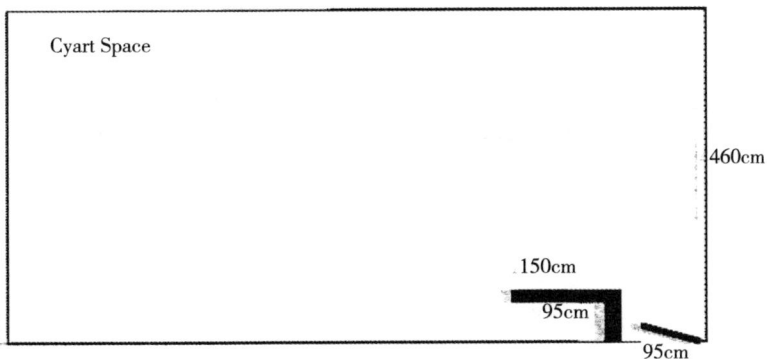

880cm height_ 276cm

Cyart Space

460cm

150cm

95cm

95cm

Cyart 画廊